숨쉬어

숨쉬어

COME UP FOR AIR

팀이 시스템과 툴을 활용하여
일 속에 빠지는 것을 멈추는 방법

NICK SONNENBERG

닉 소넨버그 지음 · **조계진** 옮김

 진인터랩

일 속에 빠져있는 직원, 관리자, 리더, 기업가들에게.

전에는 결코 누린 적이 없는,
스트레스가 덜하고 생산적인 직장,
당신의 시간이 진정으로 중요한 일에 사용될
이 책을 직원 핸드북으로 사용하라.

함께 일하는 방법을 혁신하자.

목차

머리말

정확한 시간에, 정확한 사람으로부터 정확한 콘텐츠의 책이 나오는 경우는 흔하지 않다. 나는 당신이 현재 그 책을 손에 들고 있다고 기쁘게 말할 수 있다.

2022년 이 머리말을 쓰는 시점에서 전 세계 조직은 여전히 새로운 일의 세계에 적응하기 위해 고군분투하고 있었다. 나는 당신에게 포춘(Fortune)지 선정 500대 기업 경영진을 직접 코칭한 경험과 우리 팀과 내가 과거에 수행한 광범위한 연구, 그리고 높은 업무를 수행하는 혼합 팀을 구축했던 약 10년에 대해서 이야기하고자 한다.

닉을 처음 만났을 때 즉각적인 연결이 있었다. 일의 미래, 그리고 팀 수행과 결과 두 가지 모두를 최적화하기 위한 공통된 열정에 서로 고무되어 있었다. 우리는 우리가 지속적으로 보고 있던 것 - 새로운 일의 세계에 낡은 것을 적용하는 비효율성을 피하고 싶었다. 예컨대, 비즈니스를 운영하는 더 나은 방법을 찾는 것에 집착했었다.

　초단타 매매를 하는 트레이더로서 닉의 경험과 혁신적인 관점은 비즈니스 리더를 돕는 독특한 이점을 제공한다. 그는 자신의 빠르고 데이터 중심적인 사고방식을 가장 소중한 자산인 시간을 가장 효율적으로 사용하는 방법에 관해서 보다 전통적인 생각 – 더 분명하게는 생각의 결핍 – 을 뒤흔들기 위해 비즈니스 세계에 적용시켰다.

　나는 높은 업무 수행을 하는 팀이 비즈니스 모델을 재정의하도록 코칭하는 데 경력을 쌓았고 닉의 독특한 접근 방식은 강력한 보완이 되었다.

　모든 나의 연구를 통해 얻은 결과는 분명하다: 함께 성장하는 개인들이 성공할 것이다. 팀과 조직 전체에서 이런 일이 발생하면 탄력성이 훨씬 더 높아진다. 그러나 장애물이 있다. 사상과 수행 사이에는 혼란스럽고 탐색하기 어려운 상당한 간극이 있다. 이 격차는 직원들이 잠재력을 최대한 발휘하고 결과를 극대화하여 팀이 높은 수행을 하도록 하는 것을 방해한다.

　*숨쉬어(Come Up for Air)*는 누락된 중요한 퍼즐 조각이다. 닉이 여기에서 한 것은 완전히 다르다. 이것은 개인의 생산성에 관한 책도 아니고 순수한 비즈니스 리더십 책도 아니다.

　이는 전략적 사고와 최고의 실행 원칙이 혼합된 것으로, 팀 성과와 조율, 수행을 최적화하기 위한 최종적 플레이 북(playbook)이다.

　플레이북은 개인이 아니라 집단의 영향력에 초점을 맞춘다. 팀에는 단기적인 전술 그 이상이 필요하다. 방법론, 구조, 가이드라인이 필요하다. 팀원들은 효과적이고 협업적으로 실행하기 위해 쉽게 사용할 수 있는 시스템, 툴 및 프로세스를 수행하는 방법을 이해해야 한다.

　세상은 우리가 따라잡을 수 있는 속도보다 더 빠르게 변화하고 있다. 그리고 닉과 나는 우리가 일하는 방식으로 사람들의 삶을 변화시킬 수 있다는 데 동의한다.

*숨쉬어*는 모든 조직의 높은 수행을 하는 팀에게 필독서가 될 것이라고 확신한다. 현재 이 책에서 다루는 프레임워크는 경쟁 우위를 제공한다. 앞으로 몇 년, 몇십 년 안에 이 프레임워크는 비즈니스를 수행하는 데 최소한의 요구사항이 될 것이다.

혁명은 이미 시작되었다. 탑승을 환영한다.

– 케이스 페라치(Keith Ferrazzi),

페라치 그린라이트 회장,

뉴욕타임즈 베스트셀러 1위 저자, 그리고 세계 최고 팀수행 코치

소 개

〰〰〰〰〰

　　나는 4년 전에 이 책을 쓰기 시작했다. 그렇다면 자칭 효율성 전문가인 내가 이 책을 완성하는데 왜 그렇게 오래 걸렸을까? 글쎄, 나 역시 일속에 빠져 있었기 때문이다. 당연히 나는 나 자신이 아직 물속에 있었기 때문에 일의 효율성을 높이는 방법에 관한 책을 출판하는 것은 옳지 않다고 생각했다. 그래서 책을 완전히 중단하고 다시 원점으로 돌아가 다시시작했다. 게다가 기술이 너무 빠르게 변화하고 있었기 때문에 팀과 나는 새롭고 획기적인 전략을 빠르게 발견하고 효율적으로 일하는 방법에 대한 최고의 훈련에 대해 재정의하고 있었다.

　　내가 왜 물속에 있었는지 설명하려면 2017년 10월 3일 화요일로 돌아가야 한다. 그날은 내 전 동업자가 2분 후에 회사를 떠나겠다고 통보한날이다. 당시 회사는 150명 이상의 계약자와 500명의 고객을 보유한 프리랜서 플랫폼이었다. 큰 문제가 생겼다는 걸 알았다. 며칠이 지나면서내가 처한 상황의 심각성을 깨닫기 시작했다.

전 비즈니스 파트너와 나는 이 사업을 시작하기 전까지 매우 다른 역할을 했다. 그는 전면에 나서서 마케팅, 고객 성공, 직원 관리에 집중했고, 나는 무대 뒤에서 전략, 시스템, 프로세스에 집중했다. 나는 내가 가장 잘하는 일을 하면서 거의 모든 시간을 운영과 기술에 투자했다. 그리고 나는 대시보드, 자동화, 그리고 비즈니스 지원이 가능한 한 원활하게 운영되도록 프로세스를 구축했다. 나는 나만의 영역에 머물렀고, 팀이나 고객과 거의 대화하지 않았기 때문에 내가 가장 잘하는 일에 집중할 수 있었다.

운명적인 그날, 다섯 가지 주요 문제가 있었는데 거의 하룻밤 사이에 나타났다.

문제 1: 아무도 나를 알지 못함

5분 만에 나는 무대 뒤에서 조용히 일하던 사람에서 회사 전체의 얼굴이 되었다. 150명으로 구성된 팀과 그리고 말 그대로 내 존재를 몰랐던 500명의 고객을 갖게 되었다.

문제 2: 회사 재무

불행한 현실은 7자리 숫자의 매출을 올리고 있었지만, 75만 달러의 빚을 지고 있었고 매년 45만 달러 이상의 손실을 보고 있었다. 게다가 은행 계좌는 동결되었다. 나는 내 팀에 돈을 주려고 퇴직연금에서 현금을 인출하고(집에 두 번째 부동산 대출을 받아야 했던) 아버지로부터 대출을 받아야 했다. 나는 20대에 백만장자에서 30대에 빚쟁이로 전락했다.

문제 3: 수준 이하의 품질

추가 조사 결과, 당사의 서비스 품질이 최악의 재정 상태를 초래한 주요 원인 중 하나였음이 분명했다. 신규 고객 증가율이 매달 20%에 달했음에도 불구하고 12%의 고객이 계약을 해지하고 있었다. 신규 고객의 지속적인 유입과 매출 성장을 축하하고 있었지만, 이러한 성장은 사실 비즈니스의 몇 가지 핵심적인 문제를 숨기고 있었다. 기대하는 수준의 서비스를 제공하지 못했기 때문에 고객이 계속 취소하고 있었다. 좋은 마케팅은 수준 이하의 서비스를 숨기는 시한폭탄과 같았다.

문제 4: 잘못된 소문

이 모든 일은 팀원과 고객이 있는 동안에 벌어졌다. 평생 한 번도 말을 걸어본 적이 없는 팀원들과 고객들이 나에게 회사를 망치고 있으니 그냥 포기해야 한다고 말했다. 그리고 그렇다, 그들은 내가 내 주머니에서 돈을 지불하고 있던 팀원들이었다.

문제 5: 건너뛰는 기본 사항

가장 큰 문제는 무엇일까? 조직도도 없고, 채용 프로세스도 없었으며, 팀원 중 상당수가 자격이 없는 사람이었다. 우리는 자동화를 사용하고 일을 빠르게 처리하는 데는 능숙했지만, 팀에 필요한 기본 원칙이 부족했다.

물속에 있는 것이 아니라 바다 밑바닥에 있는 것과 같았다. 잘못될 수 있는 것은 무엇이든 잘못되었다. 내 스트레스 수준은 최고조에 달했고, 언제든 무너질 수 있다는 걸 알았다.

포기하고 그만두고 싶었지만, 나를 계속 버티게 해준 두 가지가 있었다.

하나는 회사를 해산하면 1백 명 이상의 사람들이 일자리를 잃게 될 것이고 많은 고객들이 업무에 대해 선불로 지불한 돈을 환불받을 수 없기 때문에 고객과 팀원들에게 도덕적으로 잘못된 일이라는 것을 알았다.

또 하나는 나는 레버리지(Leverage, 저자의 회사)의 미래가 있다는 것을

알았다. 나는 회복의 길을 보았고, 이 사업을 성장시킬 수 있다고 확신
했다.

돌이켜보면 레버리지는 물이 넘쳐나는 고장 난 싱크대와 같았다. 나
에게는 두 가지 선택지가 있었다: 더 빨리 걸레질을 하거나, 싱크대를 고
치거나. 나는 싱크대를 고치기로 결정했다.

싱 크 대 고 치 기

가장 먼저 한 일은 모든 마케팅을 중단한 것이다. 수준 이하의 서비스
를 제공하는 상황에서 새로운 고객을 유치하고 싶지 않았다. 대신 팀의
효율성과 서비스 품질에만 집중했다.

다행히도 우리는 그때까지 많은 핵심 프로세스를 문서화했다. 그렇지
않았다면 비즈니스는 완전히 실패했을 것이다. '불을 계속 켜고' 모든 주
요 책임을 다할 수 있었다.

회사를 재건하면서 나는 회사를 다시 정상 궤도에 올려놓기 위해 운
영 효율성을 위한 나만의 프레임워크를 개발하기 시작했다. 아이러니하
게도 이전에는 팀이 매우 비효율적으로 운영되고 있었다. 그리고 서비스
품질부터 회사 문화, 수익에 이르기까지 우리가 하는 모든 일에 영향을
미치고 있었다. 우리는 너무 수익 창출에만 집중한 나머지 운영 효율성
에 소홀했다. 그 결과 엄청난 양의 돈과 시간을 낭비하고 있었다. 나는 이
모든 것을 끝내야 한다는 것을 알았다. 마케팅을 다시 '켜고' 비즈니스를
성장시켜야 한다는 것을 깨달았다.

그 첫해에 나는 CPR® 비즈니스 효율성 프레임워크(Business Efficiency
Framework)의 기초를 개발했다: 커뮤니케이션(Communication), 계획
(Planing) 및 자원(Resources)를 의미. 심폐소생술이 물에 빠진 사람을 소

생시키는 것처럼, 이 프레임워크는 파산 직전의 내 비즈니스를 소생시
켰다.

레버리지의 고객들이 내가 어떻게 사업을 회생시킬 수 있었는지 보았
을 때, 그들은 내가 원래 어려움을 겪었던 것과 같이 도와달라고 요청했
다. 나는 긍정적인 피드백이 있었고, 이 프레임워크가 기본적으로 모든
회사에 적용된다는 것을 알기 시작했다.

내가 함께 일했던 모든 회사들은 내가 겪었던 것과 같은 세 가지 핵
심 영역에서 어려움을 겪고 있었다: 커뮤니케이션(Commucation), 계획
(Paning), 자원(Resources) - CPR이 바로 그것이다.

나는 이 프레임워크에 대한 책을 쓰기로 결심했고, 처음에는 잘 진행
되었다. 초고를 완성하고 편집 단계에 있었는데 뭔가 잘못되었다고 느
꼈다. 이제 상황은 개선되었고 레버리지는 훨씬 더 안정화 되었지만, 비
효율과 산만함으로 인해 여전히 너무 많은 시간을 허비하고 있다는 것이
었다.

아직 해야 할 일이 남았다는 것을 알았다.

나는 그 후 3년 동안 CPR 프레임워크를 다듬고 내 비즈니스에 적용하
는 데 3년을 보냈다. 그 기간 동안 나는 내 실수를 많이 고쳤다. 팀과 내
가 고객과 함께 프레임워크를 수행하는 방식을 재구성했다. 크고 작은
수천 개의 팀과 함께 이 새롭고 개선된 프레임워크를 수행했으며 훨씬 더
나은 결과를 얻었다. 우리는 팀원들을 교육했다. 팀에게 프레임워크 내
에서 과제를 하는 방법, 툴 사용 방법, 그리고 행동을 변화시키는 방법에
대해 교육했다. 그리고 우리는 초기 실행 후 직원당 생산성이 20~40% 증
가하는 등 그 효과를 직접 확인했다. CPR 프레임워크는 더 이상 이론에
그치지 않는다. 우리 자신과 다양한 기업에서 직접 집중 테스트를 거친
검증된 시스템이다. 효과가 있다.

보다시피, 나는 실수를 전혀 하지 않고 항상 100%의 효율로 업무를

처리하는 생산성 전문가라고 주장하는 것이 아니다. 사실 정반대이다. 나는 필요성과 고통으로 이걸 만들었고, 제대로 하기까지 많은 시도가 필요했다. 나는 당신이 어떤 일을 겪고 있는지 잘 알고 있다. 그리고 나는 당신을 돕고 싶다.

우리는 모두 일 속에 빠져 있다.

누군가가 "나는 일 속에 빠져서 죽겠다"라는 말을 하는 것을 몇 번이나 들었는가? 당신 자신도 이 말을 몇 번이나 해보았나?

만일 당신도 대부분의 사람들과 비슷하다면, 그것은 무서울 정도로 흔한 일이다. 바쁘게 움직이며 최대 업무 능력을 발휘하고 있지만, 들어오는 업무의 흐름은 멈추지 않는다. '따라잡기'를 위해 주말이나 며칠 늦은 밤을 보낸다는 생각은 끝이 보이지 않는 정기적인 일이 되기 전까지는 이론적으로는 좋게 들린다. 당신과 당신의 팀은 끊임없이 업무에 압도당하고, 그것이 일상적인 업무 방식이 될 정도이다.

꼭 그럴 필요는 없다고 말하면 어떨까? 만약 내가 당신이 원하는 대로 일하거나 평범한 주말을 유지하면서 일주일에 하루를 더 줄 수 있다고 말하면 어떨까? 5일 동안 해야 할 일을 4일 만에 끝내고 싶든, 아니면 과잉성취자가 되어 6일의 업무를 5일에 끝내고 싶든 그 방법을 알려주겠다.

현실적으로 업무에 빠져 허우적대는 이유는 '하루에 시간이 부족해서'가 아니라, 일상의 사소한 일에 얽매여 시간이 지남에 따라 누적되어 과로가 되고 모든 사람의 생산성을 떨어뜨리는 데에 있다. 누구나 끝없는 산만함, 답답한 비효율성 때문에 꼭 해야 할 중요한 업무에 시간을 집중하는 대신 과로감을 느낀다.

개인의 생산성은 팀 생산성을 위해 필요하지만, 그것만으로는 충분하지 않다. 이러한 문제는 한 개인이 해결할 수 없다. 왜냐하면, 진짜 문제는 팀이 효율적으로 협력하지 못하기 때문이다. 팀이 효율적으로 운영하는 것은 협업과 조율이 필요하고 때로는 팀의 대의를 위해 자신의 생산성의 희생을 요구하기도 한다. 더 중요한 것은 적절한 툴을 적시에 적절한 방식으로 사용하여 협력 결과를 극대화하는 것이다.

개인 생산성에 관한 수천 권의 책이 시중에 나와 있지만, 이 책은 그중 하나가 아니다. 개인이 모여 팀을 구성하는 방법이나 그리고 사람들이 효과적으로 협력하도록 돕는 방법에 대한 수천 권의 책이 있다. 그중 하나도 아니다. 대신 이 책은 팀이 새로운 시스템과 툴의 힘을 활용하여 역량을 배가하고 효율적으로 운영하며 미래의 업무를 수용하는 방법에 관한 책이다.

이 책은 자신과 팀, 조직 전체를 성공으로 이끄는 데 필요한 가장 중요한 개념을 자세히 다루어 일에 빠지지 않고 중요한 것에 집중할 수 있다. 바로 실행에 들어가기 때문에 팀에서 제공된 기술을 적용하면 수천 명의 다른 사람들이 경험한 것과 동일한 많은 이점을 경험하게 될 것이다. 보다 효율적인 제안 프로세스 덕택에 툴에서 설정 하나만 변경해도 연간 1,250만 달러의 비용을 절감할 수 있고, 이메일 과제 시간만 하루 2시간 절약, 6,000만 달러 규모의 계약 수주 등의 혜택을 누릴 수 있다.

내 궁극적인 목표는 이 책이 당신이 결코 받지 못했던 직원 매뉴얼 역할을 하는 것이다. 유급 휴가 및 건강 보험에 대해 논의하는 대신 입증된 운영 효율성 프레임워크를 공유하여 당신과 당신의 팀이 언제, 어떻게 마음대로 이 놀라운 기술을 사용해야 하는지 알고, 또 효율적으로 협업할 수 있는 방법을 이해하는 데 도움이 될 것이다.

멋지게 들리지 않는가?

효율성에 대한 나의 (긴) 역사

비즈니스 효율성 컨설턴트가 되는 것은 내 계획이나 꿈이 아니었다. 꿈이 아니었지만, 최적화와 시간 절약에 대해 나는 항상 열정적이었다. 누군가는 집착이라고 말할 수도 있겠다. 어렸을 때 나는 인내심이 없었다. 어머니가 지루한 이야기를 읽어주면 나는 결국 엄마에게 부탁하곤 했다. "요점만 말해달라고요. 지루한 이야기는 필요 없다고요!" 나는 그냥 다른 이야기로 넘어갈 수 있도록 결말에 도달하고 싶었다.

캘리포니아대학교 산타바바라 캠퍼스에서 첫 주에 나는 전체 강의 카탈로그를 읽고 가능한 한 많은 일반 교육 요건을 효율적으로 충족하기 위해 수강할 수 있는 과목을 계획했다. 한 특별한 수업을 선택하면 한 가지가 아닌 두세 가지의 일반 교양 요건을 충족할 수 있고 화요일이나 목요일에 수업이 열리므로 주말에 4일을 보내면서 친구들과 사교 클럽에서 파티를 할 수 있었다. 수업에 너무 자주 빠지다 보니 기말고사를 보러 왔을 때 교수님들이 나를 알아보지 못할 정도였다.

하지만 그 모든 일에도 불구하고 나는 1년 일찍 졸업했다. 금융 수학 및 통계학 학사 우수 학생 명단에 올랐고, 수학 전공자임에도 불구하고 경제 연구에서 최고상을 받았다. 내가 남들보다 똑똑해서가 아니라 단순히 효율적으로 공부하는 방법을 알고 있었기 때문이다. 나는 생산성을 높일 수 있는 시스템을 개발했고 더 열심히 공부하는 것이 아니라 더 똑똑하게 공부함으로써 남들보다 뛰어난 성과를 낼 수 있었다. 당시에는 내 목표는 공부하는 시간을 줄여 더 많은 재미있는 시간을 보내는 것이었다. 하지만 나이가 들면서 나는 효율성의 진정한 가치를 깨닫기 시작했다.

학부 3학년이 되던 해에 나는 내 목표와 같이 1년 일찍 졸업하게 되었다. 스스로 놀랐고 다음에 무엇을 해야 할지 확신할 수 없었지만, 석사 학위를 받기 위해서 언제든지 4년을 보낼 수 있다고 계산했다. 그러던 중 금융공학이라는 학제 간 연구 분야에 대해 알게 되었다. 곧바로 대학원에 지원했고 버클리(Berkeley)가 세계 최고의 금융공학 석사 과정을 가지고 있다는 것을 알았다. 처음에는 합격하지 못할 거라고 생각했기 때문에 지원하지 않았었다. 과정 학생의 3분의 1이 30대에 이미 박사 학위를 가지고 있었는데, 나는 스무 살 학부 시절의 대부분을 파티에서 보냈기 때문이다. 하지만 어머니는 내가 꼭 지원해야 한다고 하셨고, 돈도 대주셨다.

다른 학교에도 10군데 정도 지원했지만, 수학이나 경제학 석사 학위를 받기 위해 UC 산타바바라에 1년 더 머물러야겠다고 생각했다.

놀랍게도 나는 버클리에 입학하게 되었고, 그 소식을 들은 날을 결코 잊지 못할 것이다. 금융 공학 담당 총괄 책임자인 린다 크라이츠먼으로부터 전화를 받았다. 나는 정말 충격을 받았다. 부모님께 말씀드렸더니 어머니는 전화기 너머로 소리를 질렀다. 전화기를 통해 기쁨의 비명을 질렀고 우리는 믿을 수 없었다. 사실 우리는 너무 믿기지 않아서 버클리로 가서 린다를 직접 만났다. 혹시 행정적인 실수가 아닌지 확인하기 위해서였다!

도착해서도 더 이상 믿을 수 없었다. 말하자면 버클리에서의 첫날에 "어색하다"고 느꼈다고 말하는 것은 심한 과소평가일 것이다. 같은 반 친구들이 자기소개를 할 때 내 앞에 있던 남학생이 캘리포니아 공대에서 핵물리학으로 박사 학위를 받았다고 했다. 나는 포커와 체스를 좋아한다고 했다.

나는 이 과정에 합격한 사람 중 최연소자였지만, 졸업하고 최고의 석사 논문으로 기포드 퐁(Gifford Fong) 금융 공학상까지 수상했다. 이 모든 것은 다시 말하지만 내가 수업에서 가장 똑똑했기 때문이 아니라, 시간을 최대한 효율적으로 사용할 수 있는 시스템을 개발했기 때문이다.

이 과정은 3개월의 인턴십으로 끝났다.

리먼 브라더스(파산하기 전)에서 일자리를 제안 받았지만, 다시 운 좋게도 비앤피 파리바스(BNP Paribas)의 요청이 왔고, 초단타 매매의 트레이딩 분야라는 이유로 비앤피 파리바스의 요청을 받아들였다. 전직 포커 플레이어였던 나는 도박과 비슷하다는 점만 빼면 이런 종류의 일에 흥미를 느꼈다. 고도의 수학적 알고리즘과 슈퍼컴퓨터를 사용하여 엄청난 우위를 점할 수 있다는 점이 매력적이었다. 나는 명성보다는 결국 그들과 함께 8년 동안 풀타임으로 홍콩, 뉴욕에 살면서 일하게 되었다.

초단타 매매 트레이딩을 통해 효율성에 대한 인식과 접근 방식을 깨달았다. 알고리즘과 수학 공식을 사용하여 마이크로초 단위의 속도로 하루에 수십억 달러의 주식을 거래했다. 이 분야에서 마이크로초는 수백만 달러의 손익 변동에 해당할 수 있으며, 나는 시간의 진정한 가치를 깨닫기 시작했다. 하루에 수없이 반복되는 프로세스에서 단 몇 초만 단축해도 엄청난 시간을 절약할 수 있다.

초단타 매매 트레이딩을 통해 데이터의 가치와 데이터 기반 의사 결정에 대해 볼 수 있었다. 나는 주식을 사고팔지 않았다. 나는 몰랐고 그런 세부 사항은 신경 쓰지 않았다. 모든 것은 수학과 시스템, 프로세스에 기반을 두었고, 이러한 시스템을 더욱 견고하게 만들기 위해 직접 작성한 기술 문서를 포함한 자동화를 사용했다.

내 인생을 바꾼 피냐콜라다
(PIÑA COLADA)

나의 트레이딩 시절의 보수는 좋았지만, 돈이 내게 모든 것을 의미하지는 않았고, 좀 더 평범한 삶을 살고 싶었다. 무엇보다 뉴욕으로 돌아가고 싶었다. 나는 3년 동안 아시아에서 살면서 내가 사랑했던 뉴욕이 간절히 그리웠다. 하지만 그것은 내가 해왔던 일의 80퍼센트 이상을 포기하는 것을 의미했다. 힘든 결정이었다.

그러던 중 2012년 터크스 케이커스 제도로 여행을 갔을 때 가장 친한 친구 중 한 명인 아론 쉬프(현재 이지헬스의 COO)가 수영장 옆에서 피냐 콜라다를 마시며 노트북으로 일하는 모습을 보았다.

아론은 자신이 "기업가"라고 설명해 주었다. 그때까지만 해도 나는 그게 무슨 뜻인지 전혀 몰랐다. 나는 8개의 컴퓨터 화면에서 스물여섯 살의 나이로 하루에 수십억 달러를 관리하는 내 일이 가장 멋진 직업이라고 생각했다. 하지만 그 순간 나는 내 직업이 정말 가장 멋진 직업인지에 대해 의문을 품기 시작했다. 아론이 하는 일은 꽤 흥미로워 보였다. 나는 해변에서 일을 할 수 없었고 피냐 콜라다만 마시면서 혼자 있었다.

그는 자유를 얻었고 나는 그것이 내 궁극적인 목표라는 것을 깨달았다. 내가 원하는 시간에, 원하는 장소에서, 원하는 일을 할 수 있는 자유. 원하는 사람과 함께 일할 수 있는 자유. 여행 후 나는 밤과 주말을 이용해 캘빈(Calvin)이라는 스케줄링 앱에 대한 아이디어를 떠올렸다. 캘빈은 그룹이 만날 시간을 쉽게 찾을 수 있을 뿐만 아니라, 미래 여행 아이디어 보관과 같은 추가 기능도 제공하는 그룹 스케줄링 앱이었다. 1년 후, 나는 금융 업무를 그만두고 앱 개발에 전념하게 되었다. 나는 다양한 플랫폼에서 프리랜서를 고용했고, 곧 그들과 함께 일하는 것이 얼마나 비효율적인지 깨달았다.

문제는 시간당 20달러로 프리랜서를 고용하는 것은 그들을 돕고 관리하는 데에도 많은 시간을 투자해야 한다는 점 때문에 적지 않은 금액이었다. 한 프리랜서가 프로젝트 하나를 완료하는 데 10시간이 걸렸을지 모르지만, 내 시간도 훨씬 더 높은 비율로 몇 시간이나 더 걸려야 했다.

풀타임으로 앱을 개발한 지 약 1년이 지났을 무렵에 세계에서 가장 큰 가상 어시스턴트(VA-Virtual Assistant) 회사 중 하나인 자투어(Zirtual)가 문을 닫는다는 소식을 들었다(자투어의 창립자인 마렌 케이트는 현재 레버레지 의 고문이다.). 자투어의 갑작스러운 폐쇄는 나에게 프리랜서 마켓플레이 스를 시작할 수 있는 기회로 다가왔다.

이것은 몇 가지 무료 툴을 조작함에 의해서 자동적인 동작이 되게 되면서 수익성 있는 부업으로 빠르게 자리 잡았다. 몇 달 만에 이미 상당한 수익을 올리고 있는 그때에 나는 새로운 회사인 레버지리에서 정규직으로 일하게 되었다. 나는 논리적으로 움직였다. 돈을 따라서 캘빈을 완전히 폐쇄했다. (안타까운 일이지만 나는 여전히 캘빈이 좋은 아이디어였다고 생각한다. 그리고 여전히 해결되지 않은 문제이다. 이 글을 읽고 있는 사람들 중 캘빈을 실현하고 싶다면 이야기해 달라.)

지난 몇 년 동안, 그리고 10월의 그 격동의 날 이후, 우리는 서비스 개선-하위 레벨의 관리 업무를 줄이고 더 높은 레벨의 마케팅 업무에 집중-을 위해 비즈니스 효율성 서비스를 추가했다.

하지만 2020년에 코로나19 팬데믹이 닥치면서 모든 것이 빠르게 가속화되었다. 완전 원격 근무를 시행하는 회사로서, 우리는 원격 근무로 전환해야 하는 기업을 도울 수 있는 특별한 위치에 있었다. 거의 하룻밤 사이에 말이다. 우리는 모든 규모의 기업과 협력하기 시작했다. 원격 근무를 위한 준비뿐만 아니라, 원격 팀으로서 훨씬 더 효율적으로 운영할 수 있도록 지원했다.

반응은 압도적이었고, 현재는 운영 효율성을 주요 서비스로 제공하고 있다. 이제 우리는 1인 기업부터 1만 명 규모의 기업, 그리고 모든 산업 분야의 팀으로 구성된 CPR 프레임워크를 수행하기 위해 노력하고 있다. 잘되고 있다.

나는 항상 업무의 미래는 원격 근무가 될 것이라고 말했다. 2020년 팬데믹은 모든 단점에도 불구하고 한 가지 긍정적인 면이 있었다. 거의 하룻밤 사이에 업무의 미래로 이동했다. 팬데믹은 이를 몇 년 앞당겼다.

CPR® 비즈니스 효율성 프레임 워크

CPR 비즈니스 효율성 프레임워크는 3가지 운영 영역을 최적화하여 대부분의 팀이 겪는 문제점을 제거하는 데 중점을 둔다:커뮤니케이션(Communication), 계획(Planing), 자원(Resources).

이 책에서는 이 세 가지 영역 모두에서 효율성을 높일 수 있는 툴을 소개하고 가장 효과적인 툴 사용 방법에 대한 자세한 청사진을 제공한다.

2명의 직원이 근무하는 누수 감지 회사든, 100명의 직원이 근무하는 스프레이 회사든, 1만 명 이상의 직원이 근무하는 소비재 회사든 상관없이 수천 개의 회사와 함께 일하면서 분명한 패턴이 나타나는 것을 보았다 – 모든 조직은 비슷한 요구 사항과 비슷한 문제를 안고 있다. 2인 팀과 1만 명 규모의 팀의 차이점은 조직이 커질수록 그 변화는 기하급수적으로 어려워진다는 것이다.

CPR® 프레임 워크

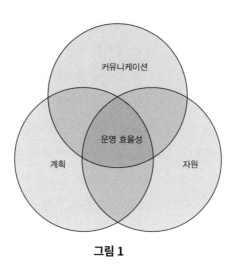

그림 1

규모나 업종에 관계없이 모든 조직은 (팀원 및 투자자, 고객, 공급업체, 파트너와 같은 외부 사람들과) 커뮤니케이션하고, 수행해야 할 업무를 계획 및 관리하며, 모든 독점 자원과 (표준 운영 절차 및 프로세스 등) 지식을 문서화하여 비즈니스가 기름칠이 잘 된 기계처럼 계속 운영되도록 해야 한다. (그림 1 참조).

커뮤니케이션(Communication)

커뮤니케이션은 비즈니스의 산소와도 같다. 팀이 잘 소통하지 않는다면 성공하기란 거의 불가능하다. 원활한 커뮤니케이션이 없으면 오류가 발생하고, 프로젝트 완료에 더 오랜 시간이 걸리며, 조직 문화가 악화되고, 업무가 좌절되는 등 모든 것이 느려진다. 따라서 커뮤니케이션을 개선하는 것은 모든 비즈니스의 운영을 개선하는 가장 빠르고 비용 효율적인 방법 중 하나이며, 모든 것을 더 쉽게 만들어 준다. 원활한 커뮤니케이션은 업무 위임에 도움이 되고, 조율을 형성하며, 인지도를 높이고 생산성을 향상시킨다.

레버지리에서는 일반적으로 이메일 사용량을 최적화하는 것만으로도 한 사람당 주당 2시간 이상을 절약할 수 있다. 그리고 이것은 로켓 과학이 아니다. 팀과 함께 일할 때, 우리는 팀원들에게 받은 편지함을 다시 제어하고 관리하는 방법을 교육할 수 있다. 단 몇 번의 교육만으로 가능하다. 수만 개의 읽지 않은 메일이 받은 편지함에 있는 사람들을 대상으로 이 과제를 수행했다. 이 글을 읽으면서 읽지 않은 이메일이 3만1천 개나 되고 이메일을 처리하는 것이 너무 어렵다고 생각한다면 다시 생각해 보라.

계획(Plan)

계획은 회의, 업무 관리 및 목표를 다룬다. 여기에서 요령은 장기적인 계획부터 매일 해야 할 일, 회의 진행 방식까지 조직 내에서 업무가 수행되는 방식에 대한 완벽한 시스템을 만드는 것이다. 이것은 CPR 프레임워크에서 가장 크고 상세한 부분이지만, 수익에 가장 큰 영향을 미친다. 철저한 계획 및 업무 관리 시스템은 항상 올바른 순서로, 올바른 사람이, 제시간에, 낭비되는 노력 없이 과제를 수행하게 해준다.

팀원 각자가 지금 당장 해야 할 가장 중요한 일을 알 수 있도록 시스템이 구축되어 있다고 상상해 보라. 이것은 책임감, 투명성, 가시성을 제공한다. 관리자는 지난 주에 어떤 과제를 수행했는지, 지금 어떤 과제를 수행 중인지, 다음 주에 처리해야 할 과제, 차단된 과제, 그리고 개별 프로젝트의 상태까지 세세하게 관리하거나 쫓아다니지 않아도 된다.

자원(Resources)

자원은 세 가지 요소 중 가장 '섹시하지 않고' 가장 간과되는 요소이지만 똑같이 중요하다. 여기서는 회사 지식을 문서화하고 디지털화하는 데 초점을 맞추면 회사의 리스크를 줄일 뿐만 아니라, 시간을 절약하고 정보 검색에 소요되는 시간을 절약하는 데 도움이 된다. 요령은 회사를 운영하는 데 필요한 모든 것을 잘 문서화하고 체계적으로 정리하여 누구나 업무를 완료하는 데 필요한 것을 빠르게 찾을 수 있게 하는 것이다.

　자원은 궁극적으로 두 가지 영역으로 나뉜다. 첫 번째는 지식 베이스 (knowledge base) 또는 위키(wiki)를 만들어 중요한 회사 정보를 보관하는 것이다. "유급 휴가 방침은 무엇인가?" 또는 "스타일 가이드는 어디에서 찾을 수 있는가?"와 같은 질문은 관리자가 반복해서 답변하는 경우가 많으며, 이는 엄청난 불필요한 시간 낭비이다. 중요한 회사 정보는 항상 모든 직원이 액세스할 수 있는 지식 베이스에 보관 및 정리되어 있어야 한다. 동료나 관리자의 주의를 분산시키지 않고 필요한 정보를 빠르게 찾을 수 있어야 한다.

　자원의 두 번째는 회사의 모든 프로세스가 잘 문서화되어 있는지 확인하는 것이다. 본질적으로 이것은 자신의 업무가 아니더라도 누구나 프로세스를 완료하기 위해 참여할 수 있는 비즈니스에서 일어날 수 있는 모든 일에 대한 체크리스트를 만드는 것과 같다. 이렇게 하면 프로세스가 더 빠르고 일관성 있게 진행되며 오류의 위험이 줄어들고 혁신, 자동화 및 상당한 시간 절약의 기회가 열린다. 또한, 핵심 직원이 퇴사하거나 병에 걸리더라도 업무를 계속할 수 있으므로 비즈니스 리스크를 완화하며 업무를 계속할 수 있다.

　CPR의 각 파트에 대해 높은 레벨의 전략을 살펴본 다음, 당신과 팀이 각 구성 요소에 포함된 툴을 어떻게 사용할 수 있는지에 대해 자세히 살펴볼 것이다. 이 프레임워크는 상시적으로 사용할 수 있도록 설계되었다. 이 프레임워크는 소프트웨어의 선택에 관계없이 각 카테고리 내의 모든 툴에 적용되는 원칙으로 구성되어 있다.

아직 시장에 출시되지 않은 미래의 툴에도 적용될 수 있다. 나의 목표는 특정 소프트웨어의 사용법을 가르치는 것이 아니다. 그 기능은 필연적으로 변경될 것이기 때문이다. 대신 각 유형의 툴을 언제, 어떻게 가장 생산적인 방식으로 사용하는 방법을 이해하는 데 필요한 기본 지식을 제공한다.

이 책의 대상

이 책은 시간을 소중히 여기는 모든 지식 근로자에게 적용 가능하다. 업종이나 역할에 관계없이, 또는 원격 또는 대면 근무 여부에 관계없이 이 책에서 일상에서 시간을 절약하기 위해 쉽게 수행할 수 있는 기술을 찾을 수 있다.

CPR 프레임워크(그리고 이 책)는 개인부터 관리자, 임원, 직원, 기업가에 이르기까지 조직 내 모든 역할과 직급에 유용하다. 사실 모든 사람이 책의 같은 페이지에 있을 때, 즉 팀의 모든 구성원은 이 책을 같이 읽고 함께 프레임워크를 적용해 나갈 때 가장 효과적이고 이상적이다. 이 내용에 공감하는 관리자와 임원이 있다면 팀과 공유해 주기 바란다. 그리고 이 책이 자신의 직장을 어떻게 변화시킬 수 있는지 알고 있는 개인이라면 관리자 및 동료와 공유해 주기 바란다.

이 책의 일부 내용은 관리자에게 더 적합할 수 있고 일부는 개별 기여자에게 더 적합할 수 있지만, 두 역할 모두 CPR 프레임워크 내의 모든 개념을 이해하는 것은 여전히 필수적이다. 팀 전체에 도움이 되기 때문에 CPR 프레임워크 내의 모든 개념을 이해하는 것이 중요하다. 처음에 어떤 내용이 자신에게 적용되지 않을 것 같다면 계속 읽어보라. 이러한 혜택이 얼마나 확장되는지 알게 될 것이다. 마지막으로, 이 책은 야심 찬 리더가 조직에서 변화를 주도할 수 있는 기회이다. 원하는 것이 무엇이든 – 자신의 성과를 향상하고 싶든, 직장에서 피할 수 없는 변화나, 팀의 성과를 높이고 싶거나, 아니면 단순히 한 번에 모든 것을 파악하고 싶다면 적합한 책을 찾은 것이다.

이 책을 사용하는 방법

이 책은 네 파트로 나뉘어져 있다. 먼저, 다음 장에서 자주 참조할 CPR 프레임워크의 기본 원칙을 다룰 것이다. 이 파트만 읽어도 팀 생산성에 대한 더 나은 사고방식으로 전환할 수 있다. 또한, 모두가 같은 기준에서 시작할 수 있도록 모두가 이해해야 할 몇 가지 핵심 생산성 원칙도 소개한다. 이 책의 나머지 는 세 파트로 나뉘며, 각 파트는 커뮤니케이션

(Communication), 계획(Plan), 자원(Resources) 순으로 CPR의 한 가지 측면을 순서대로 다룬다. 순서가 매우 중요한 이유는 효과적으로 의사소통하지 못하면 어떤 계획을 세우든 실행이 지연되고 차선의 프로세스를 문서화하게 되기 때문이다. 이 책의 핵심은 바로 이것이다. 각 파트에 대한 높은 레벨의 전략을 심도 있게 살펴본 다음, 각 파트에 일반적으로 사용되는 툴과 이를 팀에서 사용하는 가장 좋은 방법을 다루고 있다는 것이다.

툴은 CPR 프레임워크에서 큰 부분을 차지한다. 내가 당신에게 새 툴을 설치하라고 요청할 수도 있다. 현재 툴을 사용하는 방식을 바꾸거나 심지어는 직관적이지 않은 방식으로 사용하는 것을 바꾸도록 요청할 수도 있다. 내 궁극적인 목표는 당신을 돕는 것이다. 기술 더미에 또 다른 툴을 추가하는 것에 대해 불안감을 느끼더라도 다음과 같이 약속할 수 있다. 올바른 방법으로 수행하고 팀과 함께 언제, 어떻게 사용할지 조율한

다면 이전보다 더 나은 결과를 얻을 수 있을 것이다. 훨씬 더 나쁜 것은 이러한 툴을 피하는 것이다. 노트북 대신 타자기로 회사를 운영하는 것과 같다.

개념과 원칙에만 초점을 맞춘 다른 생산성 책과는 달리, 이 책에서는 고객 사례 연구를 통해 모든 것을 수행하는 방법을 알려주고 실제 혜택을 보여주겠다.

책을 읽다가 잠시 멈추고 기술을 수행하거나 새로 발견한 아이디어를 팀과 공유하고 싶은 상황에 직면할 수 있다. 그렇게 하기 바란다. 또한, 방금 읽은 정보를 완전히 이해하기 위해 잠시 휴식을 취하거나 특정 부분을 다시 읽어야 할 때도 있을 수 있다. 그렇게 하는 것이 좋다. 추천한다. 이 책은 자신의 속도에 맞춰서 읽고, 필요할 때 언제든지 다시 참조할 수 있다. 처음부터 모든 내용을 수행할 수는 없다.

곳곳에 요점을 강조하는 설명이 있다. 각 장의 마지막에는 세 가지 핵심 요점이 포함되어 있다. 만약 당신이 이 핵심 요점 외에는 아무것도 없이 나가더라도 이 핵심 사항만 알아두면 여전히 가치를 얻을 수 있을 것이다.

또한, www.comeupforair.com에 이 책에서 다루는 정보를 보완할 수 있는 PDF, 템플릿, 비디오, 기사 및 링크가 있는 외부 보너스 페이지도 만들어 두었다. 이 페이지는 전적으로 무료이며 이 책에서 논의하는 개념을 더 깊이 있게 살펴볼 수 있다. 책 전체에 걸쳐 더 많은 정보나 단계별 지침을 찾을 수 있는 부분을 알려줄 것이다. 책을 구매하지 않아도 자료에 액세스할 수 있다.

당신의 투자 수익률

내가 숫자에 관심이 많다는 것을 이미 충분히 알고 있을 것이다. 그럼 이제 이 책에서 기대할 수 있는 예상 가치를 살펴보겠다. 당신의 시간을 낭비하고 싶지 않기 때문이다. 그리고 사람들에게 도움이 되지 않는 책을 쓰는 데 시간을 낭비하고 싶지 않기 때문이다.

당신의 시간을 시간당 100달러로 평가한다고 가정해 보겠다. 이 책을 읽는 데 5시간이 걸린다면 총 투자액은 500달러에 책값을 더한 금액이다. 그 대신 이 책을 통해 얻은 지식으로 일주일에 5시간을 절약할 수 있다고 가정해 보자. 이는 곧 일주일 안에 투자 수익을 얻을 수 있으며, 첫 해에는 실제로 24,500달러의 시간 절약 효과를 얻을 수 있다(1년에 50주 근무 가정). 또는 주당 8시간 근무 시간 전체를 절약할 수 있다면? 이는 연간 400시간, 또는 40,000달러이다.

이제 한 단계 더 나아가 보겠다. 20명의 직원이 있는 경우 팀원 20명이 주당 5시간을 시간당 50달러를 절약한다면, 연간 25만 달러를 절약할 수 있다. 50명? 625,000달러. (레버리지에서는 일반적으로 한 사람당 주당 하루의 근무 시간을 절약할 수 있었다.)

금전적 가치 외에도 연간 400시간을 추가로 확보한다면 어떤 성과를 거둘 수 있을까? 추가 시간으로 무엇을 하겠는가? 이러한 시간 절약이 얼마나 빠르게 누적되는지, 그리고 이 책을 신규 직원 교육 과정에서 필수로 읽어야 할 경우(지금 레버리지에서 처럼) 교육 과정에서 그 효과를 확인할 수 있다. 재무적 수익 외에도 고려해야 할 회사 문화 개선, 직원 유지율 향상, 리스크 완화 등 고려해야 할 다른 혜택도 많다. 그리고 더 민첩한 팀, 더 높은 생산성, 낭비되는 시간 감소, 더 즐거운 업무 환경, 더 빠른 신규 직원 교육 시간 등의 전체 다른 혜택이 있다...... 내가 계속할 수 있었던 (앞으로도 계속할) 것들이다.

“
이 내용이 흥미롭다면, 지금 바로 시작하라.
”

숨쉬어

COME UP FOR AIR

1

CPR® 프레임워크

선진 경제의 미래 번영과 생존은 무엇보다도 [지식 근로자의]
생산성에 달려 있고, 점점 더 의존하게 될 것이다.

- 피터 드러커(Peter Drucker),
현대 경영학의 아버지

문제: 대부분의 팀은 오늘날과 같이 빠르게 변화하는 환경에서 어제의 방법을
사용하고 있기 때문에 업무 속에 빠진다. 그들은 최신 툴에 대해 잘 모르거나,
언제 어떻게 툴을 가장 잘 사용해야 하는지에 대한 지식이 부족하기 때문에 업
무 방식을 간소화하지 못한다.

해결책: 사용 가능한 각 툴의 사용 시기와 방법에 대해 팀원들과 의견을 조율
하는 것이 업무 수행의 장애물을 제거하고 이러한 조율을 통해 생산성이 향상
되고 스트레스가 적으며 즐거운 업무 환경을 빠르게 조성할 수 있다.

직장에서 사용하는 툴에 대한 훌륭한 비유를 들은 적이 있다. 만약
팀원들과 함께 숲속으로 캠핑을 가려면 두 가지가 필요하다. 의사
소통을 위한 워키토키와 길을 찾기 위한 지도이다. 이 두 가지 툴은 모두
숲에서 안전하게 탈출하는 데 필수적이지만, 그 기능은 매우 다르다.

워키토키는 팀원들끼리 소통할 때 유용하다. 워키토키를 사용하면 팀
원들이 서로의 위치를 확인하고 새로운 지형에 대한 업데이트를 받고, 다

음에 어디로 가야 할지 아이디어를 공유할 수 있기 때문이다. 워키토키가 없다면 팀은 금방 흩어져 길을 잃을 수 있다. 반면에 지도는 매우 다른 용도로 사용된다. 지도는 어디로 가야 하는지 알려준다. 지도를 올바르게 사용하면 항상 어떤 방향으로 가야 하는지 알 수 있다. 다음 트레일 교차로가 어디인지, 최종 목적지까지 어떻게 가야 하는지 알 수 있다 (그림 2 참조).

커뮤니케이션	커뮤니케이션	커뮤니케이션
이메일 툴 (Gmail*, Outlook, Apple Mail 등)	계획 업무 관리 툴 (Asana*, Clickup, Jira, Monday.com 등)	자원 지식 베이스 툴 (Coda*, Notion, Confuence, SharePoint 등)
내부 커뮤니케이션 툴 (Slack*, Microsoft Teams 등)		프로세스 관리 툴 (Process Street*, Pipefy, Trainual, SweetProcess 등)

*레버리지에서 사용하고 있는 툴

그림 2

트렐로(Trello)의 공동 창립자인 마이클 프라이어(Michael Pryor)가 전하는 이야기이다. "나는 세 번째 툴을 추가하는 것을 좋아한다. 워키토키와 지도 외에도 어떤 장비를 가져가야 하는지, 어떻게 설치해야 하는지 설명하는 가이드북이 필요하다. 그래야 프로든, 초보든 누구나 텐트를 설치할 수 있다."

성공적인 캠핑 여행을 원한다면 세 가지 툴 모두 함께 사용해야 한다. 그리고 가장 중요한 것은 이 툴들을 올바르게 사용해야 한다는 것이다. 워키토키로 경로를 계획하는 것은 좋지 않을 것이다. 주요 장비를 놓치거나 텐트를 잘못 설치하면 매우 힘든 밤이 될 수 있다. 팀이 올바른 툴을 적절한 시간에 사용하는 방법을 모른다면 춥고 외로운 숲속을 헤매며 탈출구를 찾아야 한다.

숲에서 벗어나기 위해 캠핑 툴을 올바른 방법으로 적시에 사용해야 하는 것처럼, 업무 속에 빠져있는 현대의 팀들은 이러한 디지털 툴을 적절한 시기에 적절한 방법으로 사용해야 한다. 가장 중요한 원칙은 각 유형의 툴을 언제 어떻게 사용해야 하는지 아는 것이 툴 자체보다 훨씬 더 중요하다는 것이다. 같은 용도의 텐트도 다양한 종류가 있듯이, 각 카테고리 안에는 동일한 기능을 효과적으로 수행하는 고도로 기능적인 툴이 많이 있다.

문제는 사람들이 이러한 기능을 올바르게 사용하지 않고 있으며, 각 기능을 언제 어떻게 사용할지에 대해 팀이 일치하지 않는다는 것이다. *이것이 바로 CPR 프레임워크가 해결하고자 하는 주요 문제이다.*

세계 최고의 골프 클럽을 가지고 있다고 해도 테니스를 치는데 사용한다면 별 소용이 없을 것이다! 비즈니스 툴에도 같은 원칙이 적용된다.

툴 정의하기

여기에 적은 툴 중 일부에 대해 들어본 적이 없더라도 걱정하지 말기 바란다. 각 카테고리에 대해 간략히 살펴본 다음, 다음 장에서 자세히 살펴보겠다. 캠핑에의 비유는 이러한 툴의 차이점에 대해 생각해 보는 매우 간단한 방법이다. 사실, 이들 툴은 모두 캠핑용 툴보다 더 많은 기능을 제공한다. 예를 들어, 슬랙(Slack)이나 마이크로소프트 팀스(Microsoft Teams)와 같은 툴은 워키토키보다 훨씬 더 많은 기능을 제공한다.

이메일 툴(Email Tools)

시작은 간단하다. 이메일이 무엇인지 다들 알고 있지만 실제로 어떻게 사용하는지 알고 있는가? 이메일 사용법에 대한 교육을 받은 적이 있는가? 아마 아닐 것이다. 바보같이 들릴 수도 있지만, 이메일은 지난 수십 년간 실제로 직장에서 매우 오해되고 오용되는 툴이다.

CPR 프레임워크 내에서 이메일은 거의 전적으로 조직 외부의 사람들과 소통하는 데 사용된다. 이메일을 효율적으로 사용하는 방법에 대한 간단한 방법론을 다룰 것이다. 지메일(Gmail)과 아웃룩(Outlook)은 이 카테고리에서 가장 일반적인 툴이지만, 이메일 관리 모범 사례는 툴에 관계없이 쉽게 적용할 수 있다.

이메일은 수행하기 쉽고 빠르게 시간을 절약할 수 있기 때문에(일반적으로 1인당 하루에 한 시간 이상 절약), 그리고 모두가 이메일을 사용하기 때문에 이러한 시간 절약은 광범위한 영향을 미친다.

> 이메일은 조직 외부의 사람들과의 커뮤니케이션에만 사용해야 한다.

내부 커뮤니케이션 툴(Internal Communication Tools)

이름에서 알 수 있듯이 내부 커뮤니케이션 툴(내부 커뮤니케이션 플랫폼 또는 협업 메시징 플랫폼이라고도 함)은 팀 내부 커뮤니케이션에 사용된다. 가장 일반적인 두 가지 예는 슬랙과 마이크로소프트 팀스이다. 다른 툴들도 있지만, 두 가지 모두 이메일과 같이 시간순이 아닌 주제별로 정리할 수 있기 때문에 효과적이다.

높은 레벨에서 팀은 모든 내부 커뮤니케이션을 이러한 툴로 분리하고 모든 외부 커뮤니케이션(고객, 파트너, 공급업체 등)은 이메일에 보관할 것을 추천한다. 이러한 툴은 업무 관리가 아닌 커뮤니케이션을 위해 사용해야 한다. 이 모든 것이 어떻게 작동하는지에 대해서는 나중에 자세히 설명 하겠지만, 일단은 내부 커뮤니케이션 툴은 대부분의 조직에 매우 필요하며 대면 팀은 물론, 혼합 및 원격 팀에도 똑같이 중요하다.

내부 커뮤니케이션 툴은 업무 관리가 아닌 팀과의 소통을 위한 용도로 사용해야 한다.

업무 관리 툴(Work Mnagement Tools)

업무 관리 툴(업무 관리 플랫폼이라고도 함)은 기본적으로 협업할 일 목록(to-do list)의 스테로이드이다. 이러한 툴은 계획하고, 추적하고, 정리하고, 궁극적으로 조직의 모든 '업무'를 완료할 수 있는 디지털 툴이다. 이 글을 쓰는 시점에서 일반적으로 사용되는 업무 관리 툴로는 아사나 (Asana), 클릭업(ClickUp), 먼데이(Monday.com), 지라(Jira) 등이 있다. '프로젝트 관리 툴'라는 말을 들어보았다면, 이 툴들이 모두 동일하다고 생각할 수 있다 – 하지만, 중요한 차이점이 있고 이것이 CPR 프레임워크 내에서 프로젝트 관리 툴이 아닌 업무 관리 툴의 사용을 명시하는 이유이다. 프로젝트 관리 툴은 정의상 프로젝트 관련 과제를 완료하기 위한 툴이다. 하지만 현실적으로 대부분의 조직에는 하나의 프로젝트, 여러 프로젝트에 걸쳐 있는 하나의 프로젝트, 여러 프로젝트 또는 프로젝트가 전혀 없는 경우도 있다. 업무 관리 툴은 프로젝트 관련 과제와 비프로젝트 관련 과제를 모두 완료하는 데 더 좋다. 즉, 여러 팀에 걸친 복잡한 프로젝트를 관리하고 개별 할 일 목록을 완성하는 데에도 똑같이 효과적이다. 리더는 비즈니스의 진행 상황과 상태를 한눈에 파악할 수 있다. 관리자는 올바른 순서로, 적절한 사람이, 제시간에, 중복된 노력 없이 업무를 수행하고 있는지 알 수 있다.

업무 관리 툴은 업무 완수를 위해 사용해야 한다.

지식 베이스 툴(Knowledge Base Tools)

'위키(wi-ki)'라고도 하는 지식 베이스는 본질적으로 현대 팀을 위한 거대한 디지털 파일 수납장과 같다. 지식 베이스에는 텍스트, 이미지, 동영상, 문서, 링크 등의 형태로 회사 정보가 보관된다. 지식 베이스의 요령은 지식 베이스가 누구나 질문할 필요 없이 필요한 답을 얻을 수 있다는 것이다. 휴가 방침부터 조직도 및 브랜딩 문서까지, 지식 베이스에는 사람들이 항상 찾고 있는 중요한 회사 정보가 보관되어 있다. 그리고 클라우드에 보관되기 때문에 언제든지 액세스할 수 있고 업데이트할 수 있어 항상 최신 상태로 유지된다. 현재 시중에 나와 있는 인기 있는 지식 베이스로는 코다(Coda), 노션(Notion), 구루(Guru), 콘플런스(Confluence), 쉐어포인트(SharePoint) 등이 있다.

> 지식 베이스는 표준 질문에 대한 답변을 제공한다: 누가, 무엇을,
> 어디서, 언제 및/또는 왜?

프로세스 관리 툴(Process Management Tools)

프로세스 관리 툴은 조직 내에서 반복되는 프로세스를 문서화하고 최적화하는 방법을 제공한다. 여기서 '프로세스'란 특정 방식으로, 특정 순서로, 특정 사람이나 역할에 의해 수행되어야 하는 일련의 단계이다.

업무 관리 툴은 주로 일회성 과제와 프로젝트를 다루지만, 프로세스 관리 툴은 조직에서 자주 발생하는 활동을 처리하기 위해 만들어졌다. 프로세스 관리 툴은 급여 지급이나 신규 팀원 교육과 같은 조직의 중요한 기능에 대한 단계별 체크리스트와 같다고 생각하면 된다. 이러한 툴의 가장 큰 장점은 일종의 보험과 같은 역할을 한다는 것이다. 누군가 퇴사

하거나 휴가 중일 때 누구든 자신의 역할이나 전문 분야가 아니더라도 프로세스를 완료할 수 있다. 또한, 반복적인 업무를 원활하게 진행할 수 있고 오류를 줄이면서 더 빠르게 진행할 수 있다. 시중에 나와 있는 프로세스 관리 툴은 프로세스 스트리트(Process Street), 파이프파이(Pipefy), 트레이뉴얼(Trainual), 스위트프로세스(SweetProcess)등이 있다.

프로세스 관리 툴은 이 질문에 대한 답을 제공한다: 어떻게?

보시다시피, 각 영역에는 해당 프레임워크 내에서 특정 기능을 수행하는 특정 툴이 있다. 그리고 각 툴마다 해당 업무를 수행하는 여러 소프트웨어 옵션이 있다. 지메일과 아웃룩은 모두 잘 작동하는 이메일 플랫폼이다. 마이크로소프트 팀스와 슬랙은 모두 비슷한 기능을 갖춘 훌륭한 내부 커뮤니케이션 툴이다. 코다, 노션, 구루, 컨플런스, 쉐어포인트는 모두 지식을 보관할 수 있는 툴로, 약간의 기능만 다를 뿐 고유한 사용자 인터페이스를 제공한다.

때때로 사람들은 이 다섯 가지 범주의 툴을 수행해야 한다는 생각에 압도되어 차라리 한 가지 툴로 모든 것을 처리하고 싶어한다. 나는 보통 이런 사람들에게 간단한 질문으로 대답한다. 나무를 베어야 한다면 스위스 군용 칼을 사용하겠는가, 아니면 도끼를 사용하겠는가? 몇 가지 전문화된 툴을 사용하는 것이 한 가지 툴을 모든 과제에 사용하는 것보다 항상 더 나은 선택이다. CPR 프레임워크에는 다섯 가지 범주의 툴이 포함될 수 있지만, 각 영역에 특화된 툴 덕분에 생산성에 긍정적인 영향을 미친다. 이러한 툴들 간의 구분은 팀들이 순 긍정 효과를 달성하려면 각 툴의 사용 시기를 명확하게 정해야 하기때문에 CPR 프레임워크의 핵심 이론이다.

그리고 이러한 툴의 일부 또는 전부를 사용하고 있더라도 잠재력을 최대한 활용하지 못하고 있을 가능성이 높다. 나는 사람들이 기술을 사용할 때 직면하는 대부분의 문제는 부적절한 설정, 교육 및 사용 시기와 방법에 대한 사고방식 때문이라는 것을 알게 되었다. 레버리지는 이 코드를 해독했고, 이것이 매일 고객을 돕고 있는 이유이다. 우리는 수백만 달러를 투자하여 팀을 구성하고 교육하는 가장 좋은 방법을 찾아냈다. 이 프레임워크를 수행하면 이러한 축적된 지식의 혜택을 누릴 수 있다.

　요컨대, 이 다섯 가지 범주의 툴을 각각 언제, 어떻게 사용해야 하는지 아는 것이 팀이 물 밖으로 나와 숨을 쉬는데 있어 핵심이다. 모든 사람이 각자가 적합하다고 생각하는 방식대로 툴을 사용한다면 시간이 지남에 따라 문제가 누적되어 공동 업무를 불필요하게 하고 어렵게 만든다. 이러한 행동은 내가 '보물 찾기'라고 부르기를 좋아한다. 당신도 이 문제에 공감할 것이다.

보 물 찾 기

　당신의 업무를 완성하기 위해 지난주 회의 노트를 순서대로 찾아야 한다고 가정해 보겠다. 하지만 당신은 그들이 어디에 보관되어 있었는지 기억할 수 없다. 이메일에 있었나? 슬랙 메시지? 그게 다이렉트 메시지였나, 아니면 채널이었나? 어떤 채널? 혹은, 아마도 구글 문서... 그 문서에 대한 링크가 문자 메시지에 있었나? 혹은, 단체 문자에?

　몇 초만 걸렸어야 하는 것이 5분, 10분, 심지어 15분이 걸린다. 아마도 당신은 할 수 없을 것이다. 아마도 당신은 정보를 찾아내기 위하여 누군가를 끌어들여야 할 것이다. 이제 그들의 시간도 낭비되고 있다.

　친숙하게 들리는가?

　아사나(Asana)의 2022년 노동 분석 지수, 지식 노동자들이 그들의 시간을 어떻게 소비하는지에 대한 연례 보고서에는 근로자 시간의 58%는 '업무에 대한 업무', 즉 업무에 대한 커뮤니케이션, 정보 검색, 우선 순위 이동 관리, 상태 업데이트 추적에 소비한다고 조사되었다. 이것은 대체로 '보물 찾기' 때문이다.

한 걸음 더 나가서 같은 응답자들이 *자신들은 약 35%만 이러한 활동에 소비한다고 답했다는 것이다.*[1] 이것은 하나다. 사람들이 업무에 압도당하는 주된 근본적인 이유는 실제로 얼마나 많은 시간을 매일 사소한 일에 소비하는지 고려하지 않는다는 것이다. 그래서 우리는 주어진 주에 일의 40시간을 성취할 수 있다고 잘못 생각한다.

보물 찾기는 현대 비즈니스가 직면하는 가장 크고 일반적인 문제 중 하나이며, 그만한 이유가 있다. 사람들은 정보를 보관하거나 전달할 때 본능적으로 그 순간 가장 쉽고 빠른 방법을 사용한다. 사람들은 의식하든 의식하지 못하든 정보 *전달* 속도에 최적화되어 있다. 이는 사람들이 물속에 있기 때문에 발생하며, 장기적으로 가장 좋은 해결책 대신에 그 순간 가장 빠른 해결책을 선택하게 된다. 또는 이러한 상황을 관리하는 방법에 대한 적절한 교육을 받은 적이 없기 때문에 더 나은 방법을 모른다(그들은 이 책을 읽지 않았다!).

아이러니한 것은 내가 실제로 "비즈니스는 지식이 전달되는 속도만큼만 성장할 수 있다"고 말하곤 했다는 것이다. 하지만, 나는 이 말이 심각한 문제를 일으킬 수 있다는 것을 나중에 깨달았다. 내가 발견한 것은 실제로 *비즈니스는 지식이 검색되는 속도만큼만 성장할 수 있다는* 사실이다. 회의에서 누군가에게 노트를 보내야 하나? 복사하여 빠른 문자 메시지에 붙여넣는 것이 문서를 작성하여 적절한 사람들과 공유하고 내부 지식 베이스에 추가하는 것보다 훨씬 빠르다. 전자는 전달 속도에 최적화된 반면, 후자는 검색 속도에 최적화되어 있다. 문서를 만들어 클라우드 스토리지(Cloud Storage)의 정리된 위치에 추가하는 것이 단기적으로는 시간이 더 걸릴 수 있지만, 장기적으로는 모두의 시간을 절약할 수 있다. (그리고 정말, 얼마나 걸리나? 1분 정도?)

비즈니스는 지식이 전달되는 검색되는 속도만큼만 성장할 수 있다.

생각해 보면, 모든 정보를 문자로 전달하는 것은 사실 아주 쉬운 일이다! 아마도 이보다 더 빠른 것은 없다. 하지만 단점은 과거에 보낸 메시지와 업무에 필요한 정보를 찾기가 매우 어렵다는 것이다. 따라서 팀으로 효과적으로 일하기 위해서는 모두가 정보를 적절한 위치에 배치하여 검색 속도를 최적화해야 한다.

요컨대, 보물 찾기를 없애는 가장 좋은 방법은 검색 속도를 최적화하고 팀원들과 함께 사용하는 시기를 조율하는 것이다. 팀마다 특정 목적을 달성하는 역할이 다른 것처럼 툴도 마찬가지이다. 모든 사람이 각 툴의 목적과 사용 시기를 명확히 알고 있으면, 모든 정보가 원래 있어야 할 곳에 있기 때문이다.

나는 이것을 조직 레벨 계약(OLA, Organization-Level Agreement)이라고 생각하고 싶다. 조직은 높은 레벨에서 어떤 툴을 사용할지, 언제 사용할지에 대해 합의해야 한다.[2] 팀원들과 조직 내 여러 팀이 각각 어떤 툴을 언제 사용할지에 대한 생각이 제각각이라면, 문제가 될 수 있다.

이는 팀 레벨 계약(TLA, Team-Level Agreement)이라는 개념과 유사하다. 이것은 팀원들이 서로 협력하는 방식에 대한 기대치를 설정하는 지침이다. 팀 레벨 계약은 소규모 팀 내에서 사람들이 언제 회의에 참석해야 하는지, 주간 회의는 어떻게 하는지 등을 명확히 하는 데 유용하다. 특정 팀에 적합한 방식이 다른 팀에는 적합하지 않을 수 있다.

CPR 프레임워크 내에는 두 가지 모두에 적합한 시간과 장소가 있다. 팀 레벨 계약의 몇 가지 예는 나중에 다루겠다. 하지만 조직 레벨 계약에서는 조직 전체에 걸쳐 모든 사람이 각 툴의 사용 시기와 방법에 대해 모두가 같은 생각을 가지고 있어야 한다.

더 많은 사람, 더 많은 문제

만일 최근에 일에 빠져있다면, '툴을 언제 어떻게 사용해야 하는지 아는 것'이 현명한 해결책이 아닌 것처럼 들린다는 것을 이해한다. 하지만 실제로는 가장 논리적으로 시작할 수 있는 방법이다. 내가 설명해주겠다.

보통 팀에서는 업무가 밀려들면 서둘러 더 많은 사람을 고용하려고 서두른다. 이는 자연스러운 경향이다. 더 많은 일이 필요한 경우 더 많은 인원을 고용하면 빠르게 해결할 수 있고, 결국 이것이 비즈니스를 성장시키는 방법이다. 하지만 이러한 방식은 처음에 가졌던 것보다 더 많은 문제를 야기할 수 있는 근본적인 결함이 있다.

많은 조직이 깨닫지 못하는 것은 복잡성이 팀 규모에 따라 기하급수적으로 증가한다는 사실이다. 더 많은 사람을 고용할수록 복잡해진다. 더 많은 인원을 관리해야 하고 워크 플로우가 더 복잡해지고, 사람들의 업무 방식을 개선하는 것이 훨씬 더 어려워진다. 이미 효율적으로 운영되고 있지 않는다면 사람들을 고장난 시스템으로 끌어들이는 것일 뿐이며, 잠재력을 최대한 활용하지 못하는 것이다.

나도 처음 사업을 시작할 때 이런 함정에 빠졌었다. 프리랜서 마켓플레이스를 시작했을 때, 매달 일손이 부족했다. 더 많은 고객을 맡으면서 모든 과제를 완료하기 위해 더 많은 프리랜서를 고용해야 했다. 1년 정도 지나자 100명 이상의 팀으로 구성되었고, 수요를 따라잡기 위해 지속적으로 새로운 프리랜서를 고용했다.

더 많은 인력을 고용하는 것은 많은 비즈니스 문제에 대한 해결책이다. 하지만 이는 자충수가 될 수 있다. 더 많은 사람을 고용할수록 일이 더 복잡해지기 때문이다.

하지만 곧 수백 명 이상의 프리랜서를 채용하고, 교육하고 관리하는 것이 엄청나게 어렵다는 것을 깨달았다. 이렇게 많은 인원을 새로 채용했을 때는 이들을 관리하는 데 소요되는 추가 시간은 물론이고 모든 시스템과 워크 플로우에 추가되는 복잡성은 말할 것도 없고 새로운 방침을 배포하거나 회사 공지사항을 발표하는 등 모든 사람이 같은 생각을 갖도록 하는 것이 어렵다. 100명보다는 20명이 훨씬 쉽다.

결국, 나는 채용이 본능이라는 것을 깨달았다. 저항하는 것이 훨씬 더 효율적이었다. 즉, 새로운 인력을 추가하기 전에 시스템을 올바르게 설정하고, 더 나은 워크 플로우를 만들고, 툴을 사용하는 가장 좋은 방법을 교육하고, 궁극적으로 현재 팀에서 더 많은 것을 얻을 수 있었을 것이다.

팀 사이즈에 따라 기하급수적으로 확대되는 복잡성

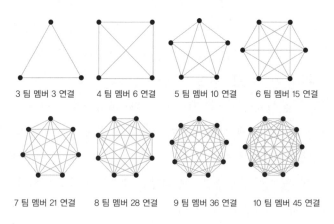

3 팀 멤버 3 연결   4 팀 멤버 6 연결   5 팀 멤버 10 연결   6 팀 멤버 15 연결

7 팀 멤버 21 연결   8 팀 멤버 28 연결   9 팀 멤버 36 연결   10 팀 멤버 45 연결

그림 3

이런 일이 발생하는 이유는 대규모의 사람들이 모일수록 상호작용의 잠재적 접속점이 더 많기 때문이다(그림 3 참조). 이를 흔히 '네트워크 효과'라고 불리며, 멧칼프의 법칙(Metcalfe's Law)이라는 공식으로 가장 잘 설명되는데, 이 공식에 따르면

'통신 네트워크의 가치는 네트워크의 제곱(n^2)에 비례한다.'[3]

로버트 멧칼프가 이 법칙을 공식화했을 때, 그는 커뮤니케이션 툴은 다른 사람들도 가지고 있을 때만 가치가 있다는 사실을 언급했다. 본질적으로 휴대전화를 가지고 있는 사람이 나 혼자 뿐이라면 휴대전화의 가치가 있을까? 휴대전화의 가치는 더 많은 사람들이 휴대전화를 사용할수록 비례적으로 증가한다. 더 많은 연결이 가능하기 때문이다. 하지만 여기에는 단점도 있다. 연결이 많을수록 더 많은 복잡성과 노이즈가 발생하게 된다. 따라서 새로운 사람을 추가하기 전에 현재 팀과 툴을 최적화하는 것이 더 합리적이다.

팀에 추가하는 사람마다 복잡성이 증가한다는 점을 기억하라. 복잡성을 증가시켜 향후 툴 최적화 및 행동 변경을 더 어렵게 만든다. 하지만 잠재적으로 더 큰 문제는 고장난 시스템에 신입사원을 데려오면 신입사원의 '완전한 가치'를 얻을 수 없다는 것이다.

매우 성공적인 마케터이자 작가이자 멘토인 제이 아브라함(Jay Abraham)의 저서 *당신이 가진 모든 것을 끌어내라*라는 유명한 책이 있는데, 이 책에는 그의 전반적인 성장 전략이 요약되어 있다. 그는 기업과 함께 일할 때 외부 마케팅은 종종 최후의 수단으로 사용하고 대신 회사의 현재 고객이나 현재 도달 범위에서 가능한 모든 잠재적 수익을 얻는 데 집중한다. 팀과 운영 효율성에도 같은 개념이 적용된다.

다시 말해, 고장난 시스템에 더 많은 사람을 투입하여 더 많은 사람을 데려오겠나, 아니면 먼저 시스템을 고쳐서 더 많은 사람을 효율적인 시스템으로 데려오겠나? 답은 분명하다. 물이 넘쳐나는 싱크대를 고치고 더 빨리 닦지 마라!

CPR 프레임워크는 팀원 모두가 이미 최대한의 효율로 일하고 있으며, 새로운 인력이 들어오더라도 최적화된 시스템으로 데려올 수 있다. 여기에는 팀이 함께 일하는 방식을 최적화하는 것이다. 하지만 그보다 더 큰 비중을 차지하는 것은 툴의 사용을 최적화하여 팀이 각 툴에서 최대한의 가치를 얻을 수 있도록 하는 것이다 – 모든 사람이 적시에 올바른 방식으로 툴을 사용할 수 있도록 최적화하는 것이다.

상황이 어려워지면 바로 더 많은 인원을 채용하고 싶은 유혹이 들기 마련이다. 처음부터 인력과 툴의 잠재력을 최대한 활용하면 새로운 직원을 교육하는 것이 더 쉬워진다. 또한, 소규모 팀으로 업무 방식을 변경하는 것은 훨씬 쉽다.

수학을 잘하는 사람들을 위해 비율에 따라 툴의 '실제'가치를 계산하는 나만의 공식을 만들었다. comeupforair.com에서 해당 공식과 계산기를 통해 팀의 복잡성과 툴에서 얼마나 많은 가치를 얻고 있는지 확인할 수 있다.

당신을 위한 올바른 툴 선택하기

이미 CPR 프레임워크 내의 다양한 소프트웨어 옵션이 모두 동일한 기능을 효과적으로 수행한다는 점을 설명했다. 하지만 사람들은 어떤 툴이 어떤 범주에서 '최고'인지 끊임없이 묻기 때문에 잠시 시간을 내어 이를 명확히 하고자 한다.

특정 상황에 더 적합한 툴이 있을 수 있고, 나중에 툴을 전환하는 데 드는 비용이 많이 들 수 있다(비용과 고통 모두). 중요한 것은 해결하려고 하는 문제가 무엇이고 이를 가장 잘 해결할 수 있는 툴이 무엇인지 더 잘 이해할 수 있도록 노력해야 한다.

다음은 새로운 툴을 선택할 때 리더에게 물어보는 몇 가지 핵심적인 질문이 포함된 체크리스트이다. 이 질문들은 내가 수년 동안 레버리지(저자의 회사)에 새로운 툴을 도입하면서 스스로에게 여러 번 던졌던 질문들이다.

툴 선택 체크리스트

새 툴 추가를 고려하기 전에 다음 질문을 스스로에게 해보라:

1. 현재 비즈니스에 필요한 것은 무엇인가? 해결하고자 하는 문제가 무엇인가?
2. 앞으로 어떻게 변화할 가능성이 있는가?
3. 이 툴로 추가적인 비즈니스 요구 사항을 해결할 수 있는가?
4. 다른 어떤 툴을 사용하고 있는가?
5. 다른 툴과 통합되나?
6. '기성품' 방식이 효과가 있는가, 아니면 더 맞춤화된 방법이 필요한가? 그렇다면 만들기가 얼마나 쉬울까?
7. 그 툴이 고객 지원과 함께 일하는 것이 얼마나 쉬운가? 설정하고 사용하는 중에 그 툴로부터 얼마나 많은 도움을 기대할 수 있나?
8. 현재 비용은 얼마인가?
9. 인원을 추가하면 비용이 얼마나 확장되나?
10. 툴의 기능 로드맵은 어떻게 되나? 시간이 지남에 따라 개선되나?

이는 고려해야 할 몇 가지 사항일 뿐이다. 하지만 현실은 오늘날의 주

류 툴 중 어떤 것이든 문제를 해결할 수 있다는 것이다. CPR 프레임워크의 장점은 현재 시중에 나와 있는 모든 툴로 업무할 수 있다는 것이다. 그리고 나는 시간 여행자나 점쟁이는 아니지만, 앞으로 시장에 출시되는 모든 툴에도 적용될 수 있을 것이라고 확신한다.

예를 들어, 당신과 당신의 팀이 현재 슬랙을 사용 중이라면 프레임워크 안에서 내부 커뮤니케이션 툴을 사용하는 방법을 알고 있기 때문에 24시간 이내에 마이크로소프트 팀스로 전환할 수 있다.

사소해 보일 수 있지만, 이러한 상황에 대비하는 것은 가치가 있다. 대부분의 조직은 우리 삶의 거의 모든 측면을 혼란에 빠뜨릴 글로벌 팬데믹에 대비하지 못했다. 대다수의 직원이 원격 근무를 해야 하는 글로벌 팬데믹에 대비하지 못했지만, 우리는 지금 여기에 있다.

항상 기억하기 바란다: 중요한 것은 툴이 아니라 툴을 사용하는 방식이다!

효율성 중심의 사고방식

팀 생산성을 위해 개인의 생산성은 필요하지만 충분하지 않다고 말했다. 이 원칙을 가장 잘 보여주는 것은 2004년 올림픽의 극적인 사건이다. 2004년 아테네 올림픽에서 미국 남자 농구 대표팀은 우승 후보로 거론되었다. 코치는 래리 브라운이었는데 농구 코치 중 유일하게 NCAA 챔피언십과 NBA 챔피언십에서 모두 우승한 경력이 있었다. 이 팀은 르브론 제임스, 카멜로 앤써니, 팀 던컨 등 세계 최고의 슈퍼스타들로 구성되었다. 미국은 또한, 지난 세 번의 올림픽에서 연속으로 농구 금메달을 획득했다.

하지만 푸에르토리코와의 개막전에서 19점 차로 패했다. 결국 총 3경기에서 패하며 미국 남자 농구 대표팀 최다 패배를 기록했고 아르헨티나,

이탈리아에 이어 동메달을 획득했다.[4] 스포츠 역사상 가장 큰 이변 중 하나였다.

그렇다면 농구 역사상 최고의 슈퍼스타들로 구성된 팀이 어떻게 금메달을 따지 못했을까? 그 이유는 바로 팀으로서 효율적으로 운영되지 않았기 때문이다. 각 선수는 팀의 총체적인 성과를 극대화하는 대신 자신의 성과를 극대화하는 방식으로 플레이했다.

하지만 만약 2004년 미국 남자 농구 대표팀이 다르게 운영되었다고 상상해 보라. 그들이 모든 기대에 부응했다면 어떻게 되었을까? 이것이 바로 CPR 프레임워크의 목표가 당신과 당신의 팀이 잠재력을 최대한 발휘할 수 있도록 하는 것이다. 가능한 한 효율적으로 운영하여 모두가 적재적소에 노력을 기울여 총체적인 성과를 극대화하는 것이다.

하지만 그러기 위해서는 여전히 슈퍼스타들로 구성된 팀이 필요하다. 내가 말했듯이 이 책은 개인 생산성을 위한 책이 아니라, 팀으로서 효율적으로 기능하는 개별 생산적인 직원들로의 구성으로 진정한 기하급수적인 성장의 가능성을 열어준다. 수많은 생산성 팁 중에서 다음과 같은 다섯 가지 원칙은 올바른 사고방식을 갖추는 데 도움이 될 것이다.

항상 더 나은 방법은 있다.

현대 경영학의 아버지라 불리는 피터 드러커는 "효율성은 일을 제대로 하는 것이고, 효과성은 옳은 일을 하는 것이다."라는 유명한 말을 남겼다. 이 책 전체에 걸쳐서는 효율성에 초점을 맞추고 있으며, 이는 새로운 운영 방식에 눈을 떠야만 달성할 수 있다. 일을 제대로 하고 싶다면 현재 차선책으로 일을 하고 있을 수도 있다는 사실을 받아들여야만 한다.

팀과 함께 일할 때 우리는 팀 운영 방식에 대해 깊이 파고드는 경향이 있다. 우리는 그들이 하는 모든 일에 의문을 제기하고, 사람들은 때때로 짜증을 내기도 한다. 이해한다. 비효율적인 일을 하고 있다는 말을 듣고 싶어하는 사람은 아무도 없다. 특히 수년간 그렇게 해왔다면 더더욱 그렇다.

하지만 단순한 사실이다. 항상 해오던 방식으로만 일을 처리해서는 개선할 수 없다. 개선하고 싶다면 더 빠르게 움직이고, 위험을 줄이고, 개인과 팀의 업무 방식을 개선해야 한다. 그것은 단지 단순한 사고방식의 전환으로 귀결된다: '항상 더 나은 방법은 있다!' 레버리지에서는 항상 개선할 수 있는 방법을 찾고 있다. 입사한 지 얼마 되지 않은 인턴이든 수년간 회사에 근무한 임원이든 상관없이 누군가가 더 나은 방법에 대한 아이디어를 제시하면 귀를 기울인다.

'두뇌는 아이디어를 갖기 위한 것이지 아이디어를 보관하기 위한 것이 아니다.'

일 깔끔하게 해치우기(Getting Things Done)의 창시자이자 동명의 책의 저자인 데이비드 앨런(David Allen)의 이 말은 생산성의 기본 요소이다.

직장에서 우리 모두는 매일 수백 가지의 사소한 일을 한다. 이러한 사소한 일들은 시간도 차지하지만, 뇌의 공간도 차지한다. 당신은 마음 한 구석에서는 끊임없이 해야 할 일들(상사에게 지표 보고서를 보내거나 주요 프로젝트의 상태를 확인하는 등)을 생각하고 있다. 의식하든 의식하지 못하든, 이런 사소한 일들이 소중한 브레인 파워를 차지한다.

적절한 시스템과 프로세스를 갖추고 있다면, 사소한 업무를 제거하여 두뇌를 자유롭게 할 수 있다. 그렇게 확보한 공간으로 더 크고 더 전략적인 중요한 과제에 전적으로 집중할 수 있다. 또한, 진정으로 창의적인 사고를 위한 더 많은 공간을 확보할 수 있다.

아이디어를 보관하고 두뇌를 자유롭게 하는 시스템을 만드는 것은 생산성 향상을 위한 필수적인 사고방식의 전환이며 CPR 프레임워크의 핵심 개념이다.

하지만 아이디어를 보관할 수 있는 시스템을 만드는 것은 절반의 성공에 불과하다. 이미 알고 있듯이, 비즈니스는 지식이 검색되는 속도만큼만 성장할 수 있다. 따라서 나는 데이비드 앨런의 방법론에서 한 걸음 더 나아가고자 한다. 생산성을 높이려면 아이디어를 보관할 수 있는 시스템을 구축해야 하고, 이러한 시스템은 정보 검색에 최적화되어야 한다.

결국, 아이디어를 보관할 수 있는 시스템이 많이 있지만, 그 시스템들을 샅샅이 훑어보고 원하는 것을 찾는 데 몇 시간이 걸린다면 무슨 소용이 있을까?

흐름 상태(Flow States)

'흐름 상태'는 생산성이 최고조에 달하는 시기로, 다음과 연관되어 있다. 심리학자 미하일 칙센트미하이(Mihaly Csikszentmihalyi)가 처음으로 "흐름"[5]이라고 불렀던 흐름 상태는 프로젝트에 집중하고 있을 때 느끼는 느낌이다. 시계를 보았을 때 갑자기 3시간이 10분처럼 느껴진다. 생리적 이유뿐만 아니라, 심리적 이유도 있다. 흐름 상태에서는 뇌 기능이 향상되고 데이터 처리 능력이 향상된다. 무의식적 처리가 의식적 처리를 대신하고, '러너 하이(Runner's High, 격렬한 운동 후에 맛보는 도취감)'를 유발하는 신경 화학 물질인 엔도르핀과 도파민은 신경계로 방출된다. 이 모든 것이 현재의 순간에 더욱 집중하게 만든다. 집중할 수 있으며, 시간이 빨라지거나 느려질 수 있다.[6]

맥킨지 앤 컴퍼니(McKinsey & Company)의 연구에 따르면 흐름 상태일 때 5배 더 생산적이라고 한다. 즉, 15~20% 시간을 사용하고 생산성을 두 배로 높일 수 있다는 뜻이다.[7]

문제는 한 번의 작은 방해로 인해 흐름에서 벗어날 수 있고 다시 돌아오는 데 시간이 많이 걸린다는 것이다. 연구에 따르면 산만한 뒤 업무에 다시 집중하는 데 평균 23분이 걸리는 것으로 나타났다.[8] 하지만 대부분의 직장은 사람들이 통제할 수 없는 방해 요소로 가득 차 있다.

CPR 프레임워크는 모든 사람의 흐름 상태를 극대화하도록 설계되어 단순한 행동과 사고방식의 변화만으로도 기하급수적으로 높은 성과를 창출할 수 있도록 설계되어 생산성을 개선하고자 하는 조직에 큰 도움이 된다. 행동 변화와 적절한 설정 및 사용을 통해 CPR 프레임워크는 팀에서 받는 리마인더(Reminder, 알림)의 수를 줄인다. 툴로부터 받는 리마인더의 수를 줄여 모두가 더 오랫동안 워크 플로우를 유지할 수 있도록 한다. 한 가지 간단한 행동은 리마인더에 즉시 응답하는 것에 대해 걱정을 하지 않는 것이다. 56%의 사람들이 직장에서 리마인더에 즉시 응답해야 한다고 생각한다.[9] 하지만 이는 매우 비효율적인 업무 방식이며 대부분의 경우 완전히 불필요한 행동이다.

> **대부분의 툴은 기본적으로 최대한 많은 수의 리마인더를 기본적으로 제공하도록 설정되어 있다. 새 툴을 설치할 때마다 리마인더 설정을 살펴보라.**

흐름 상태를 극대화하는 또 다른 방법은 '일괄처리(Batching)'라는 생산성 기술을 사용하는 것이다. 전제는 간단하다 - 관련성이 있는 개별 과제를 일괄 처리하여 한 번에 모두 처리하는 것이 더 효율적이라는 것이다. 그 이유는 다음과 같다. '전후 정보 전환'의 부정적인 영향, 즉 간단히 말해 여러 유형의 과제를 전환할 때마다 두뇌가 그에 맞춰 기어를 전환해야 하기 때문에 생산성이 떨어진다. 명백한 예로 빨래를 예로 들 수 있다. 매일 몇 벌의 옷을 세탁하는 것이 아니라 빨래가 쌓일 때까지 기다리는 것이다. 이메일같이 많은 업무 관련 활동도 마찬가지이다. 하루에 스무 번씩 받은 편지함을 확인하는 대신에 하루에 한두 번씩 이메일을 일괄처리해 보라. 훨씬 더 효율적이며, 급하다고 생각했던 이메일이 사실은 그다지 급하지 않는다는 것을 알게 될 것이다.

자동화의 힘

자동화는 앞서 언급한 세 가지 생산성을 모두 수행하는 가장 좋은 방법 중 하나이다. 자동화를 통해 시간을 빠르게 절약하고, 머릿속에서 떠오른 아이디어를 꺼내어 적재적소에 보관하고, 흐름을 극대화할 수 있다. 컴퓨터가 무언가를 할 수 있다면 아마도 창의적인 사고가 많이 필요하지 않다는 것이다. 그 과제는 일반적으로 낮은 레벨의 사소한 일이며 특별히 흥미롭지 않다. 즉, 시간을 잡아먹는 일이 아니라는 뜻이다.

레버리지에서는 자동화를 적극적으로 사용하고 있으며, 팀원들에게 반복되는 프로세스를 자동화할 기회를 찾도록 권장한다. 이것은 근본적인 사고방식의 전환이다. 초단타 매매 트레이더 처럼 생각하기 바란다! 자동화를 통해 몇 초만 절약할 수 있더라도 이러한 상황이 자주 발생한다면 자동화를 만들 가치가 있다.

따라서 자동화는 CPR 프레임워크의 핵심 부분이다. 사람들이 빠르게 숨을 쉴 수 있도록 도와주기 때문이다. 하지만 시간 절약 외에도 고려할 가치가 있는 다른 많은 이점이 있다. 컴퓨터는 실수하거나, 해야 할 일을 잊어버리거나, 아프거나, 급여 인상을 요구하지 않는다. 즉, 컴퓨터는 비즈니스의 위험을 완화하고 원활하게 운영할 수 있다.

자피어(Zapier)는 소프트웨어 개발자의 도움 없이도 간단히 자동화를 바로 만들 수 있는 매우 유용한 툴이다. 가장 간단하게 설명하자면, 자피어를 사용하면 하나의 소프트웨어에서 '트리거(Trigger, 자동 동작 프로그램)'를 사용하여 같은 툴이든지 다른 툴이든지, 자동으로 무언가 다른 것을 수행할 수 있다. 이러한 동작은 즉시, 또는 미래의 미리 정해진 시간에 발생할 수 있다. 자피어에서는 방대한 자동화 목록에서 선택할 수도 있고 자신이 직접 만들 수 있다.

다음은 몇 가지 예이다:

1. 누군가 구글(Google) 양식을 작성하면 응답이 슬랙 채널에서 공유된다.
2. 새 RSS(팟캐스트, 기사 또는 기타 콘텐츠) 항목이 공개되 면 자피어가 자동으로 과제를 생성하여 마케팅 관리자가 뉴스레터에서 홍보하도록 알린다.

이해가 되는가? 이 예는 자동화를 통해 얻을 수 있는 편의성과 시간 절약의 일부를 보여주지만, 이는 빙산의 일각에 불과하다. 비즈니스 전체에 걸쳐 워크 플로우를 자동화하기 위해 수행할 수 있는 자동화는 수천 가지에 달한다, 낭비되는 시간을 줄이고, 낮은 레벨의 과제를 제거하며, 오류의 위험을 줄이고 모든 사람의 삶을 더 쉽게 만들어 준다.

'아니오'의 힘

효율적으로 일하는 것도 중요하지만, 애초에 할만한 가치가 있는 일인지 고려하는 것도 더 중요하지 않더라도 동등하게 중요하다. 정말 일에 빠져 허우적거리고 있다면, 숨을 돌릴 수 있는 가장 좋은 방법은 관련성이 없거나 불필요한 업무는 제거하거나 미루는 것이다. 혹은 그 순간 당신과 팀이 필요로 하는 결과물을 제공하지 않는 것이다.

네트워크의 창립자인 천재 조 폴리시(Joe Polish)는 이 개념을 '하지 말아야 할 일' 목록이라고 부르는데, 그는 이 목록이 할 일 목록보다 훨씬 더 중요하다고 말한다. 이 개념의 핵심은 무언가에 "예"라고 말할 때마다 암묵적으로 "아니오"라고 말하는 것이다. 무한히 많은 다른 일들에 대해 암묵적으로 거절하는 것이기 때문이다. 예라고 말하는 것보다 아니오라고 말하는 것이 훨씬 더 중요하다.

하지만 대부분의 직장에서는 그렇게 운영되지 않는다. 상사나 팀원에게 거절하는 것은 쉽지 않다. 이는 이 장에서 설명하고 있는 사고방식의 전환으로 돌아간다. 만약 팀 전체가 더 나은 방법을 찾고 모든 것에 의문을 제기하는 데 전념하고 있다면, 업무에 대해 거절하거나 과제를 거부하거나 시간이나 자원을 적절하게 사용하지 않는다고 지적하는 것은 완벽하게 받아들여져야 한다.

임상 심리학자 패티 앤 터블린(Patty Ann Tublin) 박사는 기업가와 경영진이 감성 지능의 개발을 통해 관계 개선을 돕는 관계 및 커뮤니케이션 전문가이다. 그녀와 함께 일할 때 그녀는 나를 오랫동안 괴롭혔던 것에 대해 코미디언 크레이그 퍼거슨에 대한 이야기를 했다. 다른 사람의 감정에 영향을 미칠 수 있는 말을 할 때, 특히 화가 났을 때 스스로에게 물어보라: 이 말을 꼭 해야 하는가? 내가 꼭 해야 하는 말인가? 지금 내가 이 말을 해야 하는가?

훌륭한 커뮤니케이션 팁이지만, 나는 업무 관리에도 동일한 논리가 적용된다는 사실을 발견했다. 모든 일에 질문을 던지고 싶다면 새로운 업무가 추가될 때마다 스스로에게 다음과 같은 질문을 던지는 것부터 시작하기 바란다:

1. **이 일을 꼭 해야 하는가?** (어쩌면 상관없을 수도 있다. 불필요하거나, 시간을 잘 활용하지 못하거나, 조직의 목표에 부합하지 않을 수도 있다.)

2. **이 일을 내가 해야만 하는가?** (이 일을 더 잘 수행할 수 있는 더 적합한 다른 사람이 있을 수도 있다. 자동화할 수 있다.)

3. **이 과제를 지금 내가 해야 하나?** (이 일이 지금 해야 할 만큼 중요한 일인가, 아니면 뒤로 미룰 수 있는가?)

하루 24시간은 한정되어 있다. 언제든 과제를 자동화하거나 위임하거나 삭제할 수 있다면 언제든지 그렇게 하라. 당신에게 기쁨을 주거나 당신의 강점이 요구되는 일을 위해 최대한 많은 시간을 확보하라. 다음은 언제 수락하고 언제 거부할지 결정할 때 적용해야 할 필터이다. 업무의 우선순위를 정하고 균형을 잡는 데 도움이 되는 필수적인 사고방식의 전환이 바로 다음 장의 초점이다.

> "전혀 하지 말아야 할 일을 더 효율적으로 하는 것보다
> 생산성이 떨어지는 것은 없다."
>
> **-피터 드러커,**
> 현대 경영학의 아버지

조 직 적 응

새로운 습관을 받아들이고, 행동을 바꾸고, 새로운 툴을 사용하는 방법을 배우는 것은 쉽지 않다. 그러나 누군가 당신에게 반대편 손으로 양치질을 하라고 한다면 처음에는 조금 어렵지만, 곧 익숙해진다. 이 개념은 팀과 함께 실행하는 데 필수적이기 때문에 내가 이 글에서 조직 적응의 개념을 언급하지 않는다면 아쉬울 것이다. 레버리지에서 우리는 행동 전문가인 블레이크 이스트먼(Blake Eastman)과 파트너십을 맺었다. 우리 팀에게 내부적으로 그리고 고객과 함께 적응을 촉진하는 가장 좋은 방법을 교육하고 있다.

블레이크는 사람들에게 소프트 기술을 가르치는 행동 연구 및 교육 회사 논버벌 그룹(Nonverbal Group)의 설립자이다. 그가 발견한 것은 새로운 업무 방식이든 새로운 툴이든, 또는 새로운 방침이든, 궁극적으로 조직에서 행동을 변화시킬 때 마찰의 원인은 네 가지이다. 여기서는 새로운 툴을 도입하는 관점을 통해 살펴보겠다.

1. 개인

새로운 툴의 사용법을 배우고 싶어 하지만 그런 사람은 극소수에 불과하다. 대부분의 사람들은 비슷한 반응을 보인다: 나는 너무 바빠서요. 내 시스템은 괜찮아요. 이 툴이 마음에 들지 않아요. 해봤는데 작동하지 않아요. 너무 혼란스러워요. 차라리 제 방식대로 하고 싶어요.

이는 타당한 우려이지만, 새로운 툴이 실제로 삶을 더 편하게 해줄 것이라는 이점을 무시하고 있는 것이다.

문제는 이러한 변화를 강제로 해야 한다고 생각한다는 것이다. 개인으로서 사고방식을 '나는 해야 한다'에서 '하고 싶다'로 전환하는 것이 변화와 개선에 대한 가장 좋은 방법이다. 이러한 변화는 당신에게 요구되어지는 것이 아니라 당신을 위한 것이다. 또한, 팀을 위한 것이므로 이전에 좋은 업무 시스템을 가지고 있었더라도 – 전체 팀에 미치는 이점, 즉 당신에게 최선이 팀 전체에 최선이 아닐 수도 있다. 때로는 대의를 위해 자신의 생산성을 희생해야 할 때도 있다.

2. 리더십

이는 조직의 모든 리더에게 적용되며, 심지어 관리직에 있지 않지만 리더십을 발휘할 수 있는 위치에 있는 사람들도 포함된다. 리더는 모든 행동을 변화시키는 데 매우 중요하다. 간단히 말해서, 리더가 변화에 동참하지 않으면 나머지 팀원들이 저항할 것이다. 레버리지의 경험에 비추어 볼 때, 리더가 '내가 하는 대로 하지 말고, 내가 말하는 대로 하라'는 사고방식을 가지고 있을 때는 이러한 유형의 디지털 혁신은 작동하지 않는다. 하지만 리더가 변화의 가치를 전달하고 모범을 보이면 강력한 변화의 촉매제가 될 수 있다는 것을 기꺼이 인정해야 한다. 리더가 모든 것이 괜찮다고 주장한다면, 팀원들에게 변화는 불필요하고 시간 낭비이다. 하지만 리더가 실수가 있었다는 사실을 인정하면 팀에게 개선의 가능성을 열어준다. 본질적으로, 리더십 위치에 있는 사람은 자신이 다른 사람에게 미치는 영향을 인식하고 그에 따라 행동해야 한다.

3. 개방적이고 솔직한 소통 부족

사람들이 우려를 표명하거나, 문제에 직면했을 때 목소리를 내거나, 현 상태에 이의를 제기할 수 없다면 조직에 진정한 변화가 일어나지 않을 것이다. 모든 사람이 영향이나 판단에 대한 걱정 없이 개방적이고 자유롭게 소통할 수 있을 때, 사람들의 진정한 고민이 의미 있는 방식으로 해결될 수 있다. 새로운 툴을 도입하고 업무 방식을 바꾸는 것은 개선의 기회로 삼아야 하며, 사람들이 그 개선 효과를 보지 못한다면 편안하게 문제를 제기할 수 있어야 한다. 그래야 개선에 필요한 도움을 받을 수 있다. 다시 말해, 모든 사람이 일하는 방식을 변경했지만, 팀의 절반이 그 방식이 비효율적이거나 생산성이 떨어진다고 느낀다면 과연 팀이 정말 개선되었나?

4. 잘못된 기대치

달성할 수 있는 목표와 소요 시간을 현실적으로 생각하는 것이 중요하다. 처음 팀과 함께 일하기 시작했을 때 어떤 사람들은 즉각적인 개선이 보이지 않을 때 낙담하거나 포기하는 사람들이 있었다. 이는 프레임워크 자체보다는 잘못된 기대치와 관련이 있다. 현실적으로 변화에는 시간이 걸린다. 몇 년이 걸리지는 않고, 그렇다고 며칠이 걸리는 것도 아니다. 이 책에서는 빠른 성과에 집중하여 1인당 몇 시간을 빠르게 절약한다. 그다음부터는 혁신이 더 오래 걸리지만, 더 큰 영향력을 발휘한다. 주어진 시간 내에 달성할 수 있는 목표와 기대치를 현실적으로 설정하라. 그 과정을 신뢰하라.

팀으로서 새로운 행동을 적응하는 것은 어려울 수 있지만, 결코 불가능하지는 않다. 지금까지 논의한 다른 기본 개념과 함께 이 네 가지 마찰 요인을 인식하는 것만으로도 당신과 당신의 팀은 이미 업무 방식을 개선할 수 있는 더 나은 위치에 서게 되었다.

CASE STUDY: 작은 변화의 진정한 가치

이 책을 출간하기 약 1년 전, 내 회사는 세계 10대 기업 중 한 곳(당시)의 팀과 협력했다. 맥락을 설명하자면, 이 회사는 여러 캠퍼스에 걸친 교통 시스템과 프로그램을 관리하는 전체 부서가 있는 충분히 규모가 큰 회사이다.

이 팀이 바로 우리가 구체적으로 함께 일했던 팀이다. 외부 파트너와 벤더들을 포함하여 150명 이상의 직원이 근무하고 있었고, 많은 팀이 처한 것과 동일한 상황에 처해 있다는 것을 그들이 발견했다. 그들은 물속에 빠져 있었다.

문제는 서로 다른 툴로 다양한 시스템에서 과제를 관리하고 있었으며 중앙 기록 보관소가 없었다는 점이다. 그들은 수많은 프로젝트가 진행 중이었지만, 커뮤니케이션 및 중요한 정보가 파편화되어 있었기 때문에 사람들이 해야 할 일을 명확하게 파악하지 못했다. 또한, 관리자가 프로젝트의 상태를 파악할 수 있는 가시성이 거의 없었기 때문에 관리자는 필요한 정보를 얻기 위해 모든 사람에게 일일이 확인해야 했다.

이로 인해 모든 사람의 시간과 노력을 낭비하는 '업무에 대한 업무'가 상당량 발생했다. 사전 예방적 조치를 취할 시간이 거의 없었고, 그 결과 팀은 불을 끄고 그 순간 가장 시급한 사안에 뛰어드는 등 사후 대응적으로 운영되었다. 이러한 운영 방식은 매우 일반적이기는 하지만 비효율적이며 빠르게 번아웃으로 이어질 수 있다.

팬데믹으로 인해 상황이 악화되었고, 평소에는 '현장에서' 긴밀하게 협력하던 팀을 통합하여 업무를 효율적으로 전달하고 외부 파트너 및 조직 내부의 다른 팀과 효과적으로 협업할 수 있는 솔루션이 필요했다.

우리는 이들이 더 효율적으로 운영할 수 있도록 다양한 전략을 채택했다. 하지만 *상태 업데이트(Status Update)*는 사소해 보일 수 있지만, 팀의 업무 방식을 바꿀 수 있는 가장 큰 기회를 제공했다.

업무 관리 툴(Work Managemet Tool)로 수행한 이 작은 변화 하나가 책임감을 빠르게 개선하고, 정보를 더 쉽게 검색하고, 모든 사람에게 명확성과 방향성을 제공하고, 팀과 경영진 모두의 시간을 절약할 수 있었다. 이 시스템을 수행한 지 두 달 만에 150명으로 구성된 팀원 거의 전원이 매주 상태 업데이트를 작성했다.

이러한 상태 업데이트는 개인 레벨에서 프로젝트 레벨과 팀 레벨으로 올려져서 회의를 소집하거나 질문할 필요 없이 경영진(또는 그 누구라도 다른 사람)이 프로젝트 또는 전체 팀의 과제 상태를 빠르게 파악할 수 있도록 했다.

한 사람이 상태 업데이트에 기여할 때마다 150명이 정보와 명확성을 확보하여 올바른 결정을 내리고 업무를 진행할 수 있게 되었다. 단지 개인 레벨에서 몇 분만 투자하면 팀 전체에서 많은 시간을 절약할 수 있었다. 이는 모두에게 영향을 미치는 공통 영역 하나를 최적화하는 것이 얼마나 광범위하고 복합적인 이점을 가져올 수 있는지 보여주는 완벽한 예이다.

이 작은 변화 하나로 모든 사람이 긴 상태 회의에 시간을 소비하는 대신 업데이트가 신속하게 이루어지고 모든 사람이 액세스할 수 있는 곳에 보관되었다. 그 결과 가시성이 향상되고, 업데이트 작성 시간이 단축되었으며, 경영진이 업데이트를 받는 데 걸리는 시간이 단축되었으며, 무엇보다도 *업데이트 품질이 향상되었다.* 지금까지 수행한 모든 과제와 다음에 수행할 모든 과제가 명확하게 기록되어 있었기 때문이다. 리더는 더 이상 필요한 답을 얻기 위해 사람들을 쫓아다닐 필요가 없었다 - 바로 눈앞에 있었다.

이 한 가지 변화는 매우 광범위한 결과를 가져왔고, 대부분의 시간을 사람들을 쫓아다니며 불을 끄는 데 사용하던 팀 리더의 역할을 근본적으로 바꾸어 놓았다. 이제 그 역할은 작은 것으로 바뀌었고, 그 대신에 대부분의 시간을 자신이 가장 잘 할 수 있는 일, 그리고 비즈니스에 가치를 가져다주는 일에 할애하고 있다. 다른 팀원들도 마찬가지이다.

이러한 방식으로 일하면서 불확실한 미래의 혼합 업무 환경에 대비하는 데 도움이 되었다. 이제 그들은 자신감을 갖게 되었다. 어떤 일이 발생하더라도 의미 있는 성과를 내고 의미 있는 개선을 이루고 프로젝트를 추진할 수 있다는 확신을 갖게 되었다.

이 사례에서 세 가지 교훈을 얻었으면 좋겠다. 첫 번째는 이 팀은 규모와 가용 자원에 관계없이 다른 팀과 동일한 문제를 안고 있었다. 그 해결책이 비싸거나 지나치게 복잡하거나 어렵지 않았다는 것이다.

두 번째는 팀의 상태 업데이트 수행 방식과 같이 사소해 보이는 변화를 통해 단순한 시간 절약 이상의 효과를 얻을 수 있고 효율성을 크게 높일 수 있다는 것이다. 이는 현재 대부분의 조직에서 잠자고 있는 수많은 활용 포인트 중 한 가지 예에 불과하다.

세 번째는 CPR 프레임워크 내의 대부분의 변경 사항은 모두가 동참할 때 가장 효과적이라는 점이다. 휴대폰을 혼자만 가지고 있으면 그다지 유용하지 않은 것처럼, 이러한 상태 업데이트는 한 사람만 작성했다면 큰 도움이 되지 않았을 것이다.

진정한 가치는 운영 효율성 개선이 팀 전체가 적응하고 수용할 때 진정한 가치를 발휘한다. 팀원 모두가 이점을 깨닫고 스스로 변화를 받아들이면 놀라운 일이 일어날 수 있다. 많은 사람이나 자원이 중요하지 않

는다 – *정렬(Alignment)*은 운영 효율성을 높이기 위한 가장 중요한 열쇠
이다.

세 가 지 핵 심 사 항

1. 복잡성은 팀 규모에 따라 기하급수적으로 증가하므로 팀과 툴의
   가치를 최대한 활용하기 위해 노력해야 한다.
2. 보물 찾기는 사람들이 정보 *검색* 속도 대신에 정보 *전달* 속도에 최
   적화할 때 발생한다.
3. CPR 프레임워크에는 세 가지 범주가 있다:

- 커뮤니케이션: 이메일 및 내부 커뮤니케이션 툴
- 계획: 업무 관리 툴
- 자원 : 지식 베이스 및 프로세스 관리 툴

전 문 가 팁

- 새로운 툴을 수행할 때마다 다음과 같은 기본적인 질문을 스스로
  에게 해보라:

- 왜 이 툴을 수행하는가?
- 우리 팀에 어떤 도움이 되는가?
- 어떤 목표를 달성하는 데 도움이 되는가?
- 이 툴에 적응하려면 어떤 행동을 장려해야 하는가?
- G2.com은 선택 과정에서 다양한 툴의 기능을 비교할 수 있는 훌

륭한 자원이다.

- 위임과 '아니오의 힘'에 대한 자세한 내용은 댄 설리반(Dan Sullivan) 과 벤자민 하디(Benjamin Hardy)의 책 '누가 어떻게 하지 말아야 하는가?(Who Not How?)'를 읽어보기 바란다. 단숨에 읽으면 해야 할 일과 하지 말아야 할 일에 대한 사고의 전환이 있을 것이다.

다음 단계는?

방금 다룬 기본 요소는 CPR 프레임워크를 수용하고 수행하려는 모든 사람에게 중요하다. 즉, 이제 프레임워크의 첫 번째 단계인 커뮤니케이션에 뛰어들 준비가 되었다. 다음 장에서는 당신과 당신의 팀이 다른 모든 업무를 더 쉽고, 빠르고, 스트레스를 줄여주는 커뮤니케이션 시스템을 개발하는 방법을 배우게 된다.

효율성의 9가지 원칙

1. 정보 검색 속도에 최적화한다. 전달이 아닌 검색 속도를 최적화 하라. 정보를 적재적소에 보관하는 것이 보물 찾기를 완화하는 가장 좋은 방법이다. 시간이 더 걸릴 수 있다.

2. "뇌는 아이디어를 보관하는 곳이 아니라 아이디어를 떠올리기 위한 곳이다." 아이디어와 리마인더(Reminder)를 보관할 수 있는 시스템을 설정하면(아무리 작은 아이디어라도) 두뇌가 더 중요한 일에 집중할 수 있다.

3. 개인의 생산성은 필요하지만, 팀 생산성에는 충분하지 않다. 자신의 행동이 팀의 다른 사람들에게 영향을 미친다는 사실을 기억하라. 때로는 대의를 위해 자신의 생산성을 희생해야 할 수도 있다.

4. 자신의 고유 능력(Unique Ability™)을 활용하는 업무에 집중하라. 댄 설리반의 말에 따르면, 고유 능력은 자신이 가장 좋아하고 잘하는 일이다. 절약한 시간을 고유 능력에 해당하는 활동에 재투자하면 큰 성과를 거둘 수 있다.

5. 중요한 것은 툴이 아니라 언제, 어떻게 사용하느냐이다. 툴은 왔다가 사라진다. 원칙은 변하지 않는다.

6. 더 빨리 걸레질하지 말고 싱크대를 고쳐라. 진짜 문제가 무엇인지 명확히 파악하라. 직감을 따르지 마라.

7. 어떤 일을 두 번 이상 해야 한다면, 그 일을 하지 않을 다른 방법을 찾아보라. 항상 더 좋은 방법이 있다! 최적화하거나 위임하거나 제거할 수 있는 방법을 찾아보라.

8. 진정한 생산성은 수많은 작은 승리의 총합이다. 몇 초가 중요하다. 작은 시간 절약도 축하할 만한 가치가 있다!

9. 시간은 선형적이지 않다. 모든 시간이 똑같이 만들어지는 것은 아니다. 월요일 오전 9시는 금요일 오후 5시보다 더 가치가 있다. 다음과 같이 과제를 체계화하라.

CPR 프레임워크 퀴즈

계속 진행하기 전에 각 유형의 조치에 대해 어떤 툴을 사용해야 하는지 표시하는 이 CPR 퀴즈를 풀어보라. 책을 다 읽은 후에는 돌아와서 정답을 비교하여 얼마나 많이 배웠는지 확인하라.

1. 친구에게 늦는다고 말해야 한다.
2. 팀과 공유할 업데이트가 있다.
3. 새 팀원을 교육해야 하는데 어떻게 해야 할지 기억이 나지 않는다.
4. 디자인을 만들기 위해 회사 로고/브랜드 파일을 찾아야 한다.
5. 담당하고 있는 업무에 대한 질문이 있다.
6. 고객에 대해 개별 팀원과 이야기하고 싶다.
7. 회사의 비전 문서를 찾아야 한다.
8. 서명된 계약서 사본을 보관해야 한다.
9. 회사 전체에 공지를 하고 싶다.
10. 아직 청구서에 지불하지 않은 고객에게 연락해야 한다.

이 퀴즈를 풀고 comeupforair.com에서 결과를 확인할 수 있다.

Part 1
커뮤니케이션

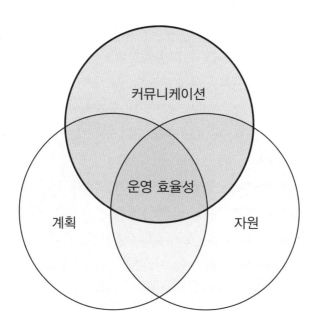

이전 장에서는 휴대폰으로 쉽게 설명할 수 있는 멧칼프의 법칙에 대해 설명했다. 휴대폰 한 대는 연결할 상대가 없기 때문에 그다지 유용하지 않는다는 전제가 있다. 두 대의 휴대폰은 한 대보다는 유용하

지만, 휴대폰을 가진 상대방 한 명과만 통화할 수 있기 때문에 여전히 그다지 유용하지 않다. 100개의 휴대폰은 거의 5,000개의 가능한 연결을 제공하고 훌륭하지만, 획기적인 것은 아니다. 하지만 백만 대의 휴대폰? 이는 거의 *5,000억 개의 연결이 가능하다는* 뜻이며 – 이는 획기적인 일이다.

오늘날 통신 네트워크의 가치는 거의 이해할 수 없을 정도다 – 2021년에는 전 세계에서 약 150억 대의 휴대폰이 운영되고 있다.[1] 그리고 이는 우리가 매일 사용하는 수많은 통신 방법 중 하나에 불과하다.

하지만 멧칼프의 법칙에는 어두운 면이 있다. *기술이 발전함에 따라 상호 작용의 수가 기하급수적으로 증가한다.*[2] 이는 네트워크의 가치는 높아지지만, 동시에 수많은 노이즈와 복잡성을 야기한다.

우리는 그 어느 때보다 쉽고, 빠르고, 저렴하게 전 세계 어느 곳과도 누군가와 이메일, 문자 메시지, 전화 통화, 왓츠앱(WhatsApp) 메시지, 줌(Zoom) 회의, 소셜 미디어 댓글 등을 소통할 수 있는 시대에 살고 있다. 문제는 상호작용의 수가 기하급수적으로 증가함에 따라 이를 처리하는 데 필요한 시간도 *기하급수적으로 늘어난다는* 것이다.

이러한 커뮤니케이션 네트워크가 제공하는 가치만큼이나, 우리의 삶을 복잡하게 만들기도 한다. 누구나 클릭 몇 번으로 다른 사람과 연락할 수 있다면 심각하게 받아들여야 한다. 하지만 안타깝게도 대부분의 사람들은 이를 심각하게 받아들이지 않는다.

나는 기술 자체가 문제가 아니라고 말해주고 싶다. 문제는 우리가 기술을 잘못 사용하고 있다는 것이다. *그리고 수십 년 동안 해왔다.* 이제 끝내야 한다.

2

~~~~~

효율적 커뮤니케이션의 원칙

누군가에게 말을 건넸지만 응답을 받지 못한다면 정말
소통하고 있는 것인가?

- 리 브로워(LEE BROWR),
엠파워드 웰스(Empowered Wealth)의 설립자 겸 CEO

문제: 사용 가능한 커뮤니케이션 수단이 너무 많기 때문에 현대의 업무 환경
은 산만하고 부담스러워졌다. 메시지를 찾기가 어렵거나 눈에 띄지 않아 문화
에 영향을 미치고 업무 진행을 어렵게 만들 수 있다.

해결 방법: 각 유형의 커뮤니케이션 방법을 사용할 시기를 조율함으로써, 팀은
방해 요소를 줄이고, 불필요한 잡무 없이 시간을 확보할 수 있다.

빨래는 어떻게 정리하나? 건조기에서 모든 빨래를 꺼내 서랍에 버리
나? 아니면 시간을 들여 옷을 개고 나서 옷장 서랍에 따로 정리하
나? 아마 후자 쪽에 속할 가능성이 높다.

이런 식으로 빨래를 개고 정리하는 것은 그냥 아무렇게나 개고 서랍
에 아무렇게나 넣는 것보다 더 많은 시간이 소요되지만, 어쨌든 이렇게
하는 이유는 필요한 것을 훨씬 더 쉽게 찾을 수 있기 때문이다. (게다가 주
름을 생각해보라!) 옷을 정리하는 데 걸리는 몇 분의 투자는 시간을 절약할

수 있으므로 그만한 가치가 있다.

　같은 원리가 인생의 많은 부분에 적용되며, 조직 내 커뮤니케이션에도 적용되지만, 팀들은 종종 이를 이해하지 못하거나 실천에 옮기지 못하는 경우가 많은데, 이것이 바로 보물 찾기가 어떻게 시작되는지 보여준다.

　순간적으로 우리는 종종 엉뚱한 것에 최적화하는 경우가 있다. 우리는 정보 전달 속도에 최적화한다. 산을 내려가는 물처럼 우리는 저항이 가장 적은 경로를 찾는다.

　하지만 안타깝게도 단기적으로 절약한 몇 초는 결국 장기적으로는 큰 대가를 치르게 된다. 이 '최소 저항의 길' 사고방식은 보물 찾기에 가장 큰 기여를 하는 요소 중 하나이다.

　과거에 보낸 메시지를 찾아야 할 때 당신은 이렇게 생각하게 된다: "그녀가 나한테 이메일로 보냈을까? 문자 메시지로 보냈을까? 슬랙 메시지? 내 책상이나 내 컴퓨터의 메모장에 남겼나?"

　옷을 정리하는 체계가 있는 것처럼, 직장 내에서도 커뮤니케이션을 정리하는 시스템이 필요하다. 이메일과 내부 커뮤니케이션 툴 모두에 적용되지만 CPR 프레임워크의 다른 많은 영역에도 적용된다는 것을 알게 될 것이다.

푸시(PUSH)와 풀(PULL)

　대부분의 조직은 정보가 끊임없이 밀려오는 소위 '푸시(push)' 커뮤니케이션 환경으로 설정되어 있다. 이는 정보 전달 속도에만 최적화할 때 일어나는 일이다.

　사무실 문을 두드리는 노크, 수신 이메일, 전화, 문자 메시지 등 어떤 것이든 다양한 정보가 끊임없이 쏟아져 나오지만, 이를 제어할 방법이 없다. 이러한 방해 요소로 인해 팀원들은 워크 플로우에서 벗어나 가장 중요한 업무로부터 멀어지게 만들어 회사에서 가장 큰 시간 낭비를 초래한다. 가장 나쁜 점은 이러한 정보의 대부분이 지금 하고 있는 일과 즉각적으로 관련이 없다는 것이다. 한 시간 후에 그 메시지를 받는다면 어떻게 될까? 아니면 하루가 끝날 때? 대부분의 경우 전혀 차이가 없을 것이다. 문제는 팀 전체의 생산성보다 자신의 생산성을 더 걱정하기 때문에 그 순간 가장 빠르고 가장 쉬운 방법을 사용한다는 것이다.

내가 이 책의 편집이나 아이디어가 있을 때마다 작가에게 문자 메시지를 보낸다고 상상해 보라. 나에게는 매우 효율적일지 모르지만, 그는 모든 것을 추적하거나 아무것도 할 수 없을 것이다. 내가 커뮤니케이션을 적절한 영역에 보관하면, 그는 필요할 때 검색할 수 있고, 잃어버릴 염려도 없다.

모든 사람에게 끊임없이 정보를 푸시하는 대신, 당신과 팀원들이 필요할 때 필요한 정보를 '끌어올(pull)' 수 있어야 한다. 이것을 올바르게 수행하면 정보를 빠르게 전달하고 신속하게 처리할 수 있는 동시에, 커뮤니케이션 상대방에게 즉각적인 방해가 되지 않고 상대방은 자신의 시간에 맞춰 메시지를 처리하고 응답할 수 있다.

이렇게 하면 방해 요소를 제한할 수 있지만, 더 중요한 것은 팀원 모두가 워크 플로우를 다시 제어할 수 있으므로 언제 소통하고 언제 업무에 집중할지 결정할 수 있다.

언제 어디서 커뮤니케이션을 해야 하는지 파악하는 것은 커뮤니케이션 환경을 조성하는 첫 번째 단계이며, 이는 당신과 팀이 정보 전달 속도를 저해하지 않으면서도 정보 검색을 최적화하는 데 도움이 되는 필수적인 기술이다.

시간은 선형적이지 않는다.

'풀(pull)' 환경 설정이 중요한 이유 중 하나는 사람들이 하루 종일 시간을 보내는 방식을 제어할 수 있기 때문이다. 시간은 선형적이지 않기 때문에 이것은 중요한 활용 포인트이다. 하루 중 어떤 시간이 다른 시간보다 더 중요하다는 의미이다.

일일 주기 리듬(Circadian Rhythm)은 일반적으로 생체 내부의 수면 타이머로 생각하기 쉽지만, 하루 종일 에너지, 주의력, 기억력, 집중력을 조절하기도 한다. 그 결과 모든 사람은 이 리듬에 따라 몇 시간 동안 자신만의 '피크 타임(Peak Time)'을 갖게 된다. 뇌가 최고의 생산성을 발휘하도록 사전 프로그래밍되어 있다.[1] 이 시간은 하루 중 다른 시간보다 훨씬 더 가치 있는 시간이다.

피크 타임은 사람마다 다르므로 자신만의 피크 타임을 찾는 것이 중요하다. 방해 요소를 제한하고, 가장 중요한 업무에 집중하고, 흐름 상태에 들어가서 피크 타임을 극대화할 수 있도록 스스로를 설정할 수 있다면, 몇 시간 안에 더 많은 일을 해낼 수 있다.

하지만 피크 타임이 아니더라도 특정 시간은 항상 다른 시간보다 더 가치 있는 시간이 있을 수 있다. 예를 들어, 월요일 오전 9시 책상에 앉아 있는 시간이 금요일 오후 6시 택시 뒷좌석에 앉아 있는 것보다 훨씬 더 가치 있는 시간이다. 가장 중요한 일에 집중하고 싶기 때문이다. 나는 할 수 있다. 왜냐하면, 레버리지에서는 '풀(pull)' 커뮤니케이션 환경에 살고 있기 때문이다. 중요한 업무에 몇 시간을 투자할 수 있다. 전화나 메시지에 방해받을 필요 없이 내게 맞는 시간에 몇 시간 동안 중요한 업무에 집중할 수 있으며, 팀원들도 자유롭게 그렇게 할 수 있다. 그런 다음 하루 중 업무량이 적은 시간대(예: 오후 6시에 택시타는 시간)에는 이메일을 확인하고 메시지에 응답할 수 있다.

팀이 '푸시'에서 '풀' 커뮤니케이션 환경으로 전환하면 사람들은 시간

을 소비하는 방식을 다시 제어할 수 있다. 하루 중 시간을 어떻게 보내는
지에 대한 통제권을 되찾고 가치 있는 시간을 최대한 활용할 수 있다. 비
동기식 커뮤니케이션을 가장 잘 활용하는 방법을 조율하면 그 혜택은 더
욱 커진다.

동기(SYNCHRONOUS) 대
비동기(ASYNCHRONOUS)

사람들과 소통하는 방법에는 동기식('동시에'라는 의미)과 비동기식('동
시가 아닌'을 의미)의 두 가지가 있다. 여기서는 두 가지 방식에 대해 각각의
장점, 그리고 현대의 업무 환경에서 언제 사용하는지를 살펴보겠다.

명확히 말하자면, 동기식 커뮤니케이션에 대해 이야기할 때는 다음과
같이 실시간으로 사람들과 소통하는 것이다:

- 전화 통화
- 화상 회의 통화
- 대면 회의
- 가상 현실

비동기 커뮤니케이션은 텍스트 기반 메시지 형태로 가장 일반적으로
사용되지만, 실제로는 다음과 같이 수신자가 자신의 시간에 메시지를 볼
수 있는 모든 상황을 의미한다:

- 이메일
- 문자 메시지

- 비디오 메시지
- 내부 커뮤니케이션 메시지
- 음성 메일
- 과제 및 프로젝트에 대한 댓글

일반적으로 사람들이 하던 일을 멈추고 전화를 받거나 전화 회의에 참여하거나 대면 회의에 참석해야 하기 때문에 비동기 커뮤니케이션은 동기 커뮤니케이션보다 더 효율적이고 유연한 방법이다. 우리는 이미 피크 타임, 워크 플로우 상태, 생산성 극대화를 위한 하루 계획의 가치를 이미 알고 있으며, 끊임없는 방해는 바로 멈출 수 있다.

따라서 생산성을 높이는 한 가지 확실한 방법은 가능한 한 비동기식으로 커뮤니케이션하는 것이다. 하지만 이 또한 문제를 일으킬 수 있다. 누군가에게 장문의 피드백을 제공하거나 새로운 승진에 대해 직접 보고하는 것과 같이 동기식으로 전달해야 하는 커뮤니케이션 유형이 있다. 우리 모두는 문자 메시지로 누군가와 헤어지면 안된다는 것을 알고 있다. 그 이유는 비동기식 커뮤니케이션은 실시간 커뮤니케이션이 제공하는 어조, 맥락 또는 개인적인 감성을 제공하지 못하기 때문이다. 직장에서 비동기식 커뮤니케이션이 너무 많으면 오해를 불러일으킬 수 있으며, 그 결과 끝없이 주고받는 메시지로 인해 주의가 산만해지고 시간만 낭비하게 된다.

요점은 두 가지 방법 모두 때와 장소가 있다는 것이다. 나중에 각각의 적절한 시기에 대해 자세히 알아보겠다. 하지만 비동기 커뮤니케이션의 전반적인 이점을 가볍게 여겨서는 안 된다. 만약 두 가지 방법 중 하나를 선택해야 한다면 비동기 방식이 더 효율적인 경향이 있다. 전화 통화 대신 오디오 녹음을 주고받을 수 있다. 가상 회의 대신 룸(Loom)과 같은 편리한 툴을 사용할 수 있다.

비디오 녹화는 대면 상호 작용을 제공하기 때문에 좋은 비동기식 커뮤니케이션이지만, 일시 정지, 되감기, 나중에 다시 보기, 심지어 1.5-2배속으로 시청할 수도 있다.

가장 큰 장점은 시간과 날짜에 구애받지 않고 원하는 시간에 커뮤니케이션을 읽고(또는 듣거나 보고), 특정 시간과 날짜에 강제로 만나지 않고 원하는 시간에 커뮤니케이션에 응답할 수 있기 때문에 하루를 구성하는 방법을 선택할 수 있다는 것이다. 또한, 발신자는 상대방이 가능하기를 바라거나 번거롭게 회의를 예약할 필요 없이 원할 때 언제든지 메시지를 보낼 수 있다(연구에 따르면 6~8명의 참가자를 위한 동기식 회의를 예약하는 데 평균 25분이 소요된다는 결과가 있다).[2] 비동기식 회의로 전환하면 엄청난 유연성이 제공되며 사람들이 시간을 더 효율적으로 사용할 수 있게 해준다 – 거의 모든 사람들이 동참할 수 있다.

비동기 커뮤니케이션은 단순한 녹음과 메시지 전달을 넘어선 그 이상일 수 있다. 심지어 브레인스토밍(Brainstorming)과 같은 것들도 미로(Miro)와 같은 디지털 화이트보드 툴로 비동기식 커뮤니케이션을 할 수 있다. 문서는 구글 문서(Google Docs) 툴, 또는 온라인 버전의 마이크로소프트 워드(Microsoft Word) 문서를 사용하여 비동기식으로 협업할 수 있다. 책의 뒷 부분에서 아사나(Asana)와 같은 툴로 팀이 비동기식으로 프로젝트를 완료하는 방법도 설명한다. 요즘에는 불필요한 회의와 긴 전화 통화를 없애기 위해 비동기식으로 소통하고 협업하는 방법이 많이 있다. (우리 모두 이메일이 될 수도 있었던 회의의 커피잔을 본 적이 있을 것이다. 직면하라. 이것은 사실이다.)

나는 비동기식 커뮤니케이션의 이점을 금융 분야의 '옵션'과 유사하다고 생각한다. 옵션은 의무가 아닌 권리를 부여하는 대신 미래의 특정 날짜에 미래 가격으로 무언가를 사고, 팔 수 있는 권리를 주는 금융 파생상

품이다. 옵션은 선택권을 부여하기 때문에, 내재적 가치가 있다. 비동기식 커뮤니케이션은 언제, 어떻게 응답할지 선택권이 주어지기 때문에, 같은 내재적 가치가 있다.

또한, 비동기 커뮤니케이션을 사용하면 상대적으로 생산성이 떨어지는 시간을 최적화할 수도 있다. 책상에서만 할 수 있는 특정 과제와 어디서든 할 수 있는 다른 과제가 있다. 책상에 있을 때는 책상에서 *꼭 해야하는* 과제의 우선순위를 정하라. 이동 중이거나 최적의 환경이 아닌 곳에 있을 때는 다른 과제를 수행하라. 당신은 택시 안에서 동영상 녹화물을 보거나 이메일을 확인하거나 할 수 있다. 이제 필요한 정보를 얻을 수 있을 뿐만 아니라, 보너스로 20분의 시간도 확보했다. 이제 그 시간을 사용하여 더 중요한 업무에 집중하거나, 하루 일과를 마치고 여유 시간을 더 가질 수 있다.

비동기 커뮤니케이션의 마지막 장점은 정보 검색을 최적화하는 데 도움이 된다는 것이다. 비동기식 커뮤니케이션을 사용하면 명확한 기록이 남기 때문에 서로가 다시 참조할 수 있다. 회의에서 누군가가 한 말을 잊어버린 경우, 회의 노트에서 찾을 수 있기를 바라거나 물어봐야 한다(또 다른 방해 요소). 하지만 누군가가 비디오 녹화에서 한 말을 잊어버렸다면 돌아가서 비디오를 다시 시청하면 된다. 물론 서면 메시지도 마찬가지이다.

원격 및 분산된 팀에 의한 업무가 점점 더 많아지면서, 비동기식 커뮤니케이션의 필요성과 가치는 더욱 커지고 있다. 예를 들어, 시차가 있는 경우 비동기식 커뮤니케이션을 사용하면 쉽게 해결할 수 있다.

동기식이 중요한 경우

물론 동기식 커뮤니케이션이 적절하고 필요한 경우도 있다. 대면 또는 가상 대화는 오해를 없애고 당면한 주제에 대해 더 깊이 있게 다룰 수 있도록 도와준다. 예를 들어, 이 책은 동기식 대화와 비동기식 대화의 조합을 기반으로 한다. 이론적으로는 비동기 오디오 또는 비디오 녹음을 기반으로 한 책을 쓸 수 있다. 하지만 대부분의 주요 기획(책과 같이)은 사람들이 수시로 함께 이야기하고 브레인스토밍하는 것이 좋다. 이 책의 대부분을 비동기식으로 편집했지만, 수시로 전화를 걸어 변경 사항을 논의하고 실시간으로 원고를 검토했다.

나는 피드백이 길거나 부정적인 피드백이 필요한 상황도 동기식 커뮤니케이션에 더 적합하다는 것을 알게 되었다. 자신의 업무에 대한 부정적인 의견으로 가득 찬 문서를 받고 싶어 하는 사람은 아무도 없다. 실시간으로 이러한 피드백을 통해 의미 있는 토론을 해서 궁극적으로 더 나은 완성품을 만들 수 있다. 이 경우, 이러한 피드백은 내부 커뮤니케이션 툴에서 불필요한 혼란을 야기하는 긴 메시지를 주고받게 만들 수도 있다.

가장 중요한 원칙은 대면 커뮤니케이션을 통해 사람들의 진솔한 감정을 드러낼 수 있고, 일반적으로 더 많은 맥락을 제공한다는 것이다. 비동기식 커뮤니케이션은 무슨 일이 일어나고 있는지에 대한 모호함은 없는 반면, 종종 오해의 소지가 있다. 우리 모두 누군가로부터 메시지를 받으면 실제로는 아무렇지도 않은데도 상대방이 화가 났다고 생각한 적이 있을 것이다.

비동기식 커뮤니케이션은 쉽게 잘못 해석되거나 오해할 수 있다. 커뮤니케이션이 간단하고 직관적이라면 비동기식으로 진행하는 것이 관련된 모든 사람에게 이득이다. 하지만 그렇지 않은 경우, 나중에 더 많은 문제를 일으킬 수 있고, 결국 효율성이 떨어질 수 있다.

다음은 팀에서 일반적으로 동기식 커뮤니케이션이 비동기식보다 나은 몇 가지 예를 들어,보겠다:

- 긴 피드백 제공
- 브레인스토밍
- 질문이 많거나 서로 주고받는 상황 대화
- 모든 사람이 같은 방향에 있는지 확인해야 할 때
- 승진이나 해고와 같은 민감한 대화

동기식 커뮤니케이션은 특히 원격으로 분산되어 있는 팀의 문화와 참여에도 매우 유용하다. 레버리지는 처음부터 완전히 원격으로 운영되었지만, 우리는 화상 통화를 통해 서로를 알아가고 분기마다 한 번씩 직접 만나고 있다. 실제로 만나면 마치 우리 모두가 이미 서로를 알고 있는 것처럼 여긴다. 그리고 한 곳에 모이는 장소가 없기 때문에 우리는 보통 팀 휴가처럼 재미있는 장소에서 모임을 갖다. (원격 근무의 여러 장점 중 하나다.)

원격 근무의 모든 장점에도 불구하고, 비동기식 커뮤니케이션에 지나치게 의존하는 함정에 빠지기 쉽다. 시간 절약은 훌륭하지만 다른 요소들도 고려해야 한다. 솔직히 말하자면, 레버리지는 비동기식 커뮤니케이션에 너무 많이 의존한 나머지 문제를 일으켰다. 지난 몇 년 동안 우리는 동기식 커뮤니케이션에 좀 더 의존하기 시작했고, 그 결과 문화와 함께 일하는 방식이 크게 개선되었다.

언제 동기식과 비동기식을 사용해야 하는지에 대한 명확한 규칙을 만들기는 어렵지만, 가장 중요한 원칙은 정보를 지속적으로 밀어붙이는 푸시 커뮤니케이션 시스템보다는 항상 필요한 정보를 필요할 때 바로 가져올 수 있는 풀 커뮤니케이션 시스템을 구축하는 것이다. 궁극적으로는 최선의 판단을 내리고 상황의 맥락을 고려할 때 어떤 방법이 적절한지 아는 것이다.

이 모든 것을 감안하여 푸시 방식에서 풀 방식으로 전환하여 밀어붙이기에서 끌어당기기로 균형을 전환한 회사들의 사례와 그들이 어떻게 어떤 이점을 얻었는지 살펴보겠다.

CASE STUDY: 누수 막기

가스 및 수도 누출을 수리하는 회사를 위해 컨설팅을 한 적이 있다. 당연히 웹사이트에 전화번호를 공개했고 전화가 폭주하고 있었다. 한 가지 측면에서 보면 고객을 확보할 수 있는 좋은 방법이었다. 하지만 다른 한편으로는 서비스를 이용하지 않는 사람들과 통화하느라 시간을 낭비하고 있었다. 다른 사람들이 시간을 통제하고 있었다. 그들은 푸시(push) 환경이었다.

기존 푸시 시스템에서는 전화가 걸려오면 고객이 문제를 설명해야 했다. 직원은 무슨 일이 일어나고 있는지 파악하기 위해 몇 가지 질문을 던졌다. 고객의 답변을 바탕으로 진단 절차를 진행하여 전화로 문제를 해결할 수 있는지 확인했다. 절반의 진단 과정에서 문제가 해결되는 경우가 많았다. 나머지 절반의 경우 기술자가 해당 장소에 직접 방문해야 했다. 그리고 그것이 회사가 돈을 벌었던 유일한 시간이었다. 그리고 때로는 전화를 건 사람이 회사의 서비스 지역 내에 있지 않은 경우도 있었기 때문에 전화는 완전히 시간 낭비였다.

보다 효율적이고 수익성 있는 푸시 시스템으로 전환하기 위한 첫 번째 단계는 웹사이트에서 전화번호를 제거하는 것이었다. 설립자가 얼마나 불편했는지 상상할 수 있다! 그들의 비즈니스를 알아가는데 하루도 채 걸리지 않은 외부인인 내가 그들의 잠재 고객을 위한 첫 번째 자원을 제거하라고 했다. 미친 소리처럼 들리지만 나는 계획이 있었다.

전화번호를 대체하기 위해 웹사이트에 자주 묻는 질문(FAQ) 란과 자가 진단 테스트를 설정한 후, 잠재 고객을 검증하는 데 필요한 후속 질문을 던졌다(예를 들어, 위치를 알 수 있는 우편 번호, 어떤 유형의 유출이 발생했는지 등). 이는 직원들이 이전에 전화로 검토했을 모든 잠재적 시나리오와 설명을 다루었다. 이제 고객이 직접 문제를 진단할 수 있게 되었다.

웹사이트에서 전화 번호를 제거하고 사람들이 자가 진단 테스트를 거치도록 강요함으로써 잠재 고객을 잃었나? 거의 확실하게 그렇다. 하지만 이 새로운 프로세스로 절약한 시간이 소수의 고객 손실보다 훨씬 컸고, 직원들이 실제로 자격을 갖춘 잠재 고객과 대화하는 데 더 많은 시간을 할애하면서 수익이 증가했다. 이 접근 방식은 직관적이지 않은 것처럼 보였을지 모르지만, 효과가 있었다.

커뮤니케이션 분리

커뮤니케이션은 크게 외부와 내부의 두 가지 범주로 나뉜다. 외부 커뮤니케이션은 파트너, 공급업체, 대행사, 고객 또는 잠재적 신입 사원과 같은 조직 외부의 사람과 소통하는 경우이다. 물론 내부 커뮤니케이션은 조직 내부의 사람들과 소통하는 것을 말한다.

이 두 가지 유형의 커뮤니케이션을 구분하여 업무에 적합한 툴로 분리하는 것은 효율적인 커뮤니케이션과 정보 검색을 위해서도 중요하다. 원칙은 이메일은 외부 커뮤니케이션에만, 슬랙과 마이크로소프트 팀스 같은 내부 커뮤니케이션 툴은 내부 커뮤니케이션에 사용해야 한다는 것이다.

이러한 분리는 매우 중요하다. 우리 컨설팅 업무에서 대부분의 기업이 거의 모든 커뮤니케이션을 이메일에 의존하고 있으며, 심지어 내부 커뮤니케이션 툴이 있는 기업들도 '중요한' 커뮤니케이션에 이메일을 사용하는 경우가 많았다. 이는 심각한 문제를 야기한다. 현실적으로 이메일은 내부 커뮤니케이션에 최적화되어 있지 않다. 이메일에서 관리되는 내부 대화는 잃어버리고 잊혀져서, 다시 시작하는데 더 오랜 시간이 걸린다. 이러한 비효율성이 빠르게 누적되어 의사 결정과 업무 진행이 지연될 수 있다. 말할 것도 없이, 대부분의 사람들은 이메일 받은 편지함에 묶여 있는 것에 지쳤다.

반면에 내부 커뮤니케이션 툴은 이러한 유형의 커뮤니케이션에 최적화되어 있다. 지속적인 대화를 나누고 그룹과 소통하며 빠른 응답을 받는 데 적합하다. 이러한 툴은 메시지를 단순히 시간순으로 나열하는 이메일과는 달리 주제별로 커뮤니케이션을 구성한다. 정보를 더 쉽게 찾을 수 있을 뿐만 아니라, 모두가 수십 개의 대화에서 길을 잃지 않고 대화에 집중할 수 있다.

내부 커뮤니케이션과 외부 커뮤니케이션을 분리하는 것은 대부분의 조직에서 발견되는 보물 찾기 게임을 완화하는 가장 빠른 방법 중 하나이며, 컨설팅 과제에서 가장 먼저 다루는 사항 중 하나이다. 내부 커뮤니케이션을 분리하면 과거 커뮤니케이션을 어디에서 찾아야 할지 즉시 알 수 있다. 외부 연락처와의 대화라면 이메일에 있었다는 것을 알 수 있다. 내부 팀원과의 커뮤니케이션이었다면 내부 커뮤니케이션 툴에 있다는 것을 알 수 있다.

마찬가지로, 업무와 관련된 커뮤니케이션과 개인적 커뮤니케이션(직장 밖의 친구 및 가족과의 업무 또는 동료와의 개인적인 문제)을 분리하는데 도움이 된다. 요컨대, 개인 커뮤니케이션은 이러한 툴들의 밖에서 이루어져야 하며 주로 문자 메시지로 대체해야 한다. 이는 업무와 개인 생활을 분리하는 데 도움이 되고, 개인 생활과 분리하여 근무 시간 외에도 다른 일에 집중할 수 있다. 분명히 말하지만, 나는 팀이 개인적인 대화를 하는데 내부 커뮤니케이션 플랫폼을 사용해도 상관없다고 생각한다. 하지만, 업무와 관련된 문제에 대해 서로 문자를 주고받는다면 문제가 있다. 그리고 이것은 내가 내 팀원들을 감시하고 싶은 것과는 전혀 상관없다. 즉 이것은 업무에서 필요한 것을 더 쉽게 찾고 팀이 일하지 않을 때 진정으로 차단할 수 있는 기능을 제공하는 것이다. 나는 특히 여행 중이거나 '현장'에 있어야 하는 사람들에게는 문자 메시지가 매우 유용하다는 점을 높이 평가한다.

하지만 다른 모든 사람의 생산성을 위해 슬랙 또는 마이크로소프트 팀스 앱을 설치하여 팀과 소통하라. 이것이 얼마나 유용한지 아무리 강조해도 지나치지 않다.

내부, 외부, 개인 커뮤니케이션을 분리하는 것은 일반적으로 대부분의 조직에서 보물 찾기를 완화하는 가장 빠른 방법이다.

다음 장에서 이를 더 세분화하는 방법에 대해 논의하겠지만, 이 한 가지 차이점만으로도 엄청난 시간을 절약할 수 있고, 이메일이나 내부 커뮤니케이션 툴을 최적으로 사용하지 않더라도 최소한 과거 대화를 찾기 위해 찾아야 하는 장소의 수를 줄일 수 있다.

다른 이점도 많이 있다. 내부 커뮤니케이션 플랫폼은 참여를 촉진하고 커뮤니케이션을 재미있게 만들기 위해 만들어졌다. 이러한 플랫폼에서의 커뮤니케이션은 이메일보다 덜 형식적이고, 대화가 더 많다. 내부 커뮤니케이션 플랫폼은 원격 팀을 위한 문화를 구축하는 데 중요한 요소이며, 대면 팀들이 업무 공백 없이 효율적으로 커뮤니케이션할 수 있도록 도와준다.

커뮤니케이션을 분리하는 것은 하루의 우선순위를 정하는데 도움이 될 수 있다. 영업 사원이라면 이메일을 먼저 확인한 다음 내부 커뮤니케이션 툴을 확인해서 잠재 고객에 대한 응답 우선 순위를 쉽게 지정할 수 있다. 하루 종일 이메일을 열어두고 내부 커뮤니케이션은 하루에 몇 번만 확인할 수도 있다.

반면에 인사 부서에 근무하는 경우, 주요 업무는 팀원에게 응답하는 것이다. 이 경우, 당신은 하루에 몇 번만 이메일을 확인하고 내부 커뮤니케이션은 더 자주 할 수도 있다. 어쨌든 요점은 동일하다. 내부 팀원과 커뮤니케이션을 하는 경우에는 대부분 내부 커뮤니케이션 툴에 있어야 한다는 것이다.

규칙의 예외

하지만 이 규칙에는 한 가지 예외가 있다. 팀원 중 한 명과 관련된 이메일을 받은 경우, 이메일을 복사하여 내부 커뮤니케이션 툴에 붙여넣는 것보다 해당 팀원에게 전달하는 것이 훨씬 더 합리적이다. 다음과 같이 하라. 초기 이메일을 기반으로 한 빠른 대화를 위해 이메일을 계속 사용하되, 더 큰 대화가 필요한 경우 내부 커뮤니케이션 툴로 전환하는 것이 좋다(내부 팀원들만 참여한다는 가정하에).

이는 CPR 프레임워크 내에서 유연성을 보여주는 또 다른 예이다. 이러한 규칙 중 어느 것도 딱딱하고 급하지는 않으며, 나는 항상 사람들이 생산성을 높일 수 있는 시스템을 만들도록 권장한다. 이 경우 모든 관련 이메일을 내부 커뮤니케이션 플랫폼에 복사하는 것은 매우 비생산적인 업무 방식이 될 수 있다. 사실, 다른 많은 커뮤니케이션 방법을 통한 시간 절약 효과를 상쇄할 수 있다.

'슬랙 커넥트(Slack Connect)'는 좀 더 미묘한 또 다른 예외이다. 슬랙 커넥트를 사용하면 슬랙(Slack) 계정을 다른 조직과 연결하여 외부와 소통할 수 있다. 이는 긴밀하게 협력하는 회사 간의 커뮤니케이션을 간소화하는 데 유용할 수 있다.

세 가지 핵심 사항

1. 팀은 지속적으로 푸시*(push)*하는 것이 아니라 필요할 때 필요한 정보를 끌어올수*(pull)* 있도록 커뮤니케이션 환경을 만들기 위해 노력해야 한다.
2. 비동기식 커뮤니케이션은 일반적으로 동기식 커뮤니케이션보다 효율적이지만 둘 다 필요한 때와 장소가 있다.
3. 이메일은 외부 커뮤니케이션을 위한 툴이고 슬랙 및 마이크로소프트 팀스와 같은 커뮤니케이션 툴은 내부 커뮤니케이션을 위한 툴이다.

전 문 가 팁

- 룸(Loom)과 클라우드앱(CloudApp)은 모두 스크린샷과 화면 녹화를 빠르게 생성한 다음 간단한 링크로 공유할 수 있다. 이 툴들은 비동기식 커뮤니케이션 중에 명확성을 더하거나 주석이 달린 스크린샷을 만들 때 유용하다. 두 툴 모두 두 가지 기능을 모두 제공하지만, 우리는 화면 녹화에는 룸을, 스크린샷에는 클라우드앱을 선호한다. 나는 둘 중 하나, 또는 둘 다 사용해 볼 것을 강력히 추천한다. 유용하다고 확신한다.

- 미로((Miro)는 디지털 화이트보드 툴로, 팀이 비동기식으로 브레인 스토밍을 할 수 있는 디지털 화이트보드 툴이다. 깔끔한 백지 상태에서 스티커 메모, 비디오 삽입, 이미지, 순서도 등 원하는 대로 사용할 수 있다. 사무실에서 실제 화이트보드를 사용하는 것처럼!
- 방해 요소와 잡음을 차단하는 방법에 대해 더 자세히 알고 싶다면 니어 아얄(Nir Eyal)의 *주의력을 조절하고 삶을 선택하는 방법 (Indistractable: How to Control Your Attention and Choose Your Life)*을 읽어보길 추천한다. 실행 가능한 팁이 가득한 훌륭한 책이다.

다음 단계는?

이메일은 매우 가치 있는 툴이지만, 대부분의 사람들에게 가장 큰 낭비와 비효율의 원인이 되었다. 이것이 바로 우리가 다음 단계로 받은 편지함 제로로 이 문제를 해결하고자 하는 것이다. 즉, 받은 편지함 관리 시스템으로, 받은 편지함을 다시 제어하여 사용자에게 불리하지 않고 유리하게 사용할 수 있도록 해준다.

3

외부 커뮤니케이션

보내는 모든 이메일을 조약돌이라고 생각하라.
당신에게는 조약돌이 우스꽝스러울 정도로 작은 것 같을 수도 있
다. 하지만 이미 수백 개의 조약돌을 가지고 있는 수신자에게는 조
그만 조약돌 하나라도 더 받는다는 것은 비용이 든다.

- 메릴린 만(MERLIN MANN),
받은 편지함 제로(Zero) 인물로 알려진 작가 겸 연사

문제: 대부분의 사람들은 수십 년 동안 나쁜 이메일 습관을 가지고 있다. 그들은 이메일을 다른 사람들이 추가할 수 있는 할 일 목록으로 인식하지 못하기 때문에 그것을 잘못된 목적으로 사용한다. 이로 인해 받은 편지함은 일상 생활에서 끊임없는 골칫거리이자 매우 비효율적인 성가신 존재가 되었다.

해결 방법: 간단한 시간 절약 요령을 익히고 받은 편지함 제로라는 이메일 관리 시스템을 수행하면 받은 편지함에서 보내는 시간을 줄일 수 있다. 팀원들이 이메일 사용 시기를 조율하면 한 단계 더 발전하여 기하급수적인 결과를 얻을 수 있다.

이메일은 매우 강력한 툴이다. 이메일을 사용하면 전 세계 거의 모든 사람과 즉시 소통할 수 있으며 우리가 비즈니스를 수행하는 방식과 인류가 소통하는 방식에 진정한 혁명을 일으켰다. 그런데 왜 모두가

싫어하는 것일까?

이메일이 우리에게 제공하는 모든 놀라운 가치에도 불구하고 이메일은 현대 직장에서 가장 두려운 툴 중 하나이다. 너무 많은 시간을 차지하고, 일하지 않아야 할 시간에도 업무에 얽매이게 하며, 끝이 보이지 않는다. 이메일은 우리 삶에 많은 디지털 '노이즈'를 만들어내어 더 중요한 것들로부터 주의를 방해한다. 게다가 재미도 없다.

우리 모두는 이메일이 우리 삶에서 얼마나 많은 시간을 낭비하는지 알고 있다고 생각한다. 하지만 글로벌 연구에 따르면 이 문제는 더 심각하다. 칼튼(Carleton) 대학교에서 6개 조직에서 1,500명을 대상으로 실시한 연구에 따르면 대부분의 사람들이 사무실에서 보내는 시간의 평균 1/3, 그리고 재택근무를 하는 동안에는 하루의 절반을 이메일에 소비했다. 이러한 이메일의 30%는 긴급하거나 중요하지 않았다.

래디카티 그룹(Radicati Group)의 또 다른 연구에 따르면 2021년에 전송되는 비즈니스 및 소비자 이메일의 수는 약 3,200억 건에 달한 것으로 조사 되었다. 2025년에는 3,760억 건으로 증가할 것으로 예상된다.[3] 이는 하루에 3,760억 개의 이메일이 전송된다는 뜻이다. 그 같은 연구에 따르면 평균적인 직장인은 매일 121개의 이메일을 수신하며, 이 중 거의 50%가 스팸인 것으로 나타났다.[4]

어떻게 이 지경에 이르렀는지 상상하기조차 어렵다. 이메일이 주로 비즈니스 또는 개인용 커뮤니케이션에 사용되던 때가 있었다. 문제는 그 이전의 다른 많은 비즈니스 및 커뮤니케이션 혁신과 마찬가지로 이메일도 결국 메트칼프의 법칙의 어두운 면에 희생되었다는 것이다.

내 예측은 시간이 지남에 따라 여기서 논의한 개념들이 더욱 주류가 될 것이고 자연스럽게 이메일의 감축이 될 것이라는 것이다. 커뮤니케이션을 적절한 툴로 분류하고 이메일 사용에 대한 몇 가지 모범 사례를 수행하는 것만으로도 받은 편지함에서 보내는 시간을 획기적으로 줄일 수 있다. 친구이자 고객이며 우버(Uber)나 릴프트(Lyft)와 유사한 상업용 트럭 운전자를 위한 기술 기반 마켓플레이스인 트렌스포스(TransForce)의 최고운영책임자(COO)인 지나스 보스케(Jesus Bosque)는 "이메일이 오늘날 팩스처럼 관련성이 떨어지지는 않겠지만, 시간이 지남에 따라 이메일은 커뮤니케이션에서 차지하는 시장 점유율이 크게 낮아질 것이라고 생각한다."라고 말했다. 나도 동의한다.

이메일: 당신의 외부 할 일 목록

이메일이 무엇인지, 어떻게 작동하는지, 어떤 용도로 사용되는지는 누구나 알고 있다. 하지만 받은 편지함을 다시 제어하려면 모든 사람이 반드시 이해해야 할 중요한 이메일 개념이 있다. 당신은 지금까지 이메일에 대해 들어왔던 모든 것을 잊어버리고 이 간단한 정의로 대체하기 바란다:

> *이메일은 다른 사람들이 추가할 수 있는 외부 할 일 목록일 뿐이다.*

가장 기본적인 형태인 이메일은 다른 사람이 동의 없이도 내 메일함에 추가할 수 있는 툴이다. 그리고 이메일에 실제로 과제 항목이 포함되어 있는지 여부와 상관없이, 받은 편지함으로 들어오는 이메일은 귀중한 시간을 차지한다. 적절한 제한이 없다면 다른 사람들이 이메일을 통해 당신의 시간을 통제할 수 있다. 따라서 이메일은 세심한 주의와 관심이 필요하다.

받은 편지함 제로(Inbox Zero)에 도달하기 위한 첫 번째 단계는 이메일에 대한 사고방식을 바꾸는 것이다. 나는 종종 받은 편지함 제로에 도달하는 가장 좋은 방법은 이메일 제로에 도달하는 것이라고 말한다. 즉, 먼저 받은 편지함에 도달하는 이메일의 수를 제한하는 것이다. 이 방법의 일부는 올바른 필터와 설정으로 관련성이 없거나 불필요한 이메일을 막도록 받은 편지함을 설정하는 것도 포함된다. 또 다른 부분은 커뮤니케이션을 정리하고 분리하여 업무에 적합한 툴을 사용하고 모든 것을 이메일에 의존하지 않도록 하는 것이다. 하지만 가장 중요한 부분은 이메일이 필요한 시점에 대한 생각을 바꾸고, 주변 사람들의 생각도 바꾸는 것이다.

대부분의 사람들이 깨닫지 못하는 것은 *이메일에는 부메랑 효과가 있다*는 사실이다. 이메일을 보내면 어떤 형태로든 다시 돌아올 가능성이 높다. 단순한 "감사하다", "동의한다. 그렇게 하자" 또는 더 많은 이메일로 이어질 수 있는 더 깊이 있는 대화로 이어질 수도 있다. 이러한 응답 중 일부는 당연한 것이고, 일부는 대부분 불필요하지만, 이메일이 다른 사람과 자신에게 미치는 영향을 인식하는 것이 중요하다. 이메일을 아예 보내지 않거나 다른 툴을 사용하여 보낼 수 있는 이메일이 줄어들면 받은 편지함에 수신되는 이메일도 줄어들고 다른 사람의 할 일 목록에 추가할 항목도 줄어든다.

다음은 이메일 받은 편지함에 보관해서는 안 되는 세 가지 유형의 커뮤니케이션이다. 이것만 제거해도 이메일 수신량을 크게 줄일 수 있다:

1. 내부 커뮤니케이션 (내부 커뮤니케이션 툴에서 해야만 하는).
2. 프로젝트 또는 업무 관련 커뮤니케이션 (업무 관리 툴에서 해야만 하는).
3. 예정된 회의에서 대신 논의할 수 있는 모든 것(회의 안건에 넣어야 하는).

커뮤니케이션에 대해 더 자세히 알아보면서 언제, 어떻게, 왜 이 세 가지 유형의 커뮤니케이션을 각각 분리해야 하는지 설명해 주겠다. *하지만 지금은 받은 편지함 제로에 대해 알아보자.*

이메일은 부메랑 효과가 있다: 이메일을 많이 보낼수록, 더 많은 이메일을 받게 된다!

받은 편지함 제로(INBOX ZERO)란 무엇인가?

받은 편지함 제로에 대한 이야기는 많이 나왔지만, 설명은 많지 않다. 잠시 시간을 내어 이에 대해 알아보겠다. 받은 편지함 제로는 받은 편지함을 관리하는 방법이다. 받은 편지함으로 들어오는 모든 이메일을 빠르고 쉽게 처리할 수 있는 방법이다. 이 방법은 수신된 이메일을 읽는 데 그치지 않고 이메일을 처리하고 받은 편지함에서 삭제하여 화면에 아무것도 남기지 않는다. 하지만 걱정하지 마라. 받은 편지함 제로의 최종 목표는 받은 편지함에 이메일이 전혀 없도록 하는 것이지만, 그 목표에 집착하지 않아도 된다. 가장 이상적인 목표는 받은 편지함에는 실행 가능한 항목만 있는 것이다. 받은 편지함에 20개 미만의 이메일이 있다면 괜찮다. 깨어 있는 모든 순간에 받은 편지함을 깨끗하게 유지하도록 강요하는 것은 우리가 여기서 달성하고자 하는 목적에 어긋난다. (우리는 유연성을 유지하는 것을 좋아한다. 기억하는가?)

받은 편지함 제로는 읽지 않은 편지함 제로와 매우 다르다는 것을 주목하는 것이 중요하다. 많은 사람들이 받은 편지함에 있는 모든 이메일을 읽은 후 받은 편지함 제로에 있다고 생각하지만 그렇지 않다. 심지어 받은 편지함의 모든 이메일을 읽었다 하더라도 이메일은 여전히 당신의 주의를 집중하게 하고 두뇌를 사용하게 하고 있다.

받은 편지함이 이미 읽은 이메일로 가득 차 있다는 것은 같은 정보를 반복해서 스캔하고 있다는 뜻이다. 이메일을 열었는데 새 메시지가 없다면 얼마나 많은 시간을 받은 편지함을 들여다보는 데 할애할 것 같나? 전혀 시간을 낭비하지 않을 것이라고 생각할 수도 있지만, 실제로는 몇 초 동안이라도 지난 이메일을 보고 주의가 산만해진다. 그보다 더 오래 산만해질 가능성도 높다.

당신이 깨닫든지 깨닫지 못하든지 이메일이 이미 읽음으로 표시 되어 있는데도 불구하고 이메일이 가득 찬 화면을 보면서 귀중한 두뇌 파워를 소모하고 있다.

이제 이메일을 확인하러 갔는데 아무것도 없다고 상상해 보라. 말 그대로 아무것도 없다. 이메일 받은 편지함이 완전히 비어 있다. 그 텅 빈 화면을 얼마나 오래 바라보겠나? 볼 것이 아무것도 없다. 따라서 빈 웹 페이지를 보는 것을 좋아하지 않는다면, 아마 많은 시간을 거기에서 소비하려고 하지 않을 것이다.

그렇기 때문에 받은 편지함 제로는 매우 유용하다. 모든 이메일을 효율적으로 처리하고, 모든 것을 한곳에 정리하고, 이메일이 유발하는 불필요한 방해 요소를 거의 모두 제거할 수 있다. 또한, 올바르게 사용하면 어떤 것도 분실되거나 누락되는 일이 없다. 언제나 그렇듯이 우리는 정보 검색에 최적화되어 있으며, 받은 편지함 제로를 사용하면 그 어느 때보다 쉽게 받은 편지함에서 과거 이메일을 검색할 수 있다.

받은 편지함 제로를 수행하면 받은 편지함이 매일 처리해야 할 실행 가능한 항목이 짧은 목록으로 바뀐다. 이메일이 낭비가 아닌 생산성을 높여주는 툴이 될 것이다.

받은 편지함 대 보관함

받은 편지함 제로의 핵심 원칙 중 하나는 이메일을 처리한 후 보관하는 것이다. 즉, 이메일을 받은 편지함에 그대로 두거나 삭제하지 말고, 이메일 시스템의 보관함으로 보내야 한다. 보관함에 익숙하지 않다면, 이미 처리한 모든 이메일을 보관하는 폴더라고 생각하라. 이렇게 하면 관련 없는 이메일이 받은 편지함에서 사라지긴 하지만, 삭제할 때처럼 이메일을 완전히 잃어버리지는 않는다.

저명한 기업가이자 마케터인 딘 잭슨(Dean Jackson)은 종종 해야 할 일을 '지금'과 '지금이 아님'으로 구분하는 것을 말한다. 이는 인생의 많은 일에 적용될 수 있는 중요한 구분이며 특히, 이메일과 관련이 있다. 이메일의 받은 편지함에는 지금 필요한 정보가 보관되는 반면, 보관함에는 지금은 필요하지 않지만, 나중에 필요할 수도 있는 정보가 보관된다. 언제든지 검색하여 쉽게 찾아볼 수 있지만, 가까운 장래에 사용할 일이 아니라면 받은 편지함에 보관하는 것은 의미가 없다. 여전히 검색하여 언제든지 쉽게 검색할 수 있지만, 가까운 장래에 사용할 일이 아니기 때문에 받은 편지함에 보관하는 것은 의미가 없다. 받은 편지함 제로를 유지하는 방법에 대한 메커니즘을 살펴보면서 특정 이메일을 보관함으로 보내서 필요할 때 받은 편지함에 다시 나타나도록 프로그래밍하는 방법도 볼 것이다. 받은 편지함 제로를 사용하면 받은 편지함이 사실상 할 일 목록(to-do list)이 된다. 그것은 처리해야 할 이메일만 보관하고 그 외의 모든 이메일은 보관함으로 전송되기 때문이다. 그리고 걱정하지 마라. 보관함의 공간이 부족해지지는 않을 테니까. 최신 이메일 툴에는 말 그대로 수십만 개의 이메일을 보관할 수 있는 충분한 클라우드 기반 보관 공간이 제공된다.

대부분의 이메일 툴에는 받은 편지함과 보관함의 모든 이메일이 포함된 '모든 메일(All Mail)'이 있다.

받은 편지함 제로 달성하기

처음으로 받은 편지함 제로에 도달하려면 다음 세 가지 주요 단계를 거쳐야 한다(그림 4 참조).

받은 편지함 제로 프로세스

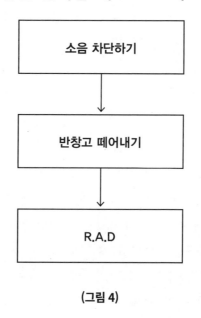

(그림 4)

먼저, 받은 편지함으로 들어오는 이메일의 양을 줄임으로써 소음을 줄인다. 누수를 막는 것이다. 이렇게 하면 실제 변화를 수행할 수 있는 안정적인 환경이 조성된다.

다음으로, 현재 받은 편지함에 있는 관련성이 없고 오래된 이메일을 신속하게 처리하는 것이다. 생각보다 쉽다. 수동으로 일일이 분류할 필요도 없고, 잃어버릴 염려도 없다.

마지막으로, 받은 편지함의 나머지 이메일을 처리하기 위해 R.A.D. 시스템[회신(Reply), 보관(Archive), 연기(Deter)]을 사용하는 방법을 알려주겠다. 이것은 매일 이메일을 확인할 때 받은 편지함 제로에 도달하기 위해 사용하는 것과 동일한 시스템이다.

1단계: 소음 차단하기

받은 편지함에서 불필요한 잡음을 차단하고 최대한 이메일 제로에 가까워지는 것이 중요하다. 받은 편지함 제로에 도달하기 위해 매일 수백 통의 불필요한 이메일을 분류해야 한다면 이 모든 노력을 기울여 받은 편지함 제로에 도달하는 것은 어리석은 일이다.

이 과정의 일부에는 앞서 언급한 바와 같이, 이메일이 불필요한 것인지 아니면 다른 커뮤니케이션 툴로 보내야 하는지에 대한 행동의 변화와 비판적 사고가 필요하다.

다른 하나는 말 그대로 받은 편지함을 필터링하여 관련성 있고 중요한 이메일만 표시하는 것이다. 스팸이 메일함을 어지럽히는 가장 큰 원인 중 하나라는 것은 누구나 알고 있지만, 단순히 스팸 필터를 활성화하는 것만으로는 충분하지 않다. 이러한 폴더를 쉽게 우회할 수 있는 스팸 이메일에는 여러 가지 유형이 있으며, 일부 사용자에게는 스팸으로 간주되는 이메일이 나에게 유용할 수 있다.

따라서 받은 편지함을 정리하여 가장 중요하고 관련성이 높으며 실행 가능한 이메일을 한 곳에 보관할 수 있도록 받은 편지함을 정리하고자 한다. 동료가 보낸 이메일이 의류 회사에서 보낸 마케팅 이메일보다 항상 우선시되어야 할 때, 몇 가지 간단한 변경만으로 받은 편지함을 설정하여 가장 중요한 이메일을 필터링할 수 있다. 가장 중요한 이메일은 직접 수신하도록 설정하고 덜 중요한 이메일은 나중을 위해 남겨두도록 설정할 수 있다.

지메일(Gmail)과 아웃룩(Outlook)에는 이메일이 콘텐츠에 따라 자동으로 분류되는 별도의 받은 편지함, 또는 카테고리를 만들 수 있다. 이 두 툴은 모두 머신 러닝과 인공 지능을 사용하여 이메일의 콘텐츠를 빠르게 스캔하고 어디로 보내야 할지 결정한다.

설정에서 필터링 옵션을 살펴보는 것만으로도 중요하지 않은 이메일이 받은 편지함에 수신되지 않도록 할 수 있다. 이러한 이메일은 일반적으로 기본 받은 편지함 내의 다른 받은 편지함에 보관되거나 색인표(Tab)에 보관된다. 대부분의 이메일은 응답이 필요하지 않을 가능성이 높다.

> 이메일 필터에 걸렸어야 하는 이메일을 발견한 경우 그것에 플래그(Flag, 깃발 표시)를 지정하라. 이러한 기능은 머신 러닝을 사용하므로 이 과제를 더 많이 수행할수록 더 좋아진다.

2단계: 반창고 떼어내기

이제 받은 편지함으로 들어오는 이메일의 흐름을 늦췄으니 남은 이메일을 처리할 수 있다. 대부분의 사람들이 그렇듯이 지금 이 순간에도 받은 편지함에는 수백, 수천 통의 이메일이 있을 것이다. 그리고 그 이메일 중 몇 개를 읽었는지 또는 읽지 않았는지에 관계없이 대부분의 이메일을 받은 편지함에서 삭제하고 싶을 것이다. 하지만 모든 이메일을 일일이 검토하는 것은 우리가 여기서 하려는 일의 목적에 어긋난다.

따라서 일일이 확인하는 대신 한 번에 초기화하여 대부분의 이메일을 한꺼번에 지우려고 한다. 이 과제를 '반창고 떼어내기'라고 부르며, 여기에는 받은 편지함에서 30일이 지난 모든 이메일을 따로 보관한다. 받은 편지함에서 30일 이상 지난 이메일이 있을 이유가 없다. 이러한 이메일은 이미 처리되었거나 애초에 사용자의 조치가 필요하지 않았을 가능성이 높다. 이러한 이메일은 받은 편지함에 존재할 이유가 없다.

그리고 이러한 이메일은 보관해도 영원히 사라지지 않는다. 이메일 툴의 검색 기능을 사용하면 언제든지 액세스할 수 있으므로, 두 달 전의 영업 전화에서 받은 PDF와 지난주에 구입한 스웨터 영수증을 찾을 수 있다.

이 단계가 간단하다고 말한 것은 농담이 아니다. 당신이 해야 할 일은 받은 편지함에서 30일이 지난 모든 이메일을 선택하고 보관하라. 이 과제가 완료되면 이제 축하할 시간이다. 당신은 받은 편지함 제로를 달성했다. 정말 기분이 좋아진다는 내 말을 믿어라!

3단계: R.A.D. 시스템

R.A.D. 시스템은 매일 받은 편지함을 정리하고 받은 편지함 제로를 유지하는 데 사용한다. 이 시스템을 사용하여 받은 편지함에 남아 있는 모든 이메일을 처리하고 처음으로 받은 편지함 제로를 달성한다. R.A.D.는 답장(Reply), 보관(Archive), 연기(Deter)를 의미한다. 즉, 이메일이 받은 편지함에 도착했을 때 취할 수 있는 세 가지 과제를 의미한다.

R.A.D. 시스템 사용 방법

답장(Reply)

말처럼 간단하다. 받은 편지함에 빠른 답장이 필요한 이메일이 있으면 답장을 보내라! 이메일에 답장을 보낸 후에는 해당 이메일이 처리되어 더 이상 받은 편지함에 보관할 필요가 없을 것이다.

보관(Archive)

이미 처리되었거나, 관련성이 없거나, 회신할 필요가 없는 이메일은 모두 보관하라. 기억하라. 받은 편지함에는 단지 실행할 수 있는 항목만 있어야 하므로, 실행이 필요하지 않은 이메일은 따로 보관해야 한다. (실행할 수 있는 항목이란 읽거나 응답해야 하는 것을 의미한다.)

연기(Deter)

이메일이 현재 나와 관련이 없거나 지금 당장 답장할 시간이 없는 경우에는 이메일을 '일시 중지'하여 연기할 수 있다. 이렇게 하면 받은 편지함에서 사라졌다가 지정된 날짜와 시간에 다시 나타난다. 이 기능은 특히 바쁜 날에 우선순위가 낮은 이메일에 답장하고 싶을 때 유용할 수 있다. 또한, 보낼 중요한 이메일을 향후 날짜로 일시 중지하여 답장하지 않을 경우, 받은 편지함에 다시 표시되도록 하여 후속 조치를 취하라는 메시지를 표시한다. 주의할 점은 중지한 이메일은 나중에 처리해야 한다는 것이다. 너무 많은 일을 특정 하루로 미루지 않도록 주의하라. 이메일의 부하를 최대한 분산하라.

R.A.D. 시스템에는 받은 편지함에서 수행할 수 있는 세 가지 과제가 요약되어 있다. 이 안내를 따라 받은 편지함 제로를 처음 사용하는 경우에는 이 시스템을 사용하여 받은 편지함에 있는 나머지 모든 이메일을 살펴보라. 목표는 아무것도 남지 않을 때까지 답장하거나, 보관하거나, 연기하는 것이다. 처리할 수 있는 이메일이 몇 개만 남을 때까지(가까운 시일 내에 처리할 수 있는) 말이다.

답장, 보관, 연기하는 방법을 알면 이메일 외적인 부분에서도 도움이 될 것이다. R.A.D. 시스템은 일반적으로 커뮤니케이션, 또는 리마인더와 관련된 모든 툴에서 작동한다.

처음으로 받은 편지함 제로를 달성한 후에는 수신 이메일의 흐름이 느려지는 효과가 있다. 수신 이메일의 흐름이 느려지고 남은 이메일을 빠르게 처리할 수 있는 시스템을 개발한 것이다. 이 초기 설정이 끝나면 R.A.D. 시스템을 사용하여 매일 받은 편지함에 있는 이메일을 처리한다. 이메일을 확인하는 빈도는 사용자에 따라 다르지만, 받은 편지함 제로를 사용하면 이메일을 확인하는 빈도가 줄어들고 이메일에 소비하는 시간이 줄어드는 이점을 얻을 수 있다. 받은 편지함으로 들어오는 이메일이 줄어들고, 도착한 이메일을 보게 되면 단지 세 가지 간단한 조치가 있다는 것을 알고 있다.

이메일 분실

사람들이 받은 편지함 제로를 수행할 때 가장 크게 우려하는 것 중 하나는 이메일이 유실될 것이라는 점이다. 지금 당신은 받은 편지함, 또는 특정 폴더에 보관되어 있는 중요한 이메일을 모두 찾을 수 있다는 것을 알고 있다.

이런 우려를 느낀다면, 우리가 말 그대로 수천 명의 사람들이 받은 편지함 제로에 도달하도록 도왔고, 그 결과 실제로 이메일을 놓치는 횟수가 현저히 줄어들었다는 것을 말하고 있다. 이 시스템을 사용하면 받은 편지함의 모든 이메일을 검토해야 하지만, 이메일을 읽지 않은 상태로 두면 (그리고 나중에 처리할 것이라고 생각하면) 더 많은 이메일이 누락되는 경향이 있다. 뿐만 아니라, 받은 편지함을 효율적으로 정리하여 시간을 절약하고 오래된 이메일을 검색하고 처리하는 번거로움과 시간 낭비를 피할 수 있다.

이것은 실제적이고 가시적인 이점이 있다. 많은 고객들의 팀이 받은 편지함 제로로 전환하는 것만으로도 수익이 증가했다. 가장 중요한 이메일의 우선순위를 정하고 경쟁사보다 더 빠르게 잠재 고객에게 응답하거나 계약을 체결할 수 있기 때문이다. 때로는 받은 편지함에서 놓칠 뻔한 기회를 발견하기도 한다. 그리고 이는 수익 창출에 투자해야 하는 새로운 시간 활동은 고려하지도 않았다.

폴더에 대한 노트

폴더는 이메일에서 가장 오해가 많은 기능 중 하나이다. 사람들이 받은 편지함 제로에 도달하도록 도와주다 보면 종종 수십 개의 폴더를 발견하는 경우가 많다. 함께 일하는 모든 사람을 위한 폴더가 있을 수도 있고 특정 기간 동안의 폴더가 있을 수 있다. 받은 편지함 제로의 요령은 검색 기능으로 거의 모든 이메일을 쉽게 찾을 수 있다는 것이다. 그 이유는 검색 기능이 받은 편지함과 보관함 모두에서 이메일을 찾을 수 있기 때문이다. 진정한 의미의 '분실'은 없다.

폴더는 민감한 주제이다. 어떤 사람들은 폴더가 전혀 없어야 한다고 생각하는 사람이 있는가 하면, 폴더가 많아야 한다고 생각한다. 내 생각은 간단하다: *폴더가 검색 기능보다 더 빠르게 정보를 검색하는 데 도움이 된다면 폴더를 사용하는 것이 좋다.*

예를 들어, 여행 폴더는 여행 관련 정보를 빠르게 검색하는 데 도움이 될 수 있다. 어떤 호텔이나 항공사를 선택했는지 기억하기 어려울 수 있으므로 여행 관련 정보를 빠르게 검색하는 데 도움이 될 수 있다. 반면에 개인을 위한 폴더는 검색 기능을 사용하여 해당 이메일을 쉽게 검색할 수 있기 때문에 폴더를 두는 것이 말이 안된다.

공유 이메일 주소

받은 편지함 제로의 가장 큰 장점 중 하나는 공유된 회사 이메일 받은 편지함을 모니터링할 때, 특히 유용하다는 것이다. 대부분의 조직에는 'hiring@yourcompany.com'과 같은 공유 이메일 주소가 있는데, 이는 여러 사람에게 적용될 수 있도록 유사한 이메일을 한 영역에 모을 수 있는 좋은 방법이다. 공유 이메일 사용이 가능할 때, 여러 사람이 공유 받은 편지함을 통해 서로 다른 시간에 하루 종일 일할 수 있기 때문에 효율면에서 큰 이점이 있다. 고객 서비스나 채용과 같이 공개적으로 대면하는 상황에서는 누군가 이직하거나 역할이 바뀔 때 공개 이메일 주소를 업데이트할 필요가 없다.

하지만 공유 받은 편지함의 문제점은 누가 어떤 이메일을 관리했는지 파악하기 어렵다는 것이다. 받은 편지함 제로가 없으면 모든 사람이 이메일을 분류하는 데 시간을 할애해야 한다. 이메일이 실제로 처리되었는지 여부를 확인하기 위해 시간을 들여야 한다. 하지만 모두가 받은 편지함 제로화를 실천하면, 받은 편지함에는 처리되지 않은 이메일만 포함되기 때문에 팀 전체에서 이 기능을 수행하면 공유 이메일 받은 편지함을 효율적으로 나누고 정복할 수 있는 좋은 방법이 될 수 있다.

나중에 보내기

많은 사람들이 잘 활용하지 않는(혹은 알지 못하는) 이메일 기능 중 하나는 '나중에 보내기' 기능이다. 대부분의 최신 이메일 플랫폼에서는 특정 시간에 이메일을 보내도록 예약할 수 있다. 사소한 기능처럼 보일 수도 있지만 실제로는 광범위한 영향을 미친다.

나중에 보내기는 부메랑 효과를 줄이는 데 도움이 될 수 있다. 월요일에 처리해야 할 이메일이 많은 경우 수요일에 이메일을 보내도록 예약하면 그때까지는 답장을 받지 않는 것이 보장이 된다.

또한, 이메일이 누락될 가능성도 줄일 수 있다. 고객에게 보낼 중요한 이메일이 있는 경우, 금요일 하루 일과가 끝날 때 보내면 월요일 아침이 되면 묻힐 가능성이 높다. 대신 이메일을 화요일 아침 일찍 보내면 고객이 받은 편지함을 열었을 때 가장 먼저 보게 될 것이다.

휴가에서 돌아온 후 누군가에게 이메일을 보내는 경우와 같이 이 기능이 유용할 수 있는 다른 사용 사례도 많이 있다.

이메일을 나중에 보내는 것은 자신의 업무 효율을 높이기 위한 것임을 명심하라. 이는 상대방에게 영향을 미칠 수 있으므로 응답이 지연되어도 문제가 발생하지 않는 상황에서만 사용해야 한다.

리 더 를 위 한 노 트

받은 편지함 제로는 일반적으로 사람들이 이메일 사용 시간을 줄이기 위해 개인적 선택으로 여겨지지만, 우리는 팀 전체에 적용하는 데 관심이 있다. 대부분의 사람들이 이메일 습관을 바꾸도록 하는 것은 어렵다. 평생 같은 방식으로 이메일을 사용해 왔기 때문에, 때로는 비즈니스 리더로서 팀 전체가 이 새로운 방식을 채택하도록 받아들이도록 하는 것이 어렵다.

리더로서 팀원들이 받은 편지함 제로를 채택하도록 하는 가장 좋은 방법은 리더가 직접 실천하는 것이다. 경험상 가장 좋은 방법은 위에서부터 아래로 내려오는 것이다. 리더가 업무 방식을 바꾸지 않는다면 아무도 바꾸지 않을 것이다.

하지만 실제로 이메일 사용 최적화는 단순한 교육 이상의 의미를 갖는다. 받은 편지함 제로보다 더 중요한 것은 팀과 함께 이메일 문화를 재구성하는 것이다. 대부분의 조직에서는 사람들이 몇 분, 또는 몇 시간 내에 이메일에 응답해야 한다. 심지어 상사로부터 정신없는 전화를 받았다는 직원들의 이야기도 들었다. 이것이 일반적인 운영 방식이라면 받은 편지함 제로를 수행해도 큰 이점을 얻지 못할 것이다.

이 기능이 제대로 작동하려면 리더는 한 걸음 물러나서 팀이 이메일을 어떻게 사용하고 있는지 살펴봐야 한다. 사람들은 이메일에 즉시 답장이 오기를 기대할 수 없을 것 같지만, 사실 그 반대이다. 즉, 누군가가 받은 편지함에서 계속 머물러 있는 것은 분명히 다른 중요한 업무 영역에서 생산성이 떨어진다. 대신, 팀원들이 하루에 몇 번씩 받은 편지함을 확인하도록 권장해야 한다. (영업 사원과 같은 역할은 더 자주 확인해야 할 수도 있다.)

또한, 팀원들은 이메일에서 메시지를 꺼내 다른 툴로 옮겨야 하거나, 누군가가 불필요한 이메일을 보내거나, 또는 불필요한 사람에게 쪽지를 보내는 경우, 그런 상황을 편안하게 지적할 수 있어야 한다. 시간이 지남에 따라 이러한 작은 리마인더는 모두가 비효율적인 습관을 고치는 데 도움이 될 것이다.

레버리지에서 사용하는 또 다른 전략은 효율성 컨설턴트와의 분기별 점검이다. 레버리지의 모든 직원은 역할에 관계없이 분기별로 효율성 컨설턴트와 일대일 회의를 갖는다. (지메일, 아사나, 슬랙 등) 툴을 어떻게 사용하고 있는지 그리고 우리가 전파하는 내용을 실제로 실천하고 있는지 확인한다. 효율성을 위한 개인 트레이너라고 생각하라. 이는 일을 잘못하는 사람을 세세하게 관리하거나 처벌하기 위한 것이 아니다. 컨설턴트가 팀에 몇 가지 지침을 제공하고 사람들이 툴을 효율적으로 사용하고 있는지 확인할 수 있는 기회이다. 나는 대부분의 회사에는 효율성 컨설턴트가 없다는 것을 알고 있다. 기술에 정통한 전문가를 선임하여 팀과 함께 분기별 또는 연간 시스템 점검을 진행하라. 받은 편지함 제로는 시작하기에 완벽한 곳이다.

레버리지에서는 이제 직무 설명에 받은 편지함 제로를 필수 사항으로 명시하고 있다. 당신도 그렇게 하는 것을 두려워하지 마라! 이미 많은 사람들이 받은 편지함 제로에 대해 알고 있다.

CASE STUDY:
라인드라이브(LINEDRIVE)

2021년 초에 나는 회사를 성장시키도록 돕기 위해 고안된 조직인 COO 얼라이언스에서 강연을 했다. 이 단체는 두 개의 1억 달러 규모의 회사를 설립하는 데 도움을 준 저명한 컨설턴트이자 작가인 카메론 헤롤드(Cameron Herold)가 설립했다.

나는 CPR 프레임워크와 운영의 가치에 대해 이야기했다. 효율성의 가치에 대해 이야기했고, 그 후 산업 시설의 안전과 생산성을 향상시키는 것을 돕는 회사인 라인드라이브의 COO를 만났다. 시설 평가, 교육 프로그램, 비용 절감 분석, 모든 것이 잘 진행되고 있었다. 5년 정도마다 두 배 또는 세 배로 성장했지만, 다른 많은 기업들처럼 운영은 뒷전으로 밀려났고 거의 전적으로 성장에만 집중했다. COO는 변화해야 한다고 생각했다.

라인드라이브는 이미 기술적인 측면에서 많은 경쟁사보다 앞서 있었으며, 지금도 마찬가지이다. 고객 관계 관리 툴(CRM)를 보유하고 있었고, 방금 마이크로소프트 팀스를 수행했고, 기술에 상당히 정통한 팀도 있었다. 하지만 그들은 더 잘할 수 있다는 것을 알고 있었다. 그들이 경험한 모든 성장을 고려하면 그 수익의 일부를 정리하는 데 재투자하는 것이 타당했다. 그들은 효율성을 개선하면 삶을 더 편하게 해줄 뿐만 아니라, 미래에 더 많은 더 큰 성장을 이룰 수 있다는 것을 알았다.

우리는 초기 평가를 통해 그들의 현재 위치를 측정했다(우리는 이를 비즈니스 효율성 로드맵이라고 부른다). 그리고 우리가 함께 일하는 많은 회사들과 마찬가지로 받은 편지함 제로는 논리적으로 시작하기에 적합한 곳이었다. 그들은 65명으로 구성된 팀의 행동을 바꾸는 것이 어렵다는 것을 알고 있었고, 간단하고 빠르게 성과를 낼 수 있는 이메일부터 시작하자는 아이디어를 마음에 들어 했다.

　문제 자체는 크게 눈에 띄었다. 당시 팀원들은 다양한 방식으로 (서로 및 고객과) 소통하고 있었다. 어떤 사람들은 문자를 보내고, 어떤 사람들은 이메일을 사용하기도 하고, 최신 툴인 마이크로소프트 팀스를 사용하기도 했다. 어떤 툴을 언제 어떻게 사용해야 하는지에 대한 표준 운영 절차가 없었다. 최악의 상황은 무엇보다도 사람들은 업무 속에 빠져 있었고, 많은 사람들이 '따라잡기'위해 퇴근 전이나 퇴근 후 1~2시간 동안 받은 편지함을 정리하는 데 시간을 보냈다.

　먼저 리더십 팀을 대상으로 받은 편지함 제로에 도달하고 R.A.D. 시스템을 사용하여 유지하는 방법을 교육했다. 줌(Zoom) 그룹 통화를 통해 몇 시간밖에 걸리지 않았다. 그런 다음 부서장들과도 동일한 교육을 진행했고, 나중에는 45명으로 구성된 영업팀과도 했다. 이러한 하향식 접근 방식이 핵심이다. 우리는 일반적으로 사람들은 상사가 이미 일하는 방식을 바꿨다면 자신들도 더 일하는 방식을 바꾸려고 한다는 것을 발견했다. 관리자가 새로운 개념을 팀원들에게 도입할 때 이미 시도해보고 그 이점을 직접 경험한 관리자는 외부인보다 그 가치를 훨씬 더 잘 전달할 수 있으며, 더 많은 채택을 촉진할 수 있다.

　불과 몇 주 만에 팀원 전체에게 받은 편지함 제로를 달성하고 유지하는 방법을 교육했다. 사후에 COO와 이야기를 나누면서 그는 이 과정이 매우 쉬웠다고 회상했다. 예상대로 몇몇 사람들을 참여시키기가 더 어려웠지만, 모두가 동참하는 데는 그리 오래 걸리지 않았다. 그는 사람들이 받은 편지함을 시각적으로 정리하고 나면 즉시 그 이점을 깨닫고 계속해서 매일 받은 편지함 제로를 실천하려는 동기를 가질 수 있었다고 말했다. 사람들은 받은 편지함에서 살아야 했던 삶에서 받은 편지함을 정리하고 다른 업무에 집중할 수 있게 되었다.

　그들은 받은 편지함 제로를 도입하는 것만으로도 주당 평균 하루의 업무 시간을 절약할 수 있었다고 했다. 이는 65명으로 구성된 팀 전체에서 연간 3,250일의 누적 근무일을 절약한 것과 같다. 만약 평균 시급이 $50이고 하루 8시간 근무를 고려하면 연간 130만 달러의 비용을 절감할 수 있다. 그리고 이는 그 시간을 재투자할 수 있는 방법이나 빠른 응답 시간으로 인해 더 많은 매출을 창출했는지는 고려하지도 않았다.

> "우리는 아마도 모든 사람에게 하루 중 2~3시간 정도를 돌려준 셈이다. 이메일을 확인하는 빈도가 줄어들고 받은 편지함에서 살지 않았기 때문이다."
>
> **-라인드라이브 COO**

그렇다면 새롭게 얻은 시간으로 무엇을 했나? 우선 퇴근 전후의 여가 시간을 이메일에 소비하던 사람들이 더 이상 그렇게 할 필요가 없어졌다. 그들은 원하는 일을 하면서 그 시간을 보낼 수 있게 되었고, 업무가 끝이 없다는 느낌을 완화하는 데 도움이 되었다. 이제 직원 모두가 원했던 자기계발에 시간을 투자할 수 있게 되었다. 사회성 측면으로 보면, 매주 요가 클래스를 주최하고 서로 레시피를 공유하기 시작했다. 그 결과 팀 유대 활동에 시간을 할애하고 팀 문화를 강화할 수 있었다.

비즈니스 관점에서 볼 때, 라인드라이브의 영업 사원은 그들의 후 순위에 있었던 신규 고객 교육 및 고객 관리에 더 많은 시간을 할애할 수 있었다. 이전에는 금요일을 한 주 동안의 영업 통화가 끝난 후 서류 과제와 후속 조치를 위한 '따라잡기 날'로 사용하는 것이 일반적이었지만, 보다 효율적인 주중 근무를 통해 영업팀은 이제 신규 고객 전환과 모든 관리 업무의 균형을 맞출 수 있게 되었다. 교육에 관련된 모든 행정 업무의 균형을 맞출 수 있게 되어 보다 일관된 결과를 낳고 실수를 줄일 수 있었다.

그리고 첫 번째 단계로 받은 편지함 제로를 수행함으로써 운영 효율성의 이점을 더 많은 팀원에게 알릴 수 있었다. 그 결과 향후 행동 변화가 더 쉬워졌고, 심지어 그의 팀은 이제 새로운 툴의 개념에 대해 COO의 말에 따르면 "침을 흘리게" 되었다(내가 아니라 그의 말이다). 그들은 이제 CPR 프레임워크의 다른 많은 툴과 개념을 채택했다.

투명하게 말하자면, 이것은 받은 편지함 제로를 수행하는 가장 좋은 시나리오이다. 모든 사람이 일주일에 하루를 돌려받을 수 있다고 말하지 않겠다. 사실이 아니니까. 하지만 실제로 일어날 수 있는 일이며, 라인드라이브는 확실히 실제 사례이다. 하지만 이메일 사용량을 조금만 개선해도 팀 전체에서 기하급수적으로 시간을 절약할 수 있으며, 이메일과 같이 모든 사람에게 영향을 미치는 문제부터 시작하는 것이 효율성에 영향을 미치고 팀원들이 업무 속에 빠져 허우적대지 않고 효과적인 방법이라는 것을 증명할 수 있는 좋은 방법이다.

세 가지 핵심 사항

1. 이메일은 다른 사람들이 추가할 수 있는 외부 할 일 목록일 뿐이다.
2. 이메일은 부메랑 효과가 있다. 더 많이 보낼수록 더 많이 받게 된다.
3. 이메일이 받은 편지함에 도착했을 때 취할 수 있는 조치는 세 가지이다: 답장, 보관 또는 연기.

전문가 팁

• 보다 통합된 받은 편지함을 사용하려면 지메일이나 아웃룩에서 대

화 보기(Conversation View)를 사용해 보라. 이전 메시지는 아래에 숨겨져 있고 최신 메시지가 위에 위치하게 하여 메시지를 시간순으로 한 스레드(Thread, 맥락)에 정렬하는 편리한 기능이다.

- 모든 이메일 리마인더 끄기. 이메일에 대한 리마인더는 이메일이 사용자를 통제하고 주의를 분산시켜서 이메일의 목적을 완전히 무너뜨린다.

- 키보드 단축키를 사용하라. 사소해 보일 수도 있지만 간단한 키보드 단축키를 사용해 이메일을 보관하거나 받은 편지함 내에서 다른 기능을 처리할 때 시간을 절약할 수 있다. 하루에 100통의 이메일을 받고 키보드 단축키를 사용하여 2초를 절약할 수 있다면, 이는 단축키를 사용하는 것만으로도 1년에 거의 이틀을 더 근무할 수 있다.

- 이메일 툴의 검색 기능을 사용하면 받은 편지함에 있든 보관함에 있든, 필요한 거의 모든 이메일을 한 번에 찾을 수 있다. 발신자를 검색하고 몇 가지 관련 키워드를 포함하면 일반적으로 몇 초 안에 이메일을 찾을 수 있다.

- 보관함의 공간이 부족할까 봐 걱정하지 마라. 그야말로 수십만 개의 이메일을 보관할 수 있는 충분한 공간을 가진 현대 클라우드 기반 이메일 툴에서 보관함이 가득 차는 것에 대해 걱정할 필요가 없다. 만일 공간이 부족하다면 더 많은 공간을 확보하는 가장 좋은 방법은 보관된 이메일을 첨부파일 크기별로 정렬하고 가장 큰 첨부파일 몇 개를 삭제하라. 몇 년 동안은 더 사용할 수 있다.

다음 단계는?

이메일 받은 편지함을 깔끔하게 정리하고 조직 외부의 사람들과 소통하는 방식을 최적화했다. 하지만 팀과의 커뮤니케이션은 어떨까? 이를 위해서는 내부 커뮤니케이션 툴을 사용해야 한다. 하지만 항상 그렇듯이 툴을 설정하고 올바른 방법으로 사용해야 하는데, 다음 장에서 바로 그 방법을 설명하겠다.

4

내부 커뮤니케이션

우리는 슬랙은 신경계, 결합 조직 또는 내부 네트워크와 같다고 표현하기도 한다.

- 스테워드 버터필드(STEWART BUTTERFIELD),
슬랙의 창업자 겸 CEO

문제: 팀은 내부적으로 커뮤니케이션을 해야 하지만, 이 중 많은 부분이 이메일과 문자 메시지를 통해 이루어진다. 그 결과 대화가 단절되고 정보를 공유하기 어렵다.

해결책: 내부 커뮤니케이션 시스템을 수행하면 팀이 주제별로 커뮤니케이션이 체계화되고, 재미있으며, 대화가 자연스럽게 집중될 수 있는 중앙 지휘 센터를 만들 수 있다.

2020년 봄, 코로나19 팬데믹은 많은 사람들이 예측하지 못했던 방식으로 전 세계 인력을 변화시켰다. 전체 기업이 거의 하룻밤 사이에 원격 근무로 전환한 이런 급격하고 빠른 전례는 찾아볼 수 없었다. 불과 몇 주 만에 미국의 44%에 해당하는 직원이 재택근무를 하고 있으며, 이는 팬데믹 이전에는 17%에 불과했던 지표이다.

이러한 변화를 환영하든 환영하지 않든, 모든 원격 팀이 감당해야 하는 한 가지 간단한 현실은 완전히 새로운 툴, 새로운 사고방식, 새로운 운영 방식이 필요하다는 것이었다. 가장 널리 퍼진 변화 중 하나는 슬랙 Slack), 마이크로소프트 팀스(Microsoft Teams), 줌(Zoom)과 같은 내부 커뮤니케이션 툴(또는 플랫폼)의 채택이다.

조직은 전적으로 이메일을 통한 커뮤니케이션은 원격 환경에서 작동하지 않는다는 것을 빠르게 깨달았다. 실제로는 새로운 것이 아니며 많은 원격 근무자들이 수년 동안 사용해 왔고 칭찬을 아끼지 않았던 이러한 '새로운' 내부 커뮤니케이션 툴의 사용은 빠르게 확산되었다. 소규모 기업부터 대기업까지 모두 며칠, 또는 몇 주 안에 새로운 내부 커뮤니케이션 툴을 사용하게 되었다.

이제 어떤 형태로든 원격 근무는 보편화 되었다. 하지만 내가 보기에 코로나19 팬데믹은 단순히 피할 수 없는 일을 몇 년 앞당겼을 뿐이다. 이것은 항상 일의 미래였고 그리고 우리는 지금 그 속에서 살고 있다. 전 세계 인재를 채용할 수 있고 출퇴근 시간을 줄일 수 있는 등 원격 근무의 이점은 분명하지만, 이 책은 원격 근무에 관한 책이 아니다.

현실은 대부분의 조직이 필요에 의해 2020년에 도입한 내부 커뮤니케이션 플랫폼은 훨씬 더 일찍 도입했어야 했다. 이메일과 문자 메시지로 팀을 관리하려는 것은 실행 가능한 솔루션이 아니다. 이러한 툴은 모든 조직에서 효율적인 커뮤니케이션 시스템을 구축하기 위한 열쇠이다. 하지만 알다시피, 차이를 만드는 것은 툴 자체가 아니다.

이 장에서는 내부 커뮤니케이션 툴이 중요한 이유와 툴이 제공하는 이점, 그리고 그 활용 방법에 대해 논의하겠다. 이러한 툴이 이제 모든 비즈니스의 필수 요소가 되어야 하는 이유와 신규 사용자가 툴을 도입할 때 흔히 저지르는 몇 가지 간단한 실수를 피하는 방법을 알아보자.

무엇이 큰 일일까?

그렇다면 이러한 내부 커뮤니케이션 플랫폼의 장점은 무엇일까? 원격 근무를 위해 팀을 구성하든, 단순히 효율적인 커뮤니케이션을 위해 원격 근무를 원하든, 단순히 더 효율적인 커뮤니케이션을 원하든, 내부 커뮤니케이션 툴은 기술 파트의 필수 요소이다. 크게 보면 몇 가지 주요 이점을 제공한다:

- 대화가 주제 및 팀별로 정리된다.
- 제3자 통합으로 산만함 및 맥락 전환이 감소된다.
- 대화 히스토리를 통해 누구나 쉽게 이해할 수 있다.

원격 팀과 대면 팀 모두에게 이러한 툴은 빠르고, 간편하고, 체계적이고, 간소화된 방식으로 소통할 수 있다. 내부 커뮤니케이션을 간소화하면 팀 생산성과 문화를 향상시킬 수 있다. 하지만 질문이 생긴다: 왜 이메일만 사용해 커뮤니케이션하지 않을까? 그리고 두 개의 소프트웨어가 하나보다 나은 이유는 무엇일까?

이메일의 가장 큰 문제점은 대화가 쉽게 사라질 수 있다는 것이다. 이메일 대화는 주제별이 아닌 날짜별로 메시지가 정리되기 때문에 찾기가 어려울 수 있다. 새로운 직원을 이전 대화에 참여시키기가 어렵고, 과거 대화에서 사람을 삭제하는 것도 불가능하다. 이로 인해 새로운 사람들을 빠르게 파악하고 더 이상 관련이 없는 민감한 정보를 다른 것으로부터 제거하기가 어렵다.

반면 내부 커뮤니케이션 툴은 이메일로는 복제할 수 없는 레벨의 조직을 제공한다. 따라서 과거 메시지를 더 쉽게 참조할 수 있으며, 자신에게 해당되지 않는 메시지의 리마인더를 줄일 수 있다.

그들은 더 재미있고, 더 쉽고, 더 스트레스 없이 서로 소통함으로 인해 문화를 개선시킬 수 있다. 이메일처럼 매번 메시지를 작성하고 검토하는 데 5분을 소비할 필요가 없다. 이모티콘, GIF, 이미지로 더욱 재미있고, 개성 있고, 생생한 커뮤니케이션이 가능하다.

새로운 팀원을 팀에 추가할 때, 이들은 빠르게 채널과 과거 대화를 검토하여 빠르게 적응할 수 있다. 이러한 커뮤니케이션이 모두 이메일 계정에 보관되어 있었다면, 새로운 사람에게 필요한 전후 사정을 제공하기 위해 얼마나 많은 이메일을 찾아서 분류하고 전달해야 하는지 상상해 보라.

하지만 이러한 모든 이점은 슬랙 또는 마이크로소프트 팀스를 설치한다고 해서 마법처럼 일어나는 것이 아니다. 이러한 이점은 팀이 이러한 툴을 언제, 어떻게 사용해야 하는지 이해할 때에만 실현된다. 조율이 핵심이다. 팀원 중 몇 명이 이러한 툴을 사용하는 경우 다른 모든 사람의 생산성에 영향을 미칠 수 있다. 하지만 모든 사람이 언제 어디서 커뮤니케이션을 해야 하는지 조율된다면, 팀원들과 소통하는 것뿐만 아니라, 필요할 때 과거 메시지와 정보를 검색하는 것도 매우 간단해진다.

좋은 소식은 이 문제가 로켓 과학이 아니라는 것이다. 사실이다. 이제 이러한 내부 커뮤니케이션 툴이 어떻게 작동하는지, 그리고 어떤 특정 툴을 사용하든 간에 어떻게 설정할 수 있는지 알아보겠다.

워키토키를 사용해야 할 때

내부 커뮤니케이션 플랫폼을 사용하는 실제 메커니즘은 매우 간단하지만, 이러한 툴을 수행할 때 가장 어려운 부분은 사용할 시기를 팀과 합의하는 것이다. 소통할 수 있는 방법이 너무 많기 때문에, 각 툴의 사용 시점에 대한 생각이 다를 것이다. 하지만 이는 보물 찾기를 더욱 악화시킬 뿐이다.

여기서 이해해야 할 가장 중요한 것은 업무 관리 툴을 대신해서 이들 툴 중 하나를 언제 사용해야 하느냐이다. 이에 대해 뒷장에서 업무 관리 툴의 측면에서 논의할 것이다. 지금은 그냥 숲속에서 캠핑을 하는 것에 비유해 보겠다.

이 툴은 워키토키이다. 실제 워키토키를 생각하면 할 수 있는 일이 많지 않다. 예를 들어, 누군가에게 마감일을 지정하는 데는 적합하지 않다. 또한, 할 일 목록을 만들거나 완료하는 데에도 좋지 않다. 궁극적으로 내부 커뮤니케이션 플랫폼은 업무 수행을 관리하기 위해 설계된 것이 아니다.

하지만 대화를 나누기에는 좋다. 예를 들어, 여러 사람이 참여하는 모든 유형의 지속적인 커뮤니케이션은 내부 커뮤니케이션 툴 내의 채널에 적합하다. 브레인스토밍, 의사 결정에 대한 검토, 그리고 회사 공지사항 작성을 위해서도 좋다. 또한, 원격 근무 팀의 경우 종종 놓치기 쉬운 고전적인 '워터 쿨러(water cooler)' 채팅(휴식 시간에 하는 동료 간 대화)을 대체하기에 아주 좋다.

> 레버리지에는 실제로 일반 채팅에 사용되는 #워터쿨러라는 채널
> 이 있다. 이 채널은 서로간의 연결을 유지시키는 좋은 방법이다.

크게 보면 내부 커뮤니케이션 툴은 *대화와 공지*를 위한 툴이고, 업무 관리 툴은 *업무 수행*을 위한 툴이다. 다음은 몇 가지 예시이다:

내부 커뮤니케이션 툴	
대화	브레인스토밍, 회사와 팀 공지, 가벼운 대화
업무 관리 툴	
업무 수행	조치 항목, 프로젝트와 포트폴리오 업데이트, 현재, 혹은 미래에 할 업무를 촉진하는 메시지

　　그렇다고 내부 커뮤니케이션 툴에서 업무에 대해 이야기할 수 없다는 것은 아니다. 실제로 프로젝트에 대한 아이디어를 브레인스토밍하거나 프로젝트에 대한 아이디어를 구상하거나 팀에게 중요한 결정에 대해 물어볼 수 있는 완벽한 장소이다. *일이 명확하지 않거나 명확한 실행 항목이 없을 때 내부 커뮤니케이션 툴을 사용하여 명확성을 찾을 수 있다.*

　　업무가 보다 명확해지고 실행 가능한 상태가 되면 관련 정보를 업무 관리 툴로 옮겨야 한다. 이 과정이 모호하게 느껴질 수 있으므로 실제로 어떻게 작동하는지 예를 들어, 보겠다. 내 말이 정확히 무슨 뜻인지, 그리고 이것이 왜 중요한지 정확히 알 수 있을 것이다.

예시: 휴일 프로모션에 슬랙(Slack) 사용

　　마케팅 팀을 이끌고 있는데 몇 달 후에 다가오는 연말연시 시즌에 진행할 프로모션을 준비해야 한다고 가정해 보라. 결정을 내리기 전에 팀원들과 브레인스토밍 회의를 통해 몇 가지 아이디어를 얻으려고 한다.

　　그래서 '휴일 – 프로모션 – 2023'이라는 새 슬랙 채널을 만들고 마케팅 팀을 이 채널에 추가하여 아이디어를 브레인스토밍한다. 다음 일주일 정도 동안 당신 모두는 이 채널을 사용하여 캠페인 전략과 홍보할 제품에 대한 아이디어를 구상한다. 사람들은 각자의 시간에 아이디어를 제시하고 피드백으로 응답한다. 당신 의 팀원들과 과거에 무엇이 효과가 있었는지, 무엇이 효과가 없었는지에 대해 좋은 대화를 나눈다. 심지어는 생각지도 못했던 훌륭한 아이디어도 들을 수 있다!

한 주가 진행됨에 따라 프로모션의 컨셉을 구체화하기 시작한다. 가장 인기 있고 실현 가능한 아이디어를 목록으로 수집한다. 사람들에게 선호하는 아이디어에 이모티콘을 남기도록 요청하여 간단한 투표를 실시한다. 최종적으로 회의를 열어 어떤 옵션을 선택할지, 다음에 해야 할 일을 명확히 하기 위해 회의를 예약한다.

이 회의에서는 모두가 이미 같은 생각을 하고 있다. 모두 홍보할 제품과 그 뒤에 숨은 전략에 대해 의견을 조율한다. 이러한 설명이 끝나면 다음에 해야 할 일의 목록이 만들어지기 시작한다. 이 목록은 휴일 프로모션을 위한 업무 관리 툴의 새 프로젝트에 추가되고 곧이어 팀 내 다양한 사람들에게 기한이 지정된 12개의 과제가 할당된다. 추진 일정이 만들어진다.

사람들이 질문이나 추가 아이디어가 있으면 먼저 슬랙 채널에 올리게 된다. 일단 명확하게 정리되고 과제 항목으로 전환되면 업무 관리 툴로 전달되고 마감일이 지정되어 적절한 담당자에게 할당된다.

연휴 2주 전, 모든 것이 제시간에 맞춰 프로모션이 시작된다. 대부분의 업무는 이미 완료되었으며, 모두가 성공적인 출시를 위해 해야 할 일(그리고 언제까지)을 알고 있다. 출시한다. 브레인스토밍 세션으로 시작했던 회의가 프로젝트가 되었고, 프로젝트는 일련의 작은 업무로 바뀌었다. 성공적인 홀리데이 프로모션이 탄생했다. 프로모션이 끝나면 슬랙 채널을 보관하고 다음 프로젝트의 우선 순위를 정할 수 있다.

이메일과 마찬가지로 이러한 툴에는 일반적으로 보관 기능이 있어 과거 대화를 삭제하지 않고 분리시킬 수 있다.

슬랙이 브레인스토밍과 일이 실제로 시작되기 전에 발생되는 대화들을 보관하는 데에 얼마나 유용한지 확인해보라. 하지만 일단 업무가 명확해졌다면, 더 큰 프로젝트 내에서 개별 과제로 세분화할 수 있는 업무 관리 툴에 추가하여 개별 과제로 분류하고, 적절한 사람에게 할당하고, 마감일을 지정할 수 있다. 이렇게 하면 과제가 실제로 완료되고 팀 리더인 당신이 모든 사람의 진행 상황을 추적할 수 있다.

정리하기

내부 커뮤니케이션 툴이 일반적으로 어떻게 구성되어 있는지 살펴보자. 대부분의 경우 간단한 계층 구조가 있다:

- 특정 부서 또는 주제와 관련된 사람들을 수용하는 채널.
- 일대일 또는 소규모 그룹 대화에 사용되는 쪽지(Direct Message).

이 시스템의 장점은 어디에서 커뮤니케이션을 해야 하는지가 분명하다는 것이다. 메시지가 특정 주제와 관련이 있는 경우 해당 주제의 채널로 이동한다. 그렇지 않으면 쪽지로 전달된다.

채널은 과거로 돌아가서 참여할 수 있지만 쪽지는 일반적으로 불가능하다.

하지만 이러한 각 조직 계층을 언제, 어떻게 사용해야 하는지에 대한 전략은 이보다 조금 더 복잡하다. 그리고 시간을 들여서 미리 분석해 볼 가치가 있다. 이 이해와 함께 처음부터 툴을 올바르게 설정할 수 있다.

(그리고 팀원 모두가 이 책을 읽으면 툴을 언제 어떻게 사용할지 조율할 수 있다.)

채널은 일반적으로 특정 주제나 프로젝트에 관한 대화를 보관하는 데 사용된다. 채널은 진행 중인 과제나 일회성 상황에 사용할 수 있으며, 이 경우 채널이 만들어지고 사용되며 더 이상 필요하지 않게 되면 보관된다(즉, 과거의 커뮤니케이션은 계속 참조할 수 있지만, 채널은 더 이상 활성화되지 않음).

방금 마케팅팀에서 연말연시 프로모션을 위해 어떻게 채널을 가지게 되었는지 보았다. 하지만 이는 많은 마케팅 채널 중 하나에 불과할 가능성이 높다. 팀 전체가 마케팅 관련 대화를 나눌 수 있는 일반 마케팅 채널을 통해 기타 마케팅 관련 대화를 나눌 수 있다. 소셜 미디어, 콘텐츠 제작, 광고 등 보다 구체적인 마케팅 채널이 있을 수도 있다. 이러한 채널 중 일부는 (휴일 프로모션 채널과 같이) 일시적인 채널도 있고 소셜 미디어 채널과 같이 영구적인 채널도 있다.

이 기능이 일상적인 업무와 팀에 새로운 사람을 추가하는 데 얼마나 도움이 되는지 알 수 있다. 예를 들어, 소셜 미디어 팀의 새 구성원이 회사 전체에 자신을 소개할 수 있다. 그런 다음 마케팅 채널에서 마케팅 팀원들을 알게 되고 소셜 미디어 채널에서 소셜 미디어와 관련된 최신 소식을 접할 수 있다. 이러한 툴은 가상의 사무실처럼 작동한다.

재무팀에는 예산, 미지급금, 미수금 등을 위한 채널이 있을 수 있다. 이러한 채널에는 해당 주제와 관련된 사람들만 포함될 수 있다. 각 주제와 관련된 모든 대화를 수용한다. 따라서 회계 담당자가 예산에 대한 질문이 있으면 재무팀 내의 예산 채널에 게시할 수 있다. 하지만 무작정 채널을 만들기 전에 몇 가지 중요한 기본 규칙을 살펴보자.

기본 규칙

내부 커뮤니케이션 플랫폼이 효과적으로 작동하려면 채널을 언제, 어떻게 만들 것인지에 대한 전략이 있어야 한다. 그렇지 않으면 더 나은 방향으로 나아가는 것이 아니라 더 악화시킬 뿐이다.

한 가지 고려 사항은 채널을 공개해야 하는지(조직의 모든 사람이 보고 참여할 수 있음) 또는 *비공개*로 설정할지(사용자가 초대를 받아야 함) 여부이다. 비공개 채널과 공개 채널을 둘 다 사용할 수 있지만, 어느 쪽을 기본값으로 설정하는 것이 좋다. 어떤 것이 최선인지에 대해서는 논쟁의 여지가 있다. 하지만 일반적으로 비공개 채널을 기본값으로 설정하는 것이 좋다. 그 이유는 공개 채널은 민감한 정보를 공유하면 누구나 볼 수 있고, 사람들이 필요 이상으로 많은 채널에 가입하게 되어 불필요한 주의를 분산시킬 수 있다.

하지만 공개 채널로 기본 설정하는 경우의 한 사례가 있다. 미래 포럼의 총괄 리더이자 슬랙의 수석 부사장인 브라이언 엘리어트(Brian Elliott)는 검색 기능이 훨씬 더 기능적으로 향상되고 더 많은 투명성 문화를 장려하기 때문에 공개 채널을 선호한다. 비공개 채널에서는 초대된 채널의 결과만 검색 기능에 표시되지만, 모든 채널이 공개인 경우에는 놓쳤을 수도 있는 채널의 결과까지 볼 수 있다. 전체 CPR 프레임워크를 수행할 계획이라면, 회사 정보를 보관하는 지식 베이스(Knowledge Base)를 사용해서 이 문제는 대부분 제거할 수 있다. 그러나 회사 정보를 보관하기 위해 지식 베이스를 사용할 수는 있지만, 여전히 공개 채널은 유효한 사용 사례이다 – 특히 지식 베이스를 최신 상태로 유지하는 데 어려움을 겪고 있거나 아직 지식 베이스가 없는 회사의 경우 특히 그렇다.

반면에, 공개 채널은 투명성을 높이고 개방적인 기업 문화를 조성한다고 하지만, 사실과는 차이가 있다. 여전히 개별 채널을 검색하고 참여해야 하므로, 팀의 채널 목록을 지속적으로 살펴보고 새로운 채널에 가입하지 않는 한 투명성 측면에서 큰 차이를 경험하지 못할 것이다. 궁극적으로, 이는 각 팀이 스스로 결정해야 할 사항이다.

다음은 모두가 지켜야 할 몇 가지 간단한 기본 규칙이다. 내부 커뮤니케이션 툴 내에서 채널을 설정할 때 명심해야 할 몇 가지 간단한 기본 규칙이 있다:

1. 정렬하라. 채널이 있어야만 하는 팀으로서 채널을 정렬하 는 것은 중요하다. 피해야 할 것은 너무 많은 채널을 만들 어서 기억하기 어려워지거나 실수로 중복 채널을 만드는 것이다. 소셜 – 미디어 – 마케팅 채널과 마케팅 – 소셜 – 미디어 채널이 있는 경우, 어떤 것을 사용해야 할까? 관리자 및 부서장과의 회의를 통해 어떤 채널을 만들고 어떻게 이름 을 지어야 하는지 파악하라.

2. 권한에 대해 다시 한 번 생각하라. 일반적으로 개인은 채 널 생성에 관한 가이드라인을 이해하는 한 채널을 자유롭 게 만들 수 있어야 한다. 하지만 비공개 채널과 공개 채널 을 모두 만들 수 있는 사람을 제한하는 것이 좋다. 중복되 거나 불필요한 채널로 인해 혼란스럽고 체계적이지 않을 수 있다.

3. 설명을 제공하라. 대부분의 툴에서 각 채널에 대한 설명을 작성할 수 있다. 채널은 명확한 목적이 있어야 하며, 그 목 적이 설명으로 전달되어야 한다. 이렇게 하면 모든 사람이 각 채널의 목적과 각 유형의 커뮤니케이션을 어디에 배 치해야 하는지 소통할 수 있다.

4. 부서와 팀마다 고유한 채널이 있어야 한다. 기본 원칙은 회사의 조직도를 반영하는 방식으로 채널을 설정하는 것이 다. 많은 회사처럼 재무, 고객 서비스 및 인사 부서가 있다 면 각각에 해당하는 채널이 있어야 한다.

5. 이름 지정 규칙을 사용하라. 이름 지정 규칙에 의해서 채 널을 체
   계적으로 정리하고 정보 검색에 최적화하라. 내가 추천하는 것은
   재무 – 급여, 재무 – 부기, 재무 – 실패 – 지불과 같이 부서 뒤에 주제
   를 붙이는 것이다.

채널: 언제, 왜, 그리고 어떻게

지금 우리는 내부 커뮤니케이션 툴 내에 다양한 레벨의 조직과 이를
설정하기 위한 기본 규칙을 확립했다. 그렇다면 각각의 툴은 언제 사용
해야 할까?

일반적으로 이러한 툴의 커뮤니케이션은 대부분 채널 내에서 이루어
져야 한다. 채널은 주제와 관련된 대화에 논리적이고 간소화된 공간을
제공하기 때문이다. 이렇게 하면 해당 주제와 관련된 대화가 명확하게
기록되어 있기 때문에 정보를 쉽게 검색할 수 있다. 이러한 이점을 염두
에 두고 어떤 유형의 커뮤니케이션이 채널에 있어야 하는지 알 수 있다:

- 특정 주제와 관련된 메시지는 해당 주제와 관련된 채널에 있어야
  한다.
- 어느 시점에 다시 참조해야 할 필요가 있는 메시지도 역시 채널에
  보관해야 한다.
- 그리고 앞으로 입사할 사람들(특히 신규 신입사원)에게 도움이 될 수
  있는 메시지도 채널에 게시해야 한다.

요컨대, 진행 중인 주제와 관련된 모든 커뮤니케이션은 채널에 있어
야 한다. 두 사람만 관련된 주제라 하더라도 채널을 만드는 것이 좋다. 6

개월 후에 누군가를 대화로 끌어들이고 싶다면 어떻게 해야 할까? 채널에 있다면 클릭 한 번으로 가능하다. 쪽지 안에 있는 경우에는 불가능하다.

쪽지와 그룹 쪽지는 사적인 대화나 소규모 그룹과의 일회성 대화에는 괜찮지만, 가급적이면 분리해서 사용하는 것이 최상이다. 이러한 대화는 쉽게 사라질 수 있고 새로운 사람을 대화에 추가하는 데 어려움을 겪을 수 있다는 점에 유의하라. 조직이 이러한 툴을 채택할 때 저지르는 실수 중 하나는 쪽지와 그룹 쪽지에 너무 많이 의존하는 것이다. 채널을 사용할 때는 몇 가지 모범 사례도 고려하는 것이 중요하다.

- @채널 참조(channel references)가 미치는 영향에 유의하라. 전체 채널을 @멘션닝(Mentioning, 꼬리표 달기)하면 모든 사용자에게 리마인더가 전송된다. 중요한 메시지라면 괜찮지만, 그 영향력을 고려하라. 당신은 회사 전체에 보낸 이메일에 '모두 답장'을 누르지는 않을 것이다. 여기에도 같은 원칙이 적용된다.
- 스레드(thread, 맥락)를 사용하여 채널 내에서 대화를 정리하라. 스레드를 사용하면 대화를 망치지 않고 메시지에 구체적으로 답글을 달 수 있다. 이 기능은 새 메시지가 추가 될 때, 채널에 있는 사람들 중 관련성이 있는 사람들만 보게 한다.
- 이모티콘을 사용하여 메시지 승인하기. 누군가에게 메시지 를 보고 이해했음을 알리고 싶다면 이모티콘을 남기라! 이것은 "좋아요", "고마워요"와 같이 가치가 낮은 메시지로 채널을 어지럽히는 것보다는 좋다.

더 자세히 알아보기 전에 이 내용이 왜 중요한지 살펴보자. 처음부터 내부 커뮤니케이션 플랫폼을 설정하고 팀에게 이를 가장 잘 사용하는 방법을 교육하면 시간을 크게 절약할 수 있으며, 이는 곧 비용 절감으로 이어진다. 몇 가지 간단한 실수를 수정한 이 사례를 살펴보시기 바란다. 어떤 회사는 슬랙을 통해 천만 달러 이상의 비용을 절감했다.

@멘션(Mention)은 많은 툴에서 발견되는 기능으로서 @뒤에 특정인의 이름을 입력함에 의해서 그 사람을 가리키게 된다. 이렇게 하면 일반적으로 멘션되었다는 리마인더가 전달된다. 내부 커뮤니케이션 툴에서 전체 채널에 @멘션하여 모든 사람에게 중요한 메시지를 알릴 수도 있다.

사 례 연 구 : 1 2 5 0 만 달 러 의 낭 비

2018년에 나는 빠르게 성장하는 블록체인 기술 회사의 컨설팅을 맡게 되었다. 당시 이 회사에는 약 천 명의 직원이 있었다.

나는 이 회사의 인사 부서의 효율성을 개선하기 위해 투입되었지만, 처음 이 회사의 슬랙을 살펴봤을 때 워크스페이스(workspace)를 보니 몇 가지 문제가 보였다. 한동안 사용해 왔고 팀원들도 그 기능에 대해 잘 알고 있었지만, 그들은 이 툴을 가장 잘 사용하는 방법에 대해 생각해 본 적이 없었다. 문제는 슬랙이 모든 팀원들의 주의를 산만하게 하여 이 환상적인 툴이 생산성 저하로 이어졌다. 하루 종일 계속되는 보내기와 리마인더로 인해 사람들의 주의가 산만해졌다.

가장 먼저 눈에 띄는 것은 모든 종류의 주제를 다루는 수백 개의 채널이 있다는 점이다. 이것이 첫 번째 문제였다. *채널이 모두 올바른 목적에 부합한다면* 채널이 많다고 해서 문제가 될 것은 없지만, 이 경우에는 많은 채널이 중복되거나 하나로 합칠 수 있는 비슷한 주제에 집중되고 있었다. 예를 들어, 3개의 요가 채널이 있었다. (요가-1, 요가-2, 요가-3). 요가 채널을 만들어서 요가 동료들과 채팅할 수 있는 채널은 좋지만, 세 개의 채널이 필요하지 않다. 다른 많은 중복 채널과 마찬가지로, 이 채널들은 채널 이름 지정 전략을 통해 아무도 시간을 들여 생각해 보지 않았기 때문에 만들어졌다.

이 요가 채널의 예는 꽤 평범하지만 다른 비즈니스 중심의 중복 채널이 몇 가지 문제를 일으켰다. 그들은 (양쪽의 채널이 아닌) 하나의 채널에 있었기 때문에 중요한 업데이트를 놓치고 있었으며, 중복된 채널 중 어느 채널에 어떤 내용이 있는지 파악해야 했기 때문에 과거 메시지를 찾기가 매우 어려웠다.

1단계

솔루션의 첫 번째 파트는 *모든 중복 채널을 제거하고 결합하는 것이* 었다. 경우에 따라서는 중복 채널에 있던 내용의 요약을 원래 채널에 추가하여 중요한 정보가 손실되지 않도록 했다. 이렇게 해서만 수십 개의 채널을 제거하여 정보를 더 쉽게 검색할 수 있고 불필요한 리마인더를 줄였다.

2단계

솔루션의 두 번째 파트는 대부분의 채널을 비공개로 설정하고 각 채널에 참여할 사용자를 선택하는 것이었다. 처음 슬랙 워크스페이스에 대한 액세스 권한을 부여받았을 때, 얼마나 많은 채널이 있는지 뿐만 아니라, 각 채널에 얼마나 많은 사람이 있었는지를 보고 나는 충격을 받았다! 대부분의 채널이 공개되어 있었고, 모든 채널에는 사실상 회사 전체가 참여했다. *수백* 개의 채널이 있었고 각 채널에 수백 명의 사람들이 있었다. 즉, 각 채널에 메시지가 게시될 때마다 수백 명의 사용자에게 리마인더가 전달된다는 뜻이다. 이는 그다지 효율적이지 않다.

3단계

솔루션의 세 번째 파트는 *사용자의 행동을 바꾸고 @채널 또는 @멘션 사용을 줄이는 것*이었다. 슬랙(및 대부분의 다른 내부 커뮤니케이션 플랫폼)에서는 @로 누군가를 멘션할때 해당 사용자에게 리마인더가 전달된다. 채널 사용 시 채널의 모든 사람에게 리마인더를 보낸다. 이는 사람들에게 확인해야 할 중요한 메시지를 알려주는 훌륭한 기능이다. 하지만 이 기능을 가볍게 여겨서는 안 된다. 불필요한 @멘션이 너무 많으면 끝없이 산만해질 수 있다. 바로 이런 일이 벌어지고 있는 것이다.

@멘션을 사용하는 것이 메시지를 보낼 때의 기본 동작이었으며, 이것이 동료에게 미칠 수 있는 영향에 대해 고려하는 사람은 아무도 없었다. 실수로 사무실 건물이 잠긴 후 누군가 사무실 건물에 들어갈 수 있게 해 달라고 요청했던 끔찍한 사례가 기억에 남는다. 문제는 수천 명의 사용자가 있는 채널에 이 메시지를 보냈고 @채널 멘션을 사용했다는 것이다. 이 메시지 하나로 천 명에게 리마인더를 보냈는데, 그중 다수는 완전히 다른 도시에 있었다! 이를 이메일에 비유하면 천 명의 이메일에 모두 답장을 보내는 것과 같다. 우리 대부분이 악몽을 꾸는 것과 같다.

결과

1,000명의 사용자가 하루 평균 60건의 관련 없는 리마인더를 수신하는 것으로 추정했다. 각 리마인더가 누군가의 시간을 1분 정도 낭비한다고 가정하면, 이는 한 사람당 하루에 약 한 시간을 아무 이유 없이 낭비하고 있다는 뜻이다. 그리고 이는 보수적으로 가정한 지표이다. 평균 23분이 소요된다는 것을 이미 알고 있다. 시간당 평균 임금을 50달러로 가정하면, 이는 곧 하루에 50,000달러, 연간 1,250만 달러가 낭비되는 셈이다.

60개 리마인더 x 1분 = 1시간/일

1시간/일 x $50/시간 x 직원 수 1,000명 = $50,000/일

50,000/일 x 250 근무일/년 = $12,500,000/년

이는 조직이 내부 커뮤니케이션 툴 사용을 개선함으로써 얻을 수 있는 시간적, 재정적 절감 효과이다. 또한, 문화적인 이점도 있다. 몇 가지 변경 사항을 수행한 후, 팀원들은 더 이상 슬랙에 '실시간'으로 접속하여 작은 빨간색 리마인더 번호가 하루 종일 늘어나는 것을 보지 않아도 된다는 사실을 좋아했다. 긴장을 풀고 중요한 업무에 더 많은 시간을 할애할 수 있게 되어 마감일을 놓치는 일이 줄어들고, 스트레스가 줄어들고, 업무 환경이 덜 혼란스러워졌다.

분명히 말하지만, 이것은 격리된 사건이 아니다. 우리가 함께 일하는 *대부분의* 기업은 내부 커뮤니케이션 플랫폼의 설정과 사용에 대해 거의 고려하지 않았으며, 그 결과, 그것은 단순히 그들의 삶에 더 많은 소음을 추가하여 툴의 전체 목적을 무너뜨린다.

중 앙 명 령 센 터

지금까지는 메시징에 대해 이야기했다. 이것이 바로 내부 커뮤니케이션 플랫폼이다. 그렇지 않나? 이를 통해 팀과 소통할 수 있게 해준다.

글쎄, 그건 정확하지 않다. 내가 내부 커뮤니케이션 툴을 워키토키로 표현한 것은 알지만, 사실 이러한 툴은 단순히 메시지를 주고받는 것 이상의 기능을 제공한다. 앱(apps)과 통합(integration)은 무한한 가능성을 열어주며, 중요한 리마인더와 업데이트를 손끝에서 바로 확인할 수 있도록

내부 커뮤니케이션 플랫폼을 중앙 명령 센터로 바꾸는 열쇠이다.

　통합을 통해 다른 툴을 내부 커뮤니케이션 툴에 연결하여 필요에 따라 정보를 푸쉬, 또는 풀하면서 중개자를 없애 워크 플로우을 간소화할 수 있다. 마이크로소프트 팀스와 슬랙 안에는 당신의 툴에 직접 설치할 수 있는 다른 소프트웨어 회사로부터의 수백 개의 앱, 애드온(adds-on) 및 통합 기능이 있다. 현재 사용 중인 대부분의 툴은 내부 커뮤니케이션 툴과 쉽게 통합할 수 있다. 만약 그렇지 않다면 내가 해결책을 제시해 줄 수 있다. 하지만 그건 조금 후에 소개할 예정이다.

시간 절약형 통합

　다른 툴을 내부 커뮤니케이션 플랫폼에 연결하면 맥락(context)의 전환을 제한하고, 경우에 따라 내부 커뮤니케이션 플랫폼을 통해 툴 '안에서' 업무를 함에 의해서 워크 플로우에서 툴을 제거할 수 있기 때문에 매우 유용할 수 있다. 줌(Zoom)이 좋은 예이다.

　슬랙 워크스페이스에 줌 통합 기능을 추가하면 이를 사용하여 즉시 줌 회의를 만들 수 있다. 그냥 /zoom 을 입력하면 필요에 따라 고유한 줌 링크를 생성할 수 있다. 누군가와 임시 회의가 필요한 경우, 줌을 열 필요가 없고 초대를 보내거나 링크를 복사할 필요가 없다. /zoom만 입력하면 끝이다. 생성 버튼을 클릭하면 자동으로 시작되므로 컴퓨터에 줌을 열어 놓을 필요도 없다. 단지 몇 번의 클릭이 줄어들 뿐이지만, 내가 항상 말하듯이 진정한 생산성은 많은 작은 승리의 합계이다.

　　　이 글을 쓰는 시점에 슬랙과 마이크로소프트 팀스는 모두 툴 자체에 오디오 회의 기능이 내장되어 있다! 따라서 쪽지 또는 채널 내에서 오디오 통화를 시작할 수 있다.

　　　이러한 통합을 통해 다른 툴에서 일어나는 일을 손수 확인할 필요

없이 알 수 있다.

예를 들어, 영업 관리자는 팀이 하루 동안 얼마나 많은 거래를 성사시키는지 알고 싶을 수 있다. 결과적으로 이를 위해 하루에 몇 번씩 회사 CRM(고객 관계 관리)을 확인한다. 확인하는 데 몇 분이 걸리며, 이는 또한 맥락을 전환하고 흐름에서 벗어나게 한다.

대안으로는 영업 관리자가 CRM을 내부 커뮤니케이션 툴과 통합하여 새로운 거래가 성사될 때마다 모든 관련 정보가 포함된 자동 메시지를 받을 수 있다. 이제 영업 관리자는 하루 종일 CRM에서 거래 성사 여부를 확인할 필요 없으며 대신 중요한 업무에 집중할 수 있다. 그리고 내부 커뮤니케이션 툴을 확인할 때마다 거래 성사에 대한 최신 정보를 알 수 있다.

문화 구축 통합

일부 통합 기능을 사용하면 내부 커뮤니케이션 플랫폼을 좀 더 재미있고 개성 있게 만들 수 있다. 슬랙의 지피(Giphy)와 같은 앱을 사용하면 메시지에 재미있는 GIF를 추가할 수 있다. '잘했어'라고 입력하는 대신 '/giphy 잘했어'라고 입력하면 재미있는 GIF가 메시지에 추가된다. 우스꽝스럽게 들릴 수도 있지만, 이 기능은 가장 인기 있는 통합 기능 중 하나이며, 좀 더 재미있고 경쾌하게 만들어준다.

레버리지에서 팀 빌딩을 위해 사용한, 또 다른 앱은 도넛(Donut)인데, 이 앱은 일주일에 한 번씩 무작위로 팀원들과 서로를 알아가는 간단한 대화를 나눌 수 있다. 이 간단한 툴은 어떤 사람들은 동료들과 한 번도 교류하지 않을 수 있기 때문에 팀 빌딩에 매우 유용하다. 또한, 컬처 앰프(Culture Amp)나 래티스(Lattice)와 같은 직원 경험 플랫폼을 통합하여 직원들에게 칭찬을 줄 수도 있다.

마지막 몇 가지 예는 사소하게 들릴 수 있지만, 회사 분위기를 밝게

유지하고 회사 문화를 개선할 수 있다. 인정은 특히 중요하다. 내 친구이
자 비즈니스 멘토인 칩 콘리(Chip Conley)는 직원 인정의 중요성을 우리에
게 영감과 동기를 주는 심리적 원칙인 매슬로우(Maslow)의 욕구 계층 구
조에 빗대어 설명하는 흥미로운 책, '피크(Peak)'를 썼다. 간단히 말해서,
직업은 우리가 살아가는 데 필요한 자금을 제공함으로써 인간의 기본 욕
구를 충족시킨다. 생활에 필요한 자금을 제공함으로써 인간의 기본적인
욕구를 충족시키지만, 그 외에도 더 많은 것을 제공할 수 있고 제공해야
한다. 자신의 일을 사랑하는 직원을 더 행복하고 성취감 있게 만드는 방
법 중 하나는 직원의 성취에 대해 더 많은 인정을 해주는 것이다. 콘리는
이 개념을 더욱 발전시켜 피크 메소드(PEAK Method)로 발전시켰고 자신
의 비즈니스인 Joie de Vivre Hospitality를 미국에서 두 번째로 큰 부티크
호텔 브랜드로 성장시키는 데 도움이 되었다.

이런 것들이 중요하다고 생각하지 않는다면 이걸 생각해 보라. 콘리
의 방법은 비즈니스 성장에 큰 성공을 거두었고, 2013년에는 에어비앤비
의 창립자들이 그에게 연락하여 시스템을 도입해달라고 요청했다. 이후
그는 에어비앤비의 글로벌 호스피탈리티 및 전략 파트 책임자로 일하며
에어비앤비의 비즈니스 성장에 기여했다. (여기에는 이모티콘과 칭찬보다 조
금 더 많은 것이 포함되지만, 대략적인 내용은 이해할 수 있다.)

> 매슬로우의 욕구 계층을 직장에 어떻게 적용할 수 있는지 더 자
> 세히 알고 싶은가? 콘리의 책, '피크: 위대한 기업들이 매슬로우
> 로부터 마법을 얻는 방법(Peak: How Great Companies Get
> Their Mojo from Maslow)'을 읽어보길 적극 추천한다.

워크플로 통합

통합 기능을 사용하면 워크 플로우을 개선하여 놓치거나 누락되는 일

이 없도록 할 수 있다. 캘린더(calendar) 통합은 그날의 회의 개요를 한눈에 파악할 수 있어 매우 유용하다. 회의에 대한 개요를 제공하고 각 회의가 시작되기 전에 미리 리마인더를 보낼 수 있기 때문에 매우 유용하다. 이것을 사용하면 회의를 놓치는 일이 거의 불가능하며, 원격 회의의 경우 캘린더를 열지 않고도 내부 커뮤니케이션 툴을 통해 바로 회의로 이동할 수 있다. 일부 통합 기능에서는 자동으로 상태를 조율하여 회의에 참석 중임을 다른 사람들에게 표시하기도 한다.

일부 통합 기능에서는 내부 커뮤니케이션 툴을 벗어나지 않고도 다른 툴에서 간단한 과제를 완료할 수도 있다. 예를 들어, 아사나-슬랙(Asana-Slack) 통합을 사용하면 과제에 댓글을 달고, 과제를 완료로 표시하고, 프로젝트 간에 업무를 이동하는 등의 과제를 슬랙을 벗어나지 않고도 수행할 수 있다. 구글 캘린더(Google calendar) 통합을 사용하면 캘린더를 열지 않고도 회의에 당신의 참석 상태를 변경할 수 있다.

이는 몇 가지 예에 불과하지만, 말 그대로 수백 가지의 앱, 애드온 및 통합 기능을 내부 커뮤니케이션 플랫폼과 함께 사용할 수 있다. 무엇보다도 이러한 앱은 설치 및 사용이 쉽다. 대부분의 앱이 박스(Box)에서 시간 저장 기능을 제공하기 때문에 설정을 '땜질'할 필요가 없고, 혹은 설정이 거의 필요하지 않다. 추가로 그들을 사용자 정의하고 싶다면 그 옵션도 가질 수 있다.

> 더 많은 예시를 보고 싶다면 comeupforair.com에서 자피어(Zapier)로 만든 커스텀(custom)을 포함하는 내부 커뮤니케이션에 유용한 통합 툴 목록에 액세스할 수 있다.

사례 연구: 푸리(POURRI)

이전에 설정을 조금만 변경하면 조직 전체에서 시간을 절약할 수 있는 방법에 대해 논의했다. 반면에 푸리(Pourri)와의 협업은 커뮤니케이션 툴이 가져올 수 있는 광범위한 영향을 보여주는 완벽한 예이다.

2006년에 처음 시작된 이래로, 이전 명칭인 푸-푸리 (Poo-Pourri)는 이제 유명 브랜드가 되었다. 이 '천연 냄새 제거제'는 전 세계 욕실에서 흔히 볼 수 있으며, 이들의 기발한 광고는 총 3억 5천만 회 이상의 조회수를 기록했다.

푸리는 더 많은 제품을 더 빨리 출시하기를 원했고, 내부적으로는 60명으로 구성된 팀과 외부적으로는 수백 명의 공급업체 및 파트너와 협업하는 현재의 방식을 개선할 필요가 있었다. 그들은 이메일부터 문자 메시지, 왓츠앱(WhatsApp) 그룹 채팅, 인스타그램(Instagram) 메시지 등 다양한 방법으로 소통하고 있었지만, 각각의 사용 시점에 대한 명확한 시스템이 없었다.

정보를 찾는 데 시간이 많이 걸렸고, 어떤 경우에는 사람들이 필요한 정보에 액세스할 수조차 없었고, 모든 사람에게 관련 없는 리마인더가 쏟아졌다.

이러한 모든 혼란으로 인해 제품 출시에 대한 추진력과 신규 직원들이 그들의 팀을 성장시키도록 유지하기가 어려웠다. 또한, 실망스러웠다! 아무도 특히 동료들을 귀찮게 하는 경우에는 업무에 필요한 정보를 검색하는 데 20분을 쓰고 싶어하지 않았다. 이미 알고 있듯이 직원들은 푸시(push)형 커뮤니케이션 환경에서 살고 있었기 때문에 변화가 필요했다.

특히 CEO이자 설립자인 수지 바티즈(Suzy Batiz)는 이메일을 좋아하지 않았고 - 모든 이메일을 확인하고 답장할 시간이 없었다. (자신의 창의력에 비효율적인 사용이었을 것이다.)

이 경우 내부 커뮤니케이션 툴 - 이 경우에는 슬랙 - 을 수행하는 것은 당연한 해결책이었다. 하지만 단순히 툴을 수행하는 것 이상으로 푸리의 팀은 이러한 변화가 왜 필요한지, 언제 어떻게 사용해야 하는지 이해해야 했다.

혁신을 통해 빠르게 성장한 포푸리는 이러한 사고방식을 업무 방식에 적용할 준비가 되어 있었다. 그들은 변화에 개방적이었고, 이러한 변화가 개인과 회사에 어떤 이점을 가져다줄지 알았다 - 좋은 시작이었다.

하지만 새로운 툴을 추가하는 것은 결코 쉬운 일이 아니다. 그렇기 때문에 우리는 리더십 팀과 심도 있게 논의하여 다른 팀원들을 참여시키기 전에 올바른 채널 구조를 만들었다. 이 과정을 3개월에 걸쳐 했기 때문에 나머지 팀원들이 슬랙에 합류했을 때, 리더십 팀은 절대적인 전문가가 되어 대부분의 문제나 장애물을 스스로 해결할 수 있었다.

이 시간의 대부분은 특정 대화가 어디에 위치해야 하는지 파악하는 데 사용되었다. 채널에 언제 무언가를 추가해야 하나? 어느 채널에 게시해야 할까? 언제 쪽지를 사용하는 것이 합리적일까? 슬랙과 이메일 또는 다른 툴을 언제 사용하나?

이러한 상황에 접근하는 방법에 대해 모두가 동의하면, 모든 것이 매우 논리적이 된다. 그리고 처음부터 경영진을 완전히 참여시켰기 때문에 나머지 다른 팀원들의 광범위한 채택도 쉬웠다. 상사가 모든 사람이 따를 수 있도록 모범을 보인다면 훨씬 더 쉽게 동참시킬 수 있다.

푸리 팀은 이 모든 것을 매우 빠르게 파악하고 몇 달 만에 푸시 커뮤니케이션에서 풀 커뮤니케이션 환경으로 전환했다. 이러한 변화는 시간 절약과 문화적 이점을 모두 가져왔다고 마케팅 담당 수석 부사장은 설명한다: "우리는 옵트인(opt - in, 참여) 및 옵트아웃(opt - out, 빠져나옴)이 가능한 환경이 필요했다. 그래서 우리는 우리와 관련된 것만 받고 그렇지 않은 것은 피하고 있다."

　본질적으로, 푸리 팀은 불필요한 방해 요소 없이 필요한 모든 것에 쉽게 액세스할 수 있었다. 또한, 이메일의 형식과 양을 줄임으로써 팀의 정신 건강이 개선되었고 결과적으로 전반적인 생산성이 향상되었다. 이 회사는 이 기능을 도입한 후 조직 전체의 최소 20%의 생산성 향상을 경험했다고 추정한다. 하지만 무엇보다도 사무실 안에서든 밖에서든, 상호작용을 명확하고 간단하며 쉽게 만들어 개인, 팀, 비즈니스 전체에 복합적인 영향을 미쳤다.

세 가지 핵심 사항

1. 내부 커뮤니케이션 툴은 대화, 브레인스토밍, 공지사항 작성에는 유용하지만 업무 수행에는 적합하지 않다.
2. 채널은 진행 중인 대화를 주제별로 정리한다.
3. 통합 기능을 사용하면 내부 커뮤니케이션 툴을 항상 당신의 손 끝에 있는 임무수행에 필수적인 중앙 지휘 센터로 전환할 수 있다.

전문가 팁

- 이름에 얼굴을 입혀라. 프로필 사진이 중요하다! 내부 커뮤니케이션 툴(그리고 다른 툴도 마찬가지이다.)을 설치하자마자 프로필 사진을 추가하라.
  우리 레버리지에서는 엄격한 규칙이 있다 - 누군가의 이니셜을 보고 싶어하는 사람은 없다.

- 별표, 또는 즐겨 찾는 채널과 메시지를 손끝에서 보관할 수 있다. 슬랙의 '별표' 기능이나 마이크로 팀스의 '즐겨찾기' 기능을 사용하여 자주 사용하는 채널, 쪽지, 또는 그룹 메시지를 사이드바 상단에 보관하여 쉽게 액세스할 수 있다.
- '읽지 않음 표시', 또는 '리마인더' 기능을 사용하라.

  메시지를 받았지만, 나중에 처리하고 싶으면 '읽지 않음 표시'를 누르면 리마인더가 그대로 유지된다. 또는 '리마인더'를 누르고 메시지(및 리마인더)에 대한 시간을 눌러 메시지(및 해당 리마인더)가 다시 표시되도록 할 수 있다.
- 업무 항목인 경우에는 내부 커뮤니케이션 툴에 속하지 않는다. 내부 커뮤니케이션 툴의 용도는 의사소통, 질문, 브레인스토밍, 문화를 구축하고 정보를 공유하기 위한 툴이다.

  이러한 툴은 업무를 촉진하거나 마감일을 추적하거나 팀의 업무량을 모니터링하기 위한 툴이 아니다.

  이에 대해서는 나중에 자세히 설명한다.
- 선택한 툴에서 상태를 설정하면 사람들에게 내가 무엇을 하고 있는지 알 수 있다. 점심시간, 휴가, 외근, 외출 시 상태를 설정할 수 있다. 또한, 단순히 팀원들에게 바쁜 하루를 보내고 있으며 가장 중요한 업무에 집중하려고 상태를 설정할 수도 있다.

  답장을 받을 준비가 된 경우에만 무언가를 보내라! 부메랑 효과는 모든 유형의 커뮤니케이션에 존재한다.

  커뮤니케이션이 넘쳐난다고 느껴진다면, 얼마나 빨리 응답이 필요한지 생각해 보라. 긴급하지 않은 경우, 해당 메시지를 보관(또는 예약)할 수 있다.

다음 단계는?

이 시점에서 내부 및 외부 커뮤니케이션의 기술을 마스터하였다. 이는 거의 즉각적으로 시간을 절약하고 보물 찾기를 줄이는 데 도움이 되는 큰 승리이다. 하지만 소통은 여기까지만 가능하다. 어느 시점에서는 앉아서 업무를 처리해야 한다. 이제 업무 관리 툴로 전환할 때이다. 워크 플로우를 강화하고 더 짧은 시간에 더 많은 과제를 완료하는 방법을 배울 수 있다.

Part 2
계획

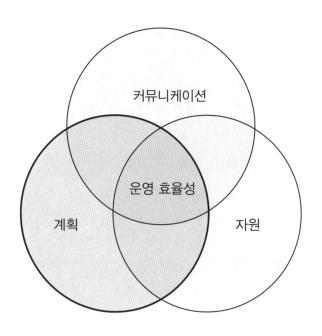

개인용 컴퓨터를 발명하든 정치 혁명을 시작하든, 고객에게 판매할 새로운 제품을 만들든, 인류가 경험한 모든 주요 업적에는 한 가지 공통점이 있다: 그들은 모두 프로젝트들이다.

　　목표를 염두에 두고 미지의 세계로 모험을 떠난다는 생각은 우리 모두가 공유하는 인간 본연의 특성이다. 이것이 바로 우리 사회의 모든 변화와 발전의 원동력이다. 스마트폰부터 운전하는 자동차에 이르기까지 우리가 살고 있는 집, 그리고 우리가 의존하는 정부에 이르기까지, 우리 일상의 거의 모든 것은 어딘가에서 어떤 팀이 프로젝트를 완료한 것으로 거슬러 올라갈 수 있다. 역사책은 디데이(D-Day)부터 기자(Giza)의 피라미드, 달 착륙에 이르기까지 성공적인(그리고 실패한) 프로젝트에 대한 이야기로 가득하다.

　　프로젝트는 인식하든 인식하지 못하든, 거의 모든 생활에서 근본적인 부분이다. 프로젝트는 무에서 유를 창조하고 이제 우리 경제의 상당 부분을 차지하고 있다. *하버드 비즈니스 리뷰*에 따르면, 우리는 지금 '프로젝트 경제'에 살고 있다. 2017년 프로젝트 관리 연구소(Project Management Institute)는 전 세계 프로젝트 중심 경제 활동의 가치가 2017년 12조 달러에서 2027년 20조 달러로 성장할 것으로 예상했다. 약 8,800만 명에 이르는 사람들이 프로젝트 관리 중심의 역할에 종사하게 될 것이다. 2019년 독일에서는 프로젝트가 *전체* GDP의 무려 41%를 차지한 것으로 추정된다.[1]

　　산업 혁명 기간 동안 효율적인 생산은 경제 성장의 핵심이었다. 하지만 21세기 조직은 *더 많은* 생산을 통해 가치를 창출하는 것이 아니라 새롭고 창의적인 솔루션, 제품 및 서비스를 생산함으로써 가치를 창출하고 있다. 이것이 바로 프로젝트 경제의 기반이다.

　　하지만 문제가 있다. 안타까운 현실은 직장에서 진행되는 프로젝트의 70%가 실패한다는 것이다. 그렇다면 무엇이 문제일까?

　　프로젝트가 실패할 수 있는 이유는 여러 가지가 있으며, 그중 일부는 업무을 수행하는 사람들의 손에서 완전히 벗어날 수 있다. 내가 모든 해답을 가지고 있는 것처럼 행동하지는 않겠다. 말할 수 있는 것은 대부분의 프로젝트가 제대로 계획되지 않고, 제대로 관리되지 않으며, 비효율적이고 비용이 너무 많이 들며 너무 오래 지속된다는 것이다. 심지어 더 나쁜 것은, 애초에 시작하지 말았어야 하는 프로젝트도 많다.

대부분의 조직에는 가장 효율적이고 효과적인 방법 안에서 진행할 수 있는 집중할 프로젝트와 업무 방식을 결정하는 *프레임워크(framework)*가 없기 때문에 이런 일이 발생한다. 나는 잘 알려진 여러 가지 계획 및 프로젝트 관리 방법론에서 가져와서 현대 팀과 우리가 사용하는 최신 툴에 최적화된 혼합 계획 접근 방식을 만들었다. 이 책에 나오는 대부분의 개념과 마찬가지로, 가장 **빠른** 시간 내에 먼저 승리하는 것에 집중하려고 한다.

대부분의 조직에서 가장 고통스러운 시간 중 하나인 회의부터 시작하겠다. 회의를 최적화하여 시간을 절약할 뿐만 아니라, 최적화하는 방법을 알아보겠다. 그런 다음 업무 관리 툴의 기본 사항과 이를 수행하는 방법에 대해 알아보겠다. 체계적으로 정리하고 바로 효율적으로 업무를 시작할 수 있다. 거기서부터 (팀 단위로 효율적으로 업무를 계획하고 효율적으로 업무를 완수하는 방법인) 전력 질주 계획과 조직의 장기적인 발전을 도모할 수 있는 높은 레벨의 목적 설정을 할 것이다. 각 장은 이전 장을 기반으로 하므로 순서대로 읽는 것이 중요하다.

이 네 가지 구성 요소는 유연하고 효율적이며 모든 산업에 적용할 수 있다. 그럼 시작해보겠다.

5

효율적인 회의

회의가 길어질수록 달성할 수 있는 성과는 줄어든다.

팀 쿡(Tim Cook),
애플 CEO

문제: 종종 회의는 비효율적이고 때로는 때로는 완전히 불필요한 경우도 있다. 회의는 조직에서 비효율의 가장 큰 원인 중 하나이며, 팀이 실제 업무를 수행하는 데 방해가 된다.

해결책: 비동기식 커뮤니케이션, 의제, 사전 과제 등과 같은 간단한 기술을 통해 회의의 비용, 빈도, 시간을 줄일 수 있다.
그 결과 중요한 업무에 더 많은 시간을 할애하고 불필요하고 비생산적인 회의에 소요되는 시간을 줄일 수 있다.

2020년 팬데믹으로 모두가 원격 근무를 하게 되었을 때 한 가지 희망적인 점은 회의에 소요되는 시간이 줄어든다는 것이었다. 대면 회의가 불가능해졌으니, 분명 우리 모두는 업무에 더 집중할 수 있는 시간이 늘어났다. 일부 회의가 가상으로 진행되더라도 모든 회의가 다 필요하지는 않다. 그런가?

꼭 그렇지는 않다.....

거의 모든 대면 회의가 가상 회의로 전환되었을 뿐만 아니라, 많은 조

숨 쉬 어

직이 회의 횟수를 늘릴 필요성을 느꼈다. 사람들이 서로를 보지 않고 일한다는 생각은 두려웠고, 팀들은 일사불란함을 유지하기 위해 고군분투하였고 일은 제대로 이루어지지 않고 있었다. 해결책은 간단했다: 수많은 가상 회의를 만들어 모든 것을 추적하고 모든 사람이 자신의 책상에 앉아 카메라를 켜고 업무를 수행하도록 하는 것이다.

하지만 여기에는 아이러니한 문제가 있다. 하루 종일 회의만 하면 아무것도 할 수 없다.

팬데믹으로 인해 회의 빈도가 줄어들기는커녕 회의가 거의 모든 업무의 기본 솔루션으로 자리 잡았다. 프로젝트에 대한 질문이 있는가? 통화를 시작하라! 필요 문서에 대한 피드백이 필요한가? 회의를 예약하라. 중요한 프로젝트를 진행 중인가? 매일 체크인(check - ins)을 예약해 모두가 같은 정보를 공유하고 있는지 확인하라.

대부분의 팀에서 과잉 보상이 이루어지고 있다. 공감할 것이다. 하지만 이것이 왜 그렇게 중요한지 몇 가지 통계를 통해 알아보자.

전미 경제 관계국(National Bureau of Economic Relations)의 연구에 따르면 팬데믹 기간 동안 회의 횟수가 약 13% 증가한 것으로 나타났다.[1] Reclaim.ai는 1만 5천 명의 지식 근로자를 대상으로 설문조사를 실시한 결과, 팬데믹 이전에는 평균 14.2시간, 팬데믹 기간에는 21.5시간을 회의에 사용했다. 특히 일대일 회의는 새로운 회의의 79.6%를 차지했다. 이는 평균 지식 근로자가 주당 1회의 일대일 회의에서 *5회 이상*으로 급증한 것과 같다.[2]

이 지표는 대부분의 사람들이 팬데믹 기간 동안 근무 시간의 절반을 가상 회의에 사용하고 있음을 보여준다. '줌(Zoom) 피로'라는 문구가 인기 어휘집에 등재되어 있고 위키피디아 페이지[3]를 가지고 있는 이유이다. (읽어보라).

하지만 분명히 말하고 싶은 것은 대면 회의와 가상 회의 모두 항상 문제가 되어 왔다. 팬데믹은 단순히 증상을 악화시켰다. 팬데믹이 발생하기 3년 전인 2017년에 *하버드 비즈니스 리뷰*는 '회의 광풍을 멈춰라.'[4]는 기사에서 다음과 같은 몇 가지 놀라운 사실을 언급했다:

- 경영진은 주당 23시간을 회의에 소비한다. 1960년대의 10 시간에서 증가했다.
- 고위 관리자의 65%는 회의 때문에 업무를 완수하지 못한 다고 답했다.
- 71%는 회의가 비생산적이고 비효율적이라고 답했다.
- 64%는 회의가 깊은 사고를 희생시킨다고 답했다.
- 62%는 회의로 인해 기회를 놓쳤다고 응답했다.

　진짜 문제는 회의 자체가 아니라 대부분의 사람들이 회의를 효율적으로 운영하는 방법을 배운 적이 없다는 사실이다. 심지어는 회의가 필요한지 여부를 판단하는 방법조차도 배운 적이 없다는 사실이다. 카메론 헤롤드(Cameron Herold)는 그의 저서 '*회의는 짜증난다(Meetings Suck)*'에서 회의에 대해서 게임 방법을 가르치지 않고 리틀리그 야구에 아이를 내보낸 부모가 왜 야구를 그렇게 싫어하는지 궁금해하는 것과 비교한다. 게임의 잘못이 아니다: 부모의 잘못이다.

　직장에서의 회의에도 같은 논리가 적용된다. 뿐만 아니라, 교육 부족과 회의의 실제 비용에 대한 오해로 인해 모든 사람이 불필요하고 관련성이 없으며 비효율적인 회의가 넘쳐나고 있다. 우리는 이제 바꾸려고 한다.

회의의 실제 비용

대부분의 팀은 회의 일정을 잡을 때 실제 '비용'에 대해 생각하지 않고 회의를 예약한다. 하지만 회의는 실제로 대부분의 조직에서 가장 큰 비용이자 생산성을 떨어뜨리는 요소 중 하나이다. 내 회사도 마찬가지였다.

내가 과장하는 것 같나? 일반적인 회의를 살펴보자.

매주 한 시간 동안 5명이 회의에 참석한다고 가정해 보자. 이제 각 사람의 유효 시간당 급여가 50달러(연간 10만 달러에 해당)라고 가정해 보자. 이 회의로 인해 조직은 주당 250달러의 비용을 지출하고 있으며, 이는 더 길어질 수도 있는 회의 일정을 잡는 데 걸리는 시간을 고려하지도 않았다.

매주 한 시간 동안 진행되는 회의의 경우 *연간 12,500달러*에 달한다. 그리고 이는 매주 5명이 참여하는 수많은 회의 중 하나에 불과하다.

앞서 언급한 연구에 따르면 지식 근로자는 주당 평균 21.5시간을 회의에 소비하고 있었다. 동일한 시간당 요금으로 환산하면 주당 1,075달러, 연간 53,750달러를 *단지 한 사람당 회의에만* 지출하는 셈이다! 만약 이를 20명 규모의 팀으로 확대하면 연간 회의 비용으로 연간 백만 달러가 넘는 금액이 지출된다.

팀 회의 비용이 얼마나 드는지 알고 싶은가? 우리는 당신을 위해 comeupforair.com에서 계산기를 만들었다. 경고: 결과가 충격적일 수 있다.

여기에는 추가적인 기회 비용도 고려해야 한다. 회의에 소요되는 시간은 수익을 창출하거나 어떤 식으로든 조직을 발전시킬 수 있는 일에 소비되지 않는 시간이다. 이는 개인뿐만 아니라, 조직에도 영향을 미친다. 대부분 사람들은 씹을 수 있는 것보다 더 많은 것을 씹고 비현실적인 마감일을 설정한다. 얼마나 많은 시간을 소비할지 고려하지 않기 때문이다. 그 결과 과중한 업무에 시달리고 모든 일을 끝내기 위해 장시간 일해야 한다. 스프린트(Sprint, 전력질주) 계획을 세울 때 구체적으로 다루겠다.

실제로 아사나(Asana)의 업무 해부 보고서에 따르면 2022년에는 근로자의 15%가 마감일을 놓쳤으며, 마감일을 놓친 근로자의 24%는 그 직접적인 원인이 많은 회의였다. 또한, 이 사람들은 연간 129시간을 회의에 소비하고 있었다.[5]

내가 무슨 말을 하려는지 알 수 있을 것이다. 회의는 여러 면에서 엄청나게 비용이 많이 들지만 아무도 눈치채지 못하는 것 같다. 회의의 결과가 투자할 만한 가치가 있다면 이러한 비용도 괜찮지만, 그렇지 않은 회의도 많다.

세분화 하면, 회의 비용을 절감할 수 있는 네 가지 방법이 있다 (그림 5 참조):

1. 완전히 없앤다.
2. 참석자 수를 줄인다.
3. 시간을 줄인다.
4. 빈도를 줄인다(반복되는 회의인 경우).

이전 예제를 계속 사용하여 실제로 어떻게 작동하는지 알아보겠다. 우리는 이미 옵션 1을 통해 주 1회 회의를 없애면 조직은 연간 12,500달러를 절약할 수 있다는 것을 알았다. 훌륭하다. 하지만 캘린더에서 회의를 무작정 삭제할 수는 없다. 회의에 중요한 목적이 있다고 가정해 보자.

이 경우 회의에 꼭 참석해야 하는 사람을 고려할 수 있다 – 옵션 2. 회의에서 한 사람을 제외하면 연간 2,500달러를 절약할 수 있다. 세 명이면 연간 7,500달러를 절약할 수 있다.

회의 비용을 줄이는 4가지 방법

완전히 없앤다

시간을 줄인다

참석자 수를 줄인다

빈도를 줄인다
(반복되는 회의인 경우)

그림 5

대부분의 팀은 회의에 누구를 초대할지 매우 자유롭다.(누구도 소외되기를 원하지 않기 때문이다.) 하지만 이것이 바로 사람들이 회의를 싫어하는 이유이다. 참석할 필요가 없는 회의에 대해 불평하는 것을 몇 번이나 들었는가? 컵에 '이 회의는 이메일로 할 수도 있었다'라는 문구가 적힌 것을 본 적이 있는가?

간단한 진실은 회의에 참석할 필요가 없는 사람은 회의에 참석하지 말아야 한다는 것이다. 개인과 회사를 위해 좋다. 개인은 쓸모없고 소모적인 회의에서 벗어나고 회사는 해당 직원의 생산적이고 잠재적으로 수익을 창출할 수 있는 한 시간의 활동을 되찾을 수 있다. 뿐만 아니라, 적은 인원이 참여하는 회의는 일정을 잡기가 더 쉽고, 진행이 더 빠르며, 전반적으로 생산성이 더 높은 경향이 있다.

또한, 레버리지에서는 회의에 참석할 필요가 없다고 생각하거나 회의에 가치를 더하지 않는다면 누구든지 회의에서 정중하게 퇴장할 수 있다. 이 규칙은 우리가 팀으로서 받아들인 것으로, 특별히 누군가가 회의에서 한 파트만 자신이 필요하다고 느낄 경우 도움을 준다. 회의에 참여하지 않고 자유롭게 자신의 업무로 돌아갈 수 있다.

옵션 3도 마찬가지로 간단하고 비용 효율적이다. 주간 회의 시간을 15분만 줄이면 연간 3,125달러의 비용을 절감할 수 있다. 그리고 그 회의 결과에 정말 영향을 미칠까? 아마도 아닐 것이다.

일반적으로 긴 회의는 사람들이 집중력을 잃을 수밖에 없기 때문에 생산성이 떨어진다. 테드(TED) 강연을 좋아한다면 각 연사당 18분이라는 엄격한 제한이 있다는 것을 알고 있을 것이다. 테드 큐레이터 크리스 앤더슨(Chris Anderson)은 18분은 "진지하기에는 충분히 길고 사람들의 주의를 끌기에는 충분히…… 45분 동안 진행하는 데 익숙한 연사에게 45분에서 18분으로 줄이면, 그들이 말하고자 하는 것에 대해 정말로 생각하게 만든다. 그들이 전달하고자 하는 핵심 요점은 무엇인가? 그것을 명확하게 하는 효과가 있다. 절제력을 기를 수 있다."라고 말한다.[6] 어떤 사람들은 바로 이런 이유로 15분 정도가 이상적인 회의 시간이라고 말한다. 미묘한 차이가 있다고 생각한다.

입증되지는 않았지만, 나는 사람들이 회의가 예정된 시간에 상관없이 일정에 따르는 경향이 있다는 것을 발견했다. 따라서 15분 안에 다룰 수 있는 자료인데 회의 시간이 30분으로 예정되어 있다면, 사람들은 30분

내내 회의 시간을 끌 가능성이 높다. 내 비즈니스에서 나는 반복되는 많은 회의를 15분으로 줄이는 실험을 했다. 결과는? 시간을 더 효과적으로 사용하면서도 이전보다 더 많은 것을 다룰 수 있었다.

옵션 4는 반복되는 회의의 빈도를 줄이는 것이다. 만약 주간 회의를 격주 회의로 바꾸면 연간 6,250달러를 절약할 수 있다. 이것은 로켓 과학은 아니지만, 우리 중 많은 사람들이 여전히 '항상 해오던 방식'으로 일을 처리하는 함정에 빠진다. 물론, 매주 정기적으로 회의가 필요한 것처럼 느껴질 수도 있다. 사실인가? 격주로 변경하면 어떻게 될까?

여기에서 다중 접근 방식을 취할 수도 있다. 주간 통화를 격주로 전환하되 필요에 따라 임시 회의를 예약하는 옵션을 유지하는 것이 좋다. 개인적으로 나는 이 방식이 좋은 접근 방식이라고 생각했다. 임시 회의는 매우 구체적인 목적을 가지고 있으므로 매우 효율적이다. 팀원들과 접촉하고 얼굴을 맞대는 시간을 갖는 것도 중요하지만, 소규모의 집중적인 회의에도 쓰임새가 있다.

> 반복되는 회의의 빈도를 줄이는 것은 위험 부담이 낮은 실험이다.
> 일단 시도해보고 어떤 일이 일어나는지 확인하라.
> 재앙이 된다면 언제든지 다시 변경할 수 있다(그럴 것 같지는 않지만).

이 네 가지 옵션은 회의 시간을 가장 간단하고 빠르게 하는 방법이다. 하지만 물론 더 짧은 시간에 더 많은 과제를 수행하여 모든 회의의 효율성을 향상시킬 수 있다. 간단하다. 그렇게 간단하지 않은 것은 이 장의 나머지 부분에서 주로 다루게 될 것이다.

무엇보다도 당신이 회의에 대한 새로운 마음가짐을 가지고 이 장을 마쳤으면 좋겠다. 회의의 실제 비용을 인식하고 나면, 위의 단계를 조합

하여 팀 전체에서 회의 비용을 절감할 수 있는 수십 가지 영역이 보일 것
이다. 특히 경영진과 관리자급에서 이러한 생각을 하게 되면 그 결과는
직원 생산성 향상, 수익 창출 활동에 더 많은 시간 할애, 더 나은 팀 문화,
덜 스트레스 받는 업무 환경이 된다.

이 회의가 꼭 필요한가?

내가 제공할 수 있는 가장 큰 회의 '팁'은 간단히 말해서 제거하는 것이
다. 물론 모든 회의를 없애는 것은 아니지만, 불필요하거나 다른 방식
으로 달성할 수 있는 회의를 없애는 것이다. 아사나의 2022 업무 해부 보
고서에 따르면, 직원들은 중복된 업무와 불필요한 회의로 인해 매년 6
주를 낭비한다.[7] 그리고 2019년의 한 연구에 따르면 미국 경제에서만 약
4,000억 달러의 손실이 발생한 것으로 추산되었다.

내 경험에 따르면 사람들은 사소한 문제가 발생하면 회의 일정을 잡
거나 전화를 받는 경향이 있다. 이는 매우 비생산적인 업무 방식이다. 텔
레마케터가 우리의 저녁식사 3초를 낭비하는 것에는 마음이 상하고 그들
스스로 처리할 수 있는 동료의 질문에 대답하느라 30분 동안 시간을 낭비
하는 것은 완전히 괜찮다. 말이 안된다! (생각만 해도 열이 난다.)

회의를 없애는 방법에는 두 가지가 있다:

1. 회의를 삭제하거나 애초에 회의를 예약하지 않기.
2. 비동기적으로 진행하기.

첫 번째는 설명이 필요 없다. 하지만 두 번째는 다양한 방법으로 할
수 있다. 비동기(비실시간) 커뮤니케이션에 충분히 익숙하다면 실제로 어

떻게 작동하는지 잘 알 것이다. 회의 일정을 잡는 대신 내부 커뮤니케이션 툴의 몇 개 메시지로 전달할 수 있다. 또는, 업무 관리 툴에서 과제로 처리할 수도 있다. 사람들은 종종 업무를 위임하기 위해 전화를 예약해야 하는 경우가 많지만, 업무 관리 툴을 사용하면 거의 전적으로 불필요하다.

우리는 미국 연방 정부 고객에게 전사적 차원의 솔루션을 제공하는 선도적인 사이버 보안 제공업체 스카이포인트 디시전(SkyePoint Decisions)과 함께 일하면서 이를 직접 확인했다. 업무 관리 툴을 수행한 후, 그들은 많은 회의에서 더 이상 회의가 필요하지 않다는 것을 알게 되었다. 이미 툴 자체에 표시되어 있었기 때문이다. 그들은 전사적으로 회의가 20% 감소했으며, 설립자이자 CEO인 보 킴브로(Bo Kimbrough)는 비서와 매주 3시간짜리 회의를 없앨 수 있었다고 평가했다. 이전에는 회의를 통해 현황을 업데이트하고 다음 주 계획을 세웠다. 하지만 필요할 때마다 업무 관리 툴에서 모든 정보를 얻을 수 있게 되면서 더 이상 그럴 필요가 없어졌다. 다음 몇 장에서 이 기능이 어떻게 작동하는지에 대해 자세히 살펴보겠다.

다른 방법은 비디오 또는 오디오 녹화를 사용하여 사실상 '비동기식 회의'를 개최하는 것이다. 한 사람이 자신의 생각을 담은 비디오 또는 오디오 녹음을 보내고 다른 사람이 다른 녹음을 통해 응답하면 '회의'는 사실상 종료된다. 많은 경우, 두 개의 녹음이 필요하지 않으며 초기 녹음에 대한 간단한 텍스트 기반 응답으로 충분하다. 이러한 녹화는 대부분의 컴퓨터와 휴대폰 운영체제에 내장된 소프트웨어로 할 수 있지만, 이 과정을 더 쉽게 처리할 수 있는 툴도 있다. 앞서 말한 룸(Loom)은 동영상을 공유 가능한 링크로 자동 변환해 주는 툴이다.

처음 사업을 시작했을 때 월요일은 '팀 회의의 날'이었고 말 그대로 하루 종일 회의에 시달렸다. 팀원들과 연달아 8시간씩 회의를 해야 했고,

가끔은 그 외에도 긴급한 회의도 몇 번 있었다. 결국, 나는 얼마나 시간이 많이 걸리는지 깨닫고 녹화를 실험했다. 몇 번의 회의를 비동기식 회의로 전환했는데 잘 진행되었다. 실제로는 거의 차이가 없었고 많은 경우 훨씬 더 좋았다. 사람들은 간결했고 나는 여전히 사람들의 얼굴을 보고 그들의 목소리를 들을 수 있었다. 내 시간에 비디오를 보고, 놓친 부분을 되감거나 1.5배속으로 재생할 수 있었다.

이제 나는 거의 모든 일대일 상담을 비동기식으로 진행한다. 물론 실시간 회의가 필요할 때도 있다. 하지만 간단히 말해서 회의에 소요되는 시간을 절반으로 줄였다. 가장 좋은 점은 무엇보다도 다른 방법이었다면 낭비되었을 시간, 즉 택시에서 보내는 시간처럼 낭비되는 시간을 절약할 수 있었다. *모든 시간이 평등하지 않다!*

(내가 어떻게 그렇게 만들었는지 더 자세히 알고 싶다면 Inc.com에 쓴 글을 참조하라. 비동기 커뮤니케이션이 많이 수반되는 출퇴근 시간에 일해야 하는 이유에 대한 글도 있다.)

다시 한번 강조하지만, 이러한 유형의 사고방식을 채택하려면 팀원 모두가 받아들여야 한다. 비동기 회의는 결국 최소 두 명 이상의 참가자가 필요하다. 시작하는 가장 좋은 방법은 캘린더에서 회의를 보거나 새로운 회의 일정을 잡을 때마다 스스로에게 같은 질문을 던지는 것이다(그림 6 참조):

1. 참여해야 하나?
2. 꼭 실시간 회의여야 하나?
3. 회의 시간이 이렇게 길어야 하나?
4. 이 모든 사람이 회의에 참석해야 하는가?
5. 사전에 할 수 있는 이 회의에서 최대한의 가치를 얻을 수 있도록 미리 배포할 수 있는 업무가 있는가?

회의가 필요한가?

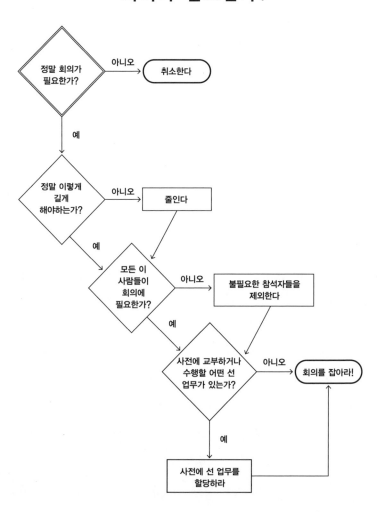

그림 6

회의가 필요하다

대면이든 원격이든 실시간 회의를 할 수 있는 시간과 장소가 있다. 실시간 회의 없이 모든 유형의 비즈니스를 운영하는 것은 재앙의 지름길이라는 데 우리 모두 동의할 것이다. 비동기식 커뮤니케이션이 얼마나 문제를 일으킬 수 있는지에 대해 이미 이야기한 바 있다. 오해하지 마라. 회의를 삭제하는 것보다 더 좋은 느낌은 없지만, 지나치면 결국 더 큰 상처를 입게 된다. 내 개인적인 경험으로 말할 수 있다.

회의는 브레인스토밍, 복잡한 문제 해결, 민감한 문제 처리, 팀과의 문화 및 관계 구축에 매우 유용하다. 그리고 이제 원격 근무가 일반화되었기 때문에, 회의 없이는 근무 시간 동안 대면 시간이 거의 없는 사람들도 많다. 그렇다.

그러니 꼭 회의가 필요하다고 가정해 보자. 여기 더 짧고, 더 비용 효율적이며, 덜 고통스럽게:

- **짧게 유지하라:** 15분 안에 무엇을 할 수 있는지 알 면 놀랄 것이다. 반복되는 회의를 단축하거나 생각보다 약간 짧은 회의를 만들어 보라. 아마도 필요한 모든 것 을 다룰 수 있을 것이다. 그런 다음 두 배로 줄이고 시간 을 더 확보하라.
- **휴식 시간을 고려하라:** 나는 회의에서 반올림된 숫자를 피 하고 싶다. 1시간이 아니라 55분으로 하라. 30분이 아니라 25분으로 하라. 이렇게 하면 연달아 회의가 있는 사람들이 화장실에 가거나 이메일 몇 통에 답장할 수 있다. 절약된 5분은 여전히 5분이다!
- **참석자를 분석하라:** 누가 진정으로 참석해야 하는지 고려 하라. 대부분의 팀은 꼭 참석할 필요가 없는데 참석이 필 요할 것같은 모든 사람을 포함시키는 고약한 습관이 있다. 필요한 경우 몇 분 동안

만 참석하게 하거나, 회의 노트를 보내면 된다. 심지어 타임스탬프 (timestamp)가 포함된 녹 화본을 보낼 수도 있다.

- **사전 업무를 할당하라:** 준비되지 않은 상태로 회의에 참석 하는 것은 모두의 시간을 낭비하는 것이다. 해야 할 일이 있거나 회의 전에 검토해야 할 자료가 있다면, 모든 참석 자에게 해당 과제를 미리 할당해야 한다(가급적 업무 관 리 툴에서).

- **'답신'을 피하라:** 한 사람이 자신의 새로운 정보를 열거하 는 것은 일반적으로 다른 모든 사람의 눈을 분산시킨다. 모든 사람이 회의에서 새로운 정보를 제공하거나 지표를 보고하는 대신 모두가 각자의 시간에 볼 수 있도록 미리 기록하라(또는, 집중하고 있는 것과 관련이 없는 지표라면 보지 않아도 된다.).

- **안건을 사용하라:** 효율적인 회의의 가장 중요한 구성 요소 이다. 사실 너무 중요해서 다음 파트 전체를 할애할 정도 다.

- **진행자를 지정하라:** 모든 회의에는 진행자가 필요하다. 진 행자는 회의가 진행 방향을 벗어나지 않게 하고 안건 항목 을 처리하고, 업무을 위임할 수 있는 사람이다.

- **메모하라:** 이것은 말할 필요도 없다. 중요한 부분은 누군가 를 노트 필기자로 지정하고(그렇지 않으면 아무도 하지 않 을 것이다), 노트는 체계적인 장소에 보관하는 것이다. 화 상 회의의 경우, 비록 노트를 더 쉽게 훑어보는 경향이 있 기는 하지만, 녹화는 훌륭하다.

- **실행 항목을 정리하라:** 회의에서 일어날 수 있는 최악의 상황은 사람들이 다음에 무슨 일이 일어날지에 대해 명확 성이 없이 떠나는 것이다. 회의에서 나온 실행 항목은 즉 시 명확히 정리하여 업무 관리 툴에 입력해야 하며, 가급 적이면 대화 중에 입력해야 한다. 길을 잃지 않고 모두가 다음에 해야 할 일을 명확히 알 수 있다.

- **의사 결정을 추적하라:** 회의에는 종종 의사 결정이 수반된 다. 결

정을 내리는 경우가 많지만, 이러한 결정을 제대로 추적하지 않으면 쓸모없어진다. 회의에서 내린 모든 의사 결정은 업무 관리 툴(프로젝트/과제와 관련된 경우), 또는 회사 위키(회사 방침과 관련된 경우)에서 추적되어야 한다.

이러한 단계를 모든 회의에 엄격하게 적용할 필요는 없지만, 회의에 대한 조직의 더 큰 회의 문화의 일부로 통합되어야 한다. 모두가 이런 식으로 생각하기 시작하면 팀은 회의 횟수를 줄이고 더 짧은 회의를 더 효율적으로 진행할 수 있다. 또한, 메모, 의사 결정, 실행 항목을 예약하고 검색하는 측면에서 전방과 후방에서 드는 추가적인 시간 절약이 가능하다.

> 가상 회의에서 소규모 회의실은 활용도가 낮은 경우가 많다. 그곳은 브레인스토밍과 디자인 씽킹에 매우 유용하다. 내 경험상, 소규모 그룹에서 브레인스토밍을 하면 사람들이 더 편안하게 더 나은 결과를 낳는 경향이 있다.

마지막으로 고려해야 할 사항은 단순히 *정시에 도착하는 것이다.* 도착 회의에 늦는 것은 동료 팀원에게 무례할 뿐만 아니라, 매우 비효율적이다. 3명이 참석하는 회의에서 한 명이 5분 지각하면 15분의 시간이 낭비되는 것이다. 평균 시간당 50달러라고 가정하면 12.50달러의 시간이 낭비된 것이다. 이런 일이 가끔씩 발생한다면 큰 문제는 아니지만, 일주일에 20번씩 발생한다면 매주 250달러의 시간이 낭비되는 것이다.

그뿐만이 아니라, 사람들이 늦게 도착하면 종종 회의가 지연되어 연쇄적인 효과가 발생한다. 연달아 회의가 있는 사람들은 다음 회의에 지각하게 된다. 다음 회의에 영향을 미치고, 그다음 회의에도 영향을 미치고, 이런 식으로 연쇄적으로 영향을 미친다.

안건이 없으면 회의도 없다

대부분의 사람들이 회의 안건의 가치를 이해하고 있다고 생각한다. 안건은 회의가 순조롭게 진행되고 논의가 필요한 모든 주제에 충분한 시간을 할애할 수 있도록 도와준다. 하지만 이러한 장점은 안건이 팀 전체에 걸쳐 제대로 수행되고 사용될 때만 해당된다. 그리고 실제로 이러한 이점은 표면적인 혜택에 불과하다. 안건을 사용하면 회의 효율성을 넘어서는 몇 가지 다른 주요 이점이 있다.

가장 기본적인 의미에서 안건은 단순히 회의 중에 논의해야 하는 주제의 목록이다.

하지만 모든 참석자가 안건을 볼 수 있고 자신이 원하는 안건을 추가할 수 있을 때만 유용하다. 그렇지 않은 경우, 안건은 단순히 회의 주최자가 이야기하고 싶은 내용을 보여준다.

회의를 주최한 사람만 안건에 액세스할 수 있는 경우에 그가 4개의 항목을 추가한 경우, 다른 참가자들이 논의하고 싶은 주제를 추가하면 어떻게 될까? 만약 회의에서 논의해야 할 주제가 실제로 5가지가 더 있지만, 안건에 있는 4개의 주제만 볼 수 있기 때문에 모든 참가자가 이를 알지 못한다면 어떻게 될까?

갑자기 회의가 예상보다 길어진다. 사람들의 일정에 방해가 된다. 한 사람은 다음 회의가 더 중요하기 때문에 도망쳐야 하고 그는 제외되어 진다. 이제 논의해야 할 모든 사항을 다룰 시간이 없기 때문에 회의 일정을 다시 잡아야 한다. 회의는 명확한 실행 항목도 없고 명확한 결정도 내리지 못한 채 끝난다. 아무도 다음에 해야 할 일이 무엇인지 명확하게 알지 못한다. 다음 모두가 모일 때는 첫 번째 회의에서 퇴장해야 했던 사람이 빠르게 적응해야 하고 마지막으로 논의한지 일주일이 지났기 때문에 다른 사람들도 빠르게 재정리해야 한다.

이것이 어떻게 문제가 되는지 아는가? 그리고 이 모든 것은 모든 사람이 사전에 안건에 액세스하여 추가할 수 있었다면 피할 수 있었을 것이다. 사람들이 지각하거나 궤도를 이탈하여 회의가 지연되는 경우도 마찬가지이다.

이와 같은 이유로 안건을 미리 만들어 클라우드에 보관한 후 모든 참석자와 공유해야 한다. 모든 참석자는 미리 안건에 주제를 추가할 수 있어야 하며, 이렇게 하면 회의 리더가 논의해야 할 모든 내용을 확인하고 그에 따라 계획을 세울 수 있다. 항목에 일정 시간을 할애하여 모든 주제에 충분한 시간이 주어지도록 하거나 특정 주제에 우선순위를 지정하여 가장 중요한 항목이 다루어지도록 할 수 있다.

어떤 경우에는 한 회의에서 논의할 안건이 너무 많을 수도 있다. 이 경우 몇 가지 방법이 있다:

- 안건의 우선순위를 정하여 가장 중요한 주제는 회의에서 확실히 다루고 덜 긴급한 주제는 향후 회의 안건으로 추가 한다(회의가 반복되는 경우).
- 가능한 한 많은 안건을 비동기식으로 해결하라.
- 최후의 수단으로 회의 시간을 더 길게 만들거나 마지막 몇 분을 사용하여 후속 회의를 예약할 수 있다.

따라서 안건이 있는 것만으로도 이미 가장 큰 위험 요소를 상당 부분 줄였다: 회의가 길어지거나, 궤도를 벗어나거나, 중요한 주제가 누락되거나, 명확한 조치, 항목 또는 결정 없이 갑작스럽게 끝나는 등. 또한, 이러한 문제를 해결하기 위해 향후 회의를 예약할 필요도 줄어든다.

안건은 회의에 참석하지 않은 사람들에게도 유용할 수 있다. 휴가를 떠나는 동안 팀이 중요한 사안을 처리하도록 하고 싶은가? 다음 안건에 추가하라. 다른 부서에 영향을 미치는 변경 사항을 알리고 싶은가? 부서장에게 다음 회의 안건에 추가해 달라고 요청하라.

마지막으로 고려해야 할 한 가지 측면은 안건이 모든 사람들에게 목소리를 준다는 것이다. 모든 사람이 회의에서 발언하거나 자신의 생각이나 질문이 해결되었는지 확인하기 위해 끼어드는 것을 편안하게 생각하는 것은 아니다. 안건은 모든 사람이 자신의 생각과 아이디어를 자유롭게 제시할 수 있는 포용적인 업무 문화를 조성하는 데 도움이 된다. 조직 내 역할이나 지위에 관계없이 다른 사람이 동일한 시간과 관심을 받을 수 있다.

레버리지에는 또 하나의 엄격한 회의 규칙이 있다: 안건 없이는 회의도 없다. 이제 그 이유를 알 수 있을 것이다.

안건에 추가하기

지금까지 안건이 회의 자체에 미치는 영향에 대해서만 살펴보았다. 하지만 종종 간과되는 안건의 또 다른 영향이 있다. 회의뿐만 아니라, 다른 일상적인 상황에서도 시간을 절약할 수 있다. 안건을 미리 만들어 모든 사람과 공유하면 긴급하지 않은 질문이나 아이디어, 생각의 보관소로 사용할 수 있다. 누군가와 공유하고 싶은 아이디어가 있지만, 곧 회의가 예정되어 있는데 왜 지금 귀찮게 하나? 그냥 회의 안건에 추가하고 회의 중에 다루면 된다. 메시지를 보내거나 전화를 걸지 마라. 아이디어가 매우 긴급한 상황도 있을 수 있다. 할 수 없는 상황도 있을 수 있지만, 대부분의 경우에는 즉시 공유하지 않으면 아무것도 불붙이지 않으려고 할 것이다.

메시지를 보내는 대신 안건 항목을 추가하면 상대방의 주의를 분산시킬 일이 하나 줄어들어 다시 업무에 집중할 수 있다. 질문을 잃어버리거나 잊어버릴 염려가 없으니 안심하고 업무에 집중할 수 있다. 이는 전체 그룹에게 보내는 하나의 메시지가 한 번에 여러 사람의 주의를 분산시키는 그룹 환경에서는 더욱 중요하다.

1장의 패티 앤 터블린 박사의 조언을 기억하나?

- 이 말을 꼭 해야 하나?
- 내가 이 말을 해야 하나?
- 지금 내가 이 말을 해야 하나?

회의 안건에도 동일한 원칙이 적용된다. 가끔은 생각나는 대로 바로 말하고 싶을 수도 있지만, 그 순간에 말할 필요가 없다면 안건에 추가하는 것이 좋다.

> 안건에 주제를 추가하는 것은 본질적으로 일괄 처리의 또 다른 형태이다. 회의에서 10개의 작은 항목을 처리하는 것이 일주일 동안 무작위 메시지로 분산하는 것보다 훨씬 효율적이다.

이와 함께 이상한 현상도 발생한다. 내가 데이터로 뒷받침할 수 있다면 좋겠지만, 맹세컨대 대부분 그 순간에는 급해 보이는 생각들은 회의가 다가오면 저절로 해결되거나 무의미해진다. 프로젝트에 대해 즉흥적으로 떠오른 아이디어가 있다면 회의 안건에 추가했다가 회의가 열렸을 때쯤이면 상황이 바뀌었기 때문에 아이디어가 효과가 없다는 것을 알게 될 수도 있다. 요즘 팀들은 빠르게 움직이고, 많은 일이 일어나기 때문에 안건을 추가하고 회의가 열리기까지 안타깝게도 메시지, 질문, 아이디어 등의 형태로 서로를 방해하는 것들 중 상당수는 결국에는 완전히 불필요한 것이 된다.

적절한 회의 준비

안건은 도움이 되지만 회의 준비 또는 '사전 과제'를 대체할 수는 없다. 사전 과제는 효율적인 회의를 운영하는 데 중요한 요소이지만 이를 고려하는 팀은 거의 없다. 대부분의 회의에는 어느 정도의 과제와 준비가 필요하다. 이는 성과표를 검토하여 일부 지표를 업데이트하는 것처럼 간단할 수도 있고, 프레젠테이션을 만들 수도 있다.

이러한 사전 과제가 이루어지지 않으면 모두의 시간을 낭비하게 된다. 당신도 회의 중에 누군가가 문서를 찾느라 허둥지둥하는 동안 기다리거나, 사람들이 보고서를 읽지 않아서 보고서의 정보를 요약해야 했던 경험이 있을 것이다. 이 기능은 팀 회의뿐만 아니라, 고객과의 회의나 영업 회의에도 유용하다. 미리 몇 가지 정보를 보냈고, 고객의 구체적인 상황을 알고 있고 어떻게 도와줄 수 있는지 정확히 알고 있는 영업 사원과 대화한다고 상상해 보라. "무엇을 도와드릴까요?"로 시작하는 영업 사원과 비교해보라. 이는 오직 올바른 사전 과제가 있을 때만 가능하다.

모든 회의에 안건이 필요한 것처럼, 대부분의 회의에는 담당자에게 할당된 사전 업무 목록이 포함되어야 한다. 이상적으로는 이러한 사전 과제는-다음 장의 초점인-업무 관리 툴에 마감일과 함께 명확하게 할당되어야 한다. 다소 극단적인 방법일 수도 있지만, 사람들이 회의 준비가 되어있지 않다고 느낀다면, 회의에서 퇴장할 수 있도록 규칙을 제정하는 것도 고려해 볼 수 있다.

사전 준비는 회의를 더욱 효율적이고 효과적으로 하기 위한 기법이다. 간단하지 않은 것은 회의라는 새로운 맥락에서 사전 준비 과제를 어떻게 생각해야 하는지, 그리고 비동기식 커뮤니케이션을 회의에 통합하는 방법이다. 회의에서 시간을 줄이는 사전 과제를 예상치 못한 방식으로 활용할 수 있는 기회는 많다. 한 가지 예를 들어,보겠다.

레버리지에서는 회의 템플릿으로 리더십 팀이 가장 중요한 의사 결정을 내리는 데 도움이 되는 기업 운영 시스템(EOS)의 다양한 레벨 10 회의를 실행한다. (레벨 10 회의에 대해 더 자세히 알고 싶다면 지노 위크먼의 책 'Traction'을 읽어보기 바란다.)

이 회의에서 경영진과 나는 승리, 도전 과제, 주요 지표 및 성과와 같은 몇 가지 반복되는 항목을 다룬다. 원래는 모든 회의의 첫 15분이 이러한 주요 의사 결정에 들어가기 전에 할애된다.

이제 생각해 보라. 6명이 대화 중이었으니 15분 동안 전체 회의 시간 중 90분을 사용하고 있었다. 그래서 나는 상황을 바꿔서 모든 사람에게 자신이 직접 검토한 자신의 승리, 도전 과제, 핵심 지표 및 성과를 검토하는 룸(Loom) 비디오를 회의 전에 제출하도록 요청했다. 이제 모든 사람이 가치가 낮은 시간대에 이러한 녹화물을 미리 볼 수 있다(종종 2배속으로). 그리고 우리는 모든 회의의 처음 몇 분 동안은 모두가 시청한 내용에 대한 질문이나 의견을 나누었다. 대개는 최소한의 질문과 의견만 주고 바로 중요한 의사 결정에 들어갈 수 있었다. 그 결과 매주 모두의 시간 중 15분(또는 총 90분)을 절약할 수 있었다.

이러한 유형의 비동기식 사전 과제에는 추가적인 이점이 있다: 누구나 원할 때 언제든지 해당 비디오 녹화를 참조할 수 있다는 것이다!

이것은 회의에 소요되는 시간을 창의적으로 활용하는 방법의 한 가지 예일 뿐이다. 하지만 적용될 수 있는 상황은 많다. 회의는 의미 있는 토론을 위해 사용하는 것이 가장 이상적이라는 것을 기억하라. 회의에서 보고서나 업데이트를 나열하는 경우에는

비동기식으로 미리 수행하라.

예약(SCHEDULING)

효율적인 회의를 운용 중인데 회의를 예약하는 데 30분이 걸린다면 정말 효율적인 회의일까? 우리는 캘린더 테트리스(Tetris) 게임과 끝이 없어 보이는 모두에게 적합한 회의 자리을 찾기 위해 이메일을 주고받는 경험이 있다. 두 명만 있어도 문제가 될 수 있지만, 그 수가 늘어날수록 문제는 기하급수적으로 복잡해진다. 연구에 따르면 회의를 예약하는 데 평균 17분이 걸리고 8개의 이메일을 보내는 것으로 나타났다.[8]

진정으로 효율적인 회의는 회의가 시작되기도 전에 시작된다. 회의 일정을 잡는 데 끝없이 메시지를 주고받을 필요는 없다. 사실, 올바른 툴만 있으면 거의 즉각적으로 가능하다. 이 문제를 해결하는 데는 사실상 두 가지 방법이 있다.

1. 자동화된 예약 툴을 사용한다.
2. 공유 캘린더를 사용한다.

거의 모든 일정 관리 프로세스를 자동화할 수 있는 툴이 많이 있다. 가장 인기 있는 툴 중 하나는 디지털 캘린더와 통합되는 간단한 툴로, 다른 사람들과 공유할 수 있는 링크를 제공한다. 회의를 예약하고 싶다면 링크를 보내면 상대방이 내 캘린더와 시간대에 적합한 선택을 할 수 있

다. 구글(Google) 캘린더는 예약 링크를 만드는데 다른 툴을 설치할 필요도 없다.

많은 CRM(고객 관계 관리)도 이 기능을 지원한다. 레버리지에서는 이 기능이 내장된 허브스폿(HubSpot)을 CRM으로 사용하고 있다. 각 팀원에게는 고객, 또는 다른 사람과의 회의를 예약하는 데 사용할 수 있는 고유한 허브스폿 예약 링크가 있다. 이 모든 정보가 허브스폿 내에서 추적된다는 점에서 큰 이점이 있다. 한 팀원이 고객과의 회의를 예약하려는 경우, 우리 팀이 예약했거나 최근에 해당 고객과 가졌던 다른 회의를 확인할 수 있다. 또한, 회의가 언제 예약되었고 언제 진행되었는지에 대한 기록도 확인할 수 있다.

그룹 회의는 종종 일정을 잡기가 번거롭지만, 아웃룩이나 구글 캘린더와 같은 툴을 사용하면 모든 사람이 다른 사람의 업무 캘린더를 볼 수 있다. 예를 들어, 6명이 참여하는 회의를 예약해야 하는 경우, 모든 사람의 캘린더를 한 번에 겹쳐서 볼 수 있고 관련된 모든 당사자가 사용할 수 있는 자리를 쉽게 확인할 수 있다. 빈자리가 없는 경우, 가까운 시간대를 찾아 한 명, 또는 몇 명에게 양해를 구하는 것도 어렵지 않다.

세 가지 핵심 사항

1. 회의에는 비용이 발생하며, 이 비용을 절감할 수 있는 간단한 4가지 방법이 있다:
   - 회의를 완전히 없애기
   - 회의 참석자 수 줄이기
   - 회의 시간 단축
   - 회의 빈도 줄이기(반복되는 회의인 경우)

2. 안건이 없으면 회의도 없다.

3. 진정으로 효율적인 회의는 회의가 시작되기도 전에 시작된다.

전 문 가 팁

- 기본 캘린더 일정을 15분으로 설정해 보라. 길이를 변경하는 것만으로도 회의 시간이 얼마나 필요한지 한 번 더 생각하게 될 것이다. 앞서 말한 것처럼 15분 안에 얼마나 많은 일을 할 수 있다는 사실에 놀랄 것이다!

- 대규모 조직, 또는 팀 전체 회의에서 공개 안건을 정하는 것은 이유가 있다. 이 경우, 사람들이 익명으로 질문이나 아이디어, 피드백을 제출할 수 있고 발표자가 필요할 때 설명할 수 있도록 옵션으로 디지털 양식을 또한, 사용할 수 있다.

- 예약 링크에 대한 '단축 URL'을 생성할 수 있다. meetwithnick.com과 같은 사용자 지정 도메인을 구매하고 도메인 포워딩을 사용하여 개인용 예약 링크로 보낸다. 누군가 나와 회의를 예약하고 싶을 때, 링크를 클릭하기만 하면 된다.

  특정 상황에서는 하위 도메인을 사용하여 한 단계 더 나아갈 수 있다. 예를 들어, vip.meetwithnick.com은 사람들을 더 많은 가용성을 제공하는 다른 캘린더로 보낼 수 있다. 또는 podcast. meetwithnick.com은 팟캐스트 인터뷰(당신이 하고 있다면) 일정을 잡는 데 사용할 수 있다. 각 하위 도메인에는 다양한 접수된 질문을 포함할 수도 있다.

- 매 분기마다 반복되는 회의를 적극적으로 모니터링하고 불필요한 것은 삭제한다. 필요한 경우 언제든지 다시 추가할 수 있기 때문이

다. 이것은 많은 회의가 단순히 캘린더에 남아 있는 경우가 많기 때문이다.

다음 단계는?

지금까지는 단기간에 가장 많은 시간을 절약할 수 있는 가장 빠른 승리에 초점을 맞추었다. 이러한 전략 중 몇 가지를 사용해보고 싶다면 지금이 바로 책을 내려놓고 이미 논의한 내용을 실행해보는 데 시간을 투자할 수 있는 좋은 시기이다.

다음 몇 장에서는 업무 관리 툴을 가능한 최선의 방법으로 설정하고 사용하는 방법에 대해 집중적으로 다룰 것이다. 이러한 방법은 팀 생산성을 위해 매우 중요하므로 새로운 마음으로 접근하는 것이 좋다.

6

효율적인 업무 관리의 원칙

협업은 직원이 출근하는 장소와는 아무런 관련이 없다.
출근하는 방식과 모든 관련이 있다.

-케이스 페라치(KEITH FERRAZZI),
권위 없는 리더십과 새로운 업무 환경에서 경쟁하기의 저자

문제: 업무를 진행하는 데 필요한 정보가 여러 툴과 장소에

분산되어 있어 비효율적이고 답답한 경우가 많다. 사람들의
주의를 분산시키거나 회의를 소집하지 않고는 프로젝트의
상태를 파악하거나 사람들이 어떤 업무를 하고 있는지
확인하기가 어렵다.
해결책: 모든 업무 관련 정보를 하나의 전용 툴에 정리하면
모든 사람이 업무 수행에 필요한 정보에 액세스할 수 있고
탁월한 가시성과 투명성을 제공하며, 업무와 프로젝트에
관련된 모든 움직이는 부분이 정리된다.

잠이 들어서 직장에서 중요한 과제를 깜빡하고 완료하지 못했다는
사실을 깨달은 적이 있는가? 자신의 잘못이 아닌 이유로 일이 제
대로 진행되지 않아 팀원들을 실망시킨 적이 있는가? 그리고 완료해야
할 우선순위가 높은 과제가 너무 많아서 어디서부터 시작해야 할지 몰랐

던 적이 있는가?

안타깝게도 이러한 상황은 오늘날의 지식 근로자에게는 일반적이다. 2022년에는 마감일을 놓친 사람이 15%에 달했으며 마감일을 놓친 사람들 중 22%는 그 이유가 우선순위에 대한 불확실성 때문이라고 답했다.[1] 대부분의 사람들은 매일 너무 많은 일을 처리하기 때문에 해야 할 일을 모두 기억하는 것이 어려울 수 있다. 해야 할 모든 일과 동료들과 약속한 모든 약속을 기억하기 어려울 수 있다. 그리고 모두가 각자의 업무 정리 방식이 다르면 더 어려워진다.

이 장에서는 팀이 모든 일상 업무를 원활하게 처리하고 프로젝트를 관리하고 장기적인 추진을 계획하는 데 사용할 수 있는 업무 관리 툴의 기본 사항을 다루겠다. 이것은 매일 아침 할 일 목록을 작성하는 것처럼, 업무 관리 툴도 비슷한 기능을 제공하지만, 메모장 대신에 팀 전체를 위한 클라우드의 포괄적인 협업 할 일 목록이다. 제대로 사용하면 팀원 모두가 어떤 업무를 언제 해야 하는지 알 수 있다.

하지만 먼저 한 가지 명확히 짚고 넘어가야 할 것이 있다.

아사나(ASANA) : 진정한 '업무 관리' 툴

이 책 전체에서 나는 "툴이 중요한 것이 아니라 툴을 사용하는 방법"이라는 개념을 강조했다. 하지만 업무 관리 플랫폼에 관해서는 다른 어떤 툴보다 내가 추천하는 툴이 하나 있다. 간단히 말하자면, 아사나(Asana)가 가장 기능적이고, 유연하고 맞춤 설정이 가능한 업무 관리 툴이다. 주요 이점은 아사나 업무 그래프(Asana Work Graph) 데이터 모델이라 불리는 것에서 비롯된다.

다시 숲속 캠핑에 비유하자면, 업무 그래프는 말 그대로 조직에서 진행 중인 모든 업무의 최신 지도이다. 아사나의 창립자들은 보물 찾기 문제를 꽤 빨리 알아차렸다. 그들은 직원들이 '업무에 관한 업무(일상을 방해하는 사소해 보이는 모든 비효율적인 일)'에 무수히 많은 시간을 소비하고 있다는 사실을 깨닫고 이를 해결하기 시작했다.[2]

이들이 발견한 근본적인 문제는 팀 간에 업무가 고립화되면 모두가 서로 협력하기 어렵다는 것이다. 예를 들어, 마케팅 부서에서 하는 업무 내용이 엔지니어가 하는 일에 아무런 영향을 미치지 않는다고 생각할 수 있지만, 놀랄 것이다. 오늘날 우리가 하는 대부분의 업무는 조직의 다른 파트와 다른 사람의 업무에 영향을 미치는 *교차 기능적* 업무이다. 고립화된 업무 환경에서 여러 부서를 넘나들며 일하려고 하면 조직에 보물 찾기를 초대하는 것과 같다.

아사나는 이러한 특정 문제를 염두에 두고 개발되었으며, 동시에 여러 장소에서 업무를 진행할 수 있는 일종의 '다수 대 다수' 접근 방식을 사용한다. 아사나는 이 주요 이점을 잘 설명한다: "개인, 관리자, 경영진은 모든 프로젝트의 업무를 한데 모아 가장 중요한 것을 추적하고 혼동을 만들지 않고도 가장 직관적인 방식으로 볼 수 있다." 사소한 세부 사항부터 높은 레벨의 목표 설정 및 계획에 이르기까지 다양한 기능을 처리할 수 있는 것은 레버리지가 아사나의 인증 파트너가 되기로 선택한 이유이자 "툴이 아니다"라는 내 규칙을 깨는 이유이기도 하다.

> 프로젝트뿐만 아니라, 조직에서 진행되는 모든 상호 연결된 과제를 처리할 수 있는 툴이 필요하다!

이 장과 Part 3의 나머지 방법과 전략에서 아사나를 많이 다룰 것이다. 이 원칙은 대부분의 프로젝트 및 업무 관리에도 여전히 적용된다는 점을 명심하라. 툴에 모두 비슷한 방식으로 작동하기 때문에 원칙이 여전히 적용되지만, 여기서 아사나에 특화되어 설명되는 기능들이 있을 것이다. 지금 그 부분에 대한 설명을 했고 이제 정기적으로 예정된 프로그램으로 돌아가 보겠다.

계층: 과제, 프로젝트, 그리고 포트폴리오

아사나를 비롯한 대부분의 업무 관리 플랫폼에는 명확한 계층 구조가 있다. 지금부터는 일관성을 유지하기 위해 아사나 전용 언어를 사용하겠다. 대부분의 업무 관리 툴은 비슷한 계층 구조를 사용하지만 다른 용어를 사용한다는 것을 알아두어라. 큰 추진 계획을 세우고, 이를 여러 개의 프로젝트로 나누고, 각 프로젝트를 완료하는 데 필요한 후속 업무와 이정표로 세분화하는 것이다(그림 7 참조). 이 계층 구조에는 세 가지 기본 레벨이 있다.

1. **과제:** 대부분의 사람들이 매일 집중하는 작은 단위의 업무.
2. **프로젝트:** 모든 업무 관리 툴의 초석으로, 새로운 제품 출시와 같은 특정한 초점의 과제, 혹은 마케팅 관련 작업과 같은 동일한 범주에 들어가는 다양한 과제를 체계화하는 방법.
3. **포트폴리오:** 프로젝트를 그룹화하는 방법으로, 간단한 정리 목적이나 높은 레벨의 진행 상황을 모니터링하거나, 하나의 프로젝트에 담기에는 너무 큰 추진 계획을 완료하기 위한 방법.

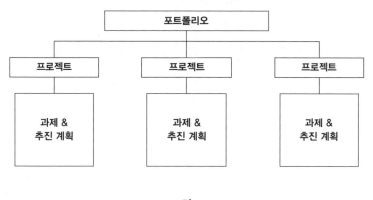

그림 7

각 레벨을 조금 더 자세히 살펴보자.

과제는 모든 업무 관리 플랫폼의 핵심이다. '영업팀을 위한 PDF 디자인', 또는 '곧 발표할 백서에 사용할 통계 자료 찾기'와 같이 마감일이 있는 할당할 수 있는 작은 업무 조각이다. 이 과제에는 해당 사람이 과제를 완료하는 데 필요한 모든 정보가 포함되어 있으므로 담당자는 자신에게 기대되는 과제와 기한을 명확히 알 수 있다.

과제는 주로 프로젝트 안에 있지만, 반드시 프로젝트 안에 있어야 하는 것은 아니다. 과제는 단일 프로젝트, 또는 여러 프로젝트에 걸쳐 개인에게 할당되지만, 프로젝트에 포함되지 않은 채 독립적으로 존재할 수 있다. 과제에는 댓글을 위한 자리가 있어, 누구나 과제에 댓글을 남겨 질문을 하거나, 생각을 남기거나, 자신과 팀의 과제에 명확성을 더할 수 있다. 과제 댓글은 과제 관리 툴에서 대부분의 커뮤니케이션이 이루어지는 곳이며, 진행 중인 과제와 관련된 모든 토론의 명확한 이력을 제공하므로 매우 유용하다.

과제 댓글에는 해당 댓글이 연결된 특정 과제와 관련된 커뮤니케

이션만 포함되어야 한다.

과제의 기본 개념은 수행해야 할 과제, 수행 방법 및 수행 시기를 정확히 하는 것이다. 과제를 올바르게 사용하면 어떤 것도 '틈새로 누락되는 일은 없다.' 따라서 과제는 전통적인 과제의 정의에서 벗어난 다른 목적으로도 사용할 수 있다. 업무 관리 툴에서 과제를 사용해 업무와 개인 생활에서 원하는 모든 것을 추적할 수 있다. 나중에 자세히 설명한다.

프로젝트에는 과제가 들어 있다. 프로젝트에는 모든 과제를 완료하면 원하는 최종 결과를 얻을 수 있는 결과물처럼 일반적으로 하나의 주요 중점이 있다. 모든 과제를 완료하면 원하는 최종 결과를 얻을 수 있는데, 이를 "전통적인 프로젝트"라고 부른다. 하지만 이는 업무 관리 툴에서 사용할 수 있는 방법의 일부에 불과하다. 한 곳에서 과제를 정리하는 것이 유용할 수 있는 많은 상황이 있는데, 우리는 이를 "비전통적인 프로젝트"라고 부르며, 나중에 살펴보겠다.

지금은 프로젝트에 과제가 들어 있고, 이러한 과제는 파트별로 더 세분화할 수 있다는 것을 알아두기 바란다. 프로젝트에는 프로젝트 내에서 주요 성과를 나타내는 데 사용되는 이정표가 있을 수도 있다. 여기서 중요한 것은 많은 양의 과제를 세분화하고 전체 프로젝트가 순조롭게 진행될 수 있도록 모든 과제를 완료하는 데 중점을 둔다.

포트폴리오는 단순히 프로젝트를 보관하는 것이다. 포트폴리오는 여러 가지 사용 사례 - 부서 내의 모든 프로젝트, 주요 추진 계획을 완료하는 데 필요한 모든 프로젝트, 또는 특정 프로젝트 관리자가 관리하고 있는 모든 프로젝트 등 다양한 상황에서 사용할 수 있다. 포트폴리오는 일을 완수하는 것이 아니라 관리하기 위한 것이다. 제대로 사용하면 조직에서 가장 중요한 모든 업무의 상태를 한 곳에서 모니터링할 수 있도록 대부분의 비즈니스 리더가 열망하는 30,000피트 전망을 만들 수 있다.

과제, 프로젝트 및 포트폴리오는 매우 간단하다. 당신은 당신의 프로젝트를 차후 과제로 분류하는 방법을 알려주는 책이 필요하지 않다. 이 장의 목적은 그런 것이 아니다. 이 장의 목적은 이러한 기능을 팀과 함께 조화롭게 사용하여 효율성을 극대화하는 방법과 창의적인 방법으로 비즈니스 문제를 해결하는 방법을 보여주는 것이다.

이 조합은 말하자면 우리가 레버리지에서 하는 일과 우리가 대부분의 시간을 할애하게 될 일의 '비밀 소스'이다.

이 장의 어느 시점에서든 개별 기능이나 업무 관리 툴 설정 방법에 대해 더 명확한 설명이나 지침이 필요한 경우, comeupforair.com에 무료 자료가 많이 있다.

업 무 관 리 툴 사 용 시 기

다시 숲속 캠핑에 비유하자면, 내부 커뮤니케이션 툴은 워키토키 역할을 하고 업무 관리 툴은 지도 역할을 한다는 것을 알 수 있다. 이 구분이 왜 중요한지 이미 살펴보았지만, 업무 관리 툴의 관점에서 다시 한번 살펴보겠다. *커뮤니케이션 툴과 달리 업무 관리 툴은 언제 사용해야 할까?*

가장 높은 레벨에서, 실행 가능한 것은 무엇이든 업무 관리 툴에 넣어야 한다. (어떤 과제가 완료될지 알고 싶다면 이 툴이 가장 좋은 장소이다.) 커뮤니케이션 툴은 많은 사람들과 함께 브레인스토밍을 하고 프로젝트에서 수행해야 할 일을 생각하는 데 유용하다. 하지만 과제가 완료되어야 한다는 것을 알고 대략적으로 어떤 일이 일어나야 하는지 알 수 있을 정도로 명확해지면 과제를 이관해야 한다.

업무가 툴 자체에 있으면 해당 과제와 관련된 모든 관련 질문, 업데이트, 아이디어, 생각을 업무 관리 툴 내의 관련 과제, 프로젝트 또는 포트폴리오에 추가해야 한다. 여기서 얻을 수 있는 이점은 과제를 완료해야 할 때, 언제든지 이 툴에 들어가서 중요한 첨부파일이든 팀원의 업무에 도움이 되는 정보이든, 필요한 모든 것을 찾을 수 있다는 것이다.

업무 관리 툴은 업무 관련 정보를 검색하는 데 최적화되어 있다. 과제와 프로젝트의 상태를 빠르게 찾을 수 있고 최신 상태로 유지할 수 있다. 하지만 이러한 이점은 무엇이 업무 관리 툴에 있고 커뮤니케이션 툴에 있는지에 대해 같은 생각을 가지고 있을 때만 실현될 수 있다.

팀과 함께 업무 관리 툴을 사용하기 시작할 때, 핵심 원칙을 기억하라. 업무와 관련되어 있다면 업무 관리 툴로 이동하라.

이 의미는:

과제에 대해 질문이 있는 경우,

무언가를 위임하고 싶을 때,

과제에 대한 상태 업데이트가 있는 경우,

무언가의 상태를 캡처하고 싶을 때,

실행 가능한 경우,

그리고 과제가 완료되고 있는지 알고 싶을 때,

업무 관리 툴로 이동한다는 것이다.

일반적으로 대부분의 팀은 커뮤니케이션 툴에 너무 많이 의존하여 그 안에 있는 정보에 대해 대화하는 경우가 많다. 이는 흔한 일이다. 바꾸기는 어렵지만 불가능하지는 않은 행동이다. 레버리지에서는 지금 이것이 신규 직원 교육 및 교육 프로세스의 핵심 부분이다. 그럼에도 불구하고 나는 사람들에게 아사나에 슬랙 메시지를 추가하라고 말한다. 우리는 로봇이 아니기 때문에 완벽할 수는 없지만, 결국에는 습관처럼 될 것이며 대부분의 커뮤니케이션은 올바른 장소에서 이루어질 것이다. #첫걸음

루틴 확립

직장에서 머리가 잘린 닭처럼 정신없이 뛰어다니고 있다고 느낀 적이 있다면, 업무 관리 툴이 제공하는 정리와 우선순위 지정 기능이 마음에 들 것이다. 하지만 모든 새로운 툴이 그렇듯, 사용은 습관이 되어야 한다. 처음부터 루틴에 포함시킬 수 있다면 습관이 빠르게 형성되어 좋은 컨디션을 유지할 수 있을 것이다. 어떤 업무 관리 플랫폼을 사용하든, 자신과 팀의 생산성을 높이기 위해 정기적으로 수행해야 할 두 가지 과제가 있다. 해야 한다:

1. *댓글에 응답해서* 동료로부터의 방해물을 제거하여 과제를 진행할 수 있도록 한다.
2. 들어오는 업무가 상위에 머물도록 *자신의 과제를 정리하고* 할 일 목록을 깔끔하게 유지하라.

이렇게 하는 것만으로도 당신과 당신의 팀은 이미 업무 관리 툴에서 상당한 가치를 얻고 있는 것이다. 20%의 노력으로 80%의 결과를 만들어 내는 것과 같은 이치이다. 아사나에서는 ─ 받은 편지함(Inbox)과 내 과제(My Tasks) ─ 라는 두 가지 핵심 기능을 중심으로 이루어지지만, 모든 툴에는 이름만 다를 뿐 비슷한 기능이 있다. 받은 편지함은 모든 댓글과 업데

이트가 모이는 곳이고, 내 과제는 모든 개별 과제의 우선순위가 정해지는 곳이다.

루틴은 간단한다. 업무 관리 툴을 열고 이메일에서와 마찬가지로 필요에 따라 메시지에 답장, 보관 또는 연기하여 받은 편지함 제로로 만든다. (일부 툴에는 연기 옵션이 없을 수도 있지만, 답장 및 보관은 일반적으로 충분하다.) 이 과제를 먼저 수행하면 팀원 모두가 방해물을 제거할 수 있으므로 팀원들이 과제를 진행할 수 있도록 한다. 누군가가 당신의 연락을 기다리며 엄지손가락을 까딱거리는 것은 부끄러운 일이니까.

받은 편지함 제로에 도달한 후에는 당신에게 할당된 할 일 목록을 살펴본다. 하루를 시작할 때 실제 할 일 목록을 살펴보는 것처럼, 이 목록은 하루 동안 해야 할 일의 개요를 파악할 수 있게 한다. 하지만 실제 할 일 목록과는 달리, 과제를 이동하는 기능이 매우 상쾌하다는 것을 알게 될 것이다. 이동 우선순위를 바꾸고, 마감일을 변경하고, 과제에 메모를 추가하고, 간단한 확인 질문을 하는 등, 이 모든 과제가 단 몇 번의 클릭만으로 가능하다. 적어도 하루에 한 번씩은 확인해야 한다. 새 과제가 할당되었는지 확인하고 필요한 경우 다른 과제의 우선순위를 재조율하라.

이제 방 안의 코끼리에 대해 말해주겠다. 이 시점에서 프레임워크에서 나는 이제 이메일 받은 편지함 제로를 만들고, 하루에 여러 번은 아니더라도 매일 내부 커뮤니케이션 및 업무 관리 툴을 모두 확인하라고 요청해왔다. 그리고 나는 무슨 생각을 하는지 안다.

"닉, 전에는 그냥 이메일만 확인했는데요. 이제 나한테 하루에 세 가지 툴을 여러 번 확인하라고요? 이게 어떻게 더 효율적인가요? 이렇게 하면 전체 '맥락 전환' 문제를 더 악화시키지 않을까요?"

이는 타당한 우려이며, 일상적인 워크 플로우에 큰 극적인 변화일 수도 있다. 하지만 세 가지 툴을 확인해야 하는 단점도 있지만, 장점은 단점보다 훨씬 크다.

첫째, 각 툴에 소요되는 시간을 줄일 수 있다. 이제 세 가지 툴로 시간을 나누게 된다. 예를 들어, 하루에 2시간을 이메일 받은 편지함에서 보냈다면, 이제 30분은 이메일, 내부 커뮤니케이션 툴에 30분, 업무 관리 툴에 30분을 사용할 수 있다. 총 30분이 줄어든 것이다.

이는 각 툴이 정보 검색을 위해 특별히 제작되고 최적화되어 있기 때문이다. 즉, 앉아서 업무를 할 때, 상사가 원하는 내용이나 시작에 필요한 PDF를 찾기 위해 이메일 수신함을 검색할 필요가 없다. 각각 이 세 가지 툴을 올바른 방법으로 사용하면 일상적인 워크 플로우를 더욱 효율적이고 간편하게 만들어 준다.

이 세 가지 툴은 일상을 더욱 효율화할 수 있다. 고객이나 외부 파트너와 함께 일하지 않는 사람들은 하루에 한 번만 이메일을 확인하면 되고, 그 시간은 몇 분밖에 걸리지 않는다. 대신, 하루에 몇 번씩 내부 커뮤니케이션 툴을 우선적으로 확인할 수 있다. 영업사원은 그 반대일 수 있다. 이러한 커뮤니케이션을 분리하면 *자신의 역할에 가장 중요한 것이 무엇인지에 따라 시간을 어디에 할애할지 선택할 수 있으며*, 모든 메시지를 한꺼번에 처리하는 대신 가장 중요한 메시지에 먼저 응답할 수 있다.

또한, 이 시스템은 팀 생산성을 위해 최적화되어 있다는 점도 잊지 마라. 이것은 나만을 위한 것이 아니다. 개인적으로는 시간을 절약하지 못하더라도, 이 시스템은 팀 전체의 시간을 절약해준다. 모든 것이 적절한 위치에 정리되고 보관되어 있기 때문이다. 적절한 위치에, 적절한 레벨의 가시성으로 다른 사람들이 방해받지 않고 필요한 정보를 빠르게 찾을 수 있기 때문이다.

일상적인 워크플로우에 큰 변화를 제안하고 있다는 것을 알고 있지만, 개인 생산성에도 도움이 된다는 점을 기억하라. 그리고 우리의 경험에 따르면 대다수의 사람들이 이 세 가지 툴을 사용할 때 개인 시간을 크게 절약할 수 있었다.

과제(TASKS)

이제 기본 사항을 살펴보았으니, 과제와 함께 시작하면서 – 업무 관리 툴의 각 레벨을 자세히 살펴보고 각각의 방법과 시기에 대한 모범 사례와 몇 가지 미묘한 차이를 다루겠다.

과제는 단순해 보일 수 있지만, 효율적으로 수행하려면 몇 가지 모범 사례가 필요하다. 과제의 전통적인 정의를 "누군가가 해야만 하는 일"[3]로 말할 때 몇 가지 핵심 요소로 나눌 수 있다. 좋은 과제는 일반적으로 관련 프로젝트(또는 프로젝트) 내에 보관되어야 하며 다음을 포함해야 한다:

- 동사가 포함된 짧은 제목. 1백 20자 이하가 좋은 가이드라 인이다.
- 담당자가 정확히 무엇을 해야 하는지 알 수 있도록 명확하 고 실행 가능한 설명.
- 과제를 책임을 질 수 있는 담당자 한 명.
- 관련된 모든 사람에게 적합한 마감일. (시작 날짜도 도움이 될 수 있다.)
- 작업을 완료하는 데 필요한 단계별 지침, 링크 또는 첨부과 일을 포함한 모든 관련 정보.
- 모든 사람이 무엇을 달성해야 하는지, 언제 작업을 완료할 수 있는지 명확히 알 수 있는 정의

많은 도구에서 드롭다운 메뉴, 숫자 필드 등 다양한 도구를 사용할 수 있다. 이를 사용해 우선순위 수준, 예상 완료 시간 등 다양한 정보를 표시할 수 있다.

책임의 분산

한 사람에게 – 그리고 한 사람에게만 – 과제를 할당하는 것은 업무 관리 도구의 과제 자체보다 더 많은 것이 적용되기 때문에 특히 중요한 사항이다.

아사나는 실제로 한 과제에 대해 여러 명의 담당자를 허용하지 않고 그럴 만한 이유가 있다. 브리태니커 백과사전에 따르면 '책임의 분산(diffusion of responsibility)'이라는 현상이 있는데, "이는 방관자의 수가 증가함에 따라 개인적 방관자가 느끼는 책임감이 감소한다는 사실을 말한다. 결과적으로 도움을 주려는 경향도 감소한다."[4]

토니 로빈스(Tony Robbins)는 이를 한 가지 간단한 문구로 요약한 적이 있다: "한 사람 이상이 무언가를 소유하고 있으면 아무도 소유하지 않는다." 여러 사람이 참여하게 되면 누구나 다른 사람이 일을 처리할 것이라고 생각하게 되고, 결국 일을 끝내지 못한다. 이는 명백한 생산성 문제를 야기할 뿐만 아니라,

또한 문제가 발생했을 때 아무도 책임질 준비가 되어 있지 않는다는 의미이기도 하다. 따라서 일반적으로 과제는 한 사람에게만 할당해야 한다(툴에서 여러 명의 할당자를 허용하는 경우에도).

자기 자신에게 작업을 할당할 때는 이러한 규칙이 반드시 적용되는 것은 아니라는 것을 기억하라. 이러한 규칙을 따르는 것은 당신의 삶을 쉽게 만들어 주기 때문에 환영할 것이다. 하지만 자기 자신에게 작업을 할당할 때는 수행해야 할 작업을 기억할 수 있도록 충분한 정보가 있는지 확인하라.

과제 댄스

사람들이 업무 관리 플랫폼을 구현할 때 흔히 반대하는 것 중 하나는 이제 누구나 동의 없이 업무를 할당할 수 있게 되었다는 것이다. 이것은

당신이 이미 수면 아래에 있을 때 특히 어려운 제안이다. 하지만 이 문제는 도구 자체에 있는 것이 아니라 도구가 사용되는 방식이다.

당신에게 작업이 할당되는 것은 요청에 가깝다는 점을 이해하는 것이 중요하다. 작업이 할당되었다고 해서 반드시 해야 한다는 의미는 아니다. 작업을 시작하기 전에 상호 합의가 있어야 한다.

궁극적으로는 누군가가 직접 만나서 하는 것과 다르지 않다. 누군가 당신에게 어떤 일을 맡아달라고 요청한다면 이미 용량이 초과 되었거나 그 일에 가장 적합한 사람이 아닌 경우 적절하게 대응하고 함께 해결책을 찾아낼 수 있다.

업무 관리 도구에서도 마찬가지다. 업무가 할당될 때마다 할당자와 담당자 간에 상호 합의가 있어야 한다. 담당자로서 새 과제를 받으면 스스로에게 물어봐야 한다:

- 이 일을 해야 하나?
- 내 역할에 맞는 일인가?
- 다른 사람이 이 일에 더 적합할까?
- 업무를 시작하기에 충분한 명확성이 있는가?
- 업무을 시작하는 데 필요한 링크, 첨부 파일, 또는 자산이 모두 있는가?
- 마감일이 내 업무량에 맞는가?

이러한 질문에 대한 답변이 "아니요"인 경우, 댓글을 남기고 할당자와 상호 합의해야 한다. 과제가 매우 불명확한 경우, 할당자에게 다시 할당하여 작업을 시작하기 전에 더 명확하게 설명해 달라고 요청할 수도 있다. 그리고 해당 과제가 다른 사람에게 더 적합하다면 댓글을 남기면서 그 사람에게 과제를 할당하여 관련된 모든 사람에게 업데이트할 수 있다.

> 가능하면 적어도 일주일 전에 과제를 배정하라. 이렇게 하면 다른
> 업무에 지장을 주지 않으면서도 담당자가 자신의 업무량에 맞출
> 수 있도록 충분한 사전 통지를 제공한다.

이는 궁극적으로 팀과 조율해야 하는 사항이므로 여기에는 딱딱하고 조급한 규칙이 없다. 하지만 가장 중요한 교훈은 자신에게 할당된 과제는 항상 편안하게 미룰 수 있어야 한다는 것이다. 이는 업무 관리 도구에서 흔히 볼 수 있는 상황이다 – 과제는 종종 모든 사람의 의견이 조율되고 업무 자체가 완전히 명확해질 때까지 앞 뒤로 던져 지고, 나는 이를 "과제 댄스"라고 부르기를 좋아한다.

비전통적 과제

지금까지는 '전통적' 의미의 과제를 살펴봤다. 업무 관리 툴 내에는 전통적인 의미의 과제가 아닌 다른 사용 사례도 있다. 간단히 설명하자면 어떤 일에 마감일을 붙이고 절대 잃어버리지 않는다는 것을 아는 것은 엄청나게 가치 있는 일이며, 단순히 업무와 관련된 과제를 완료하는 데에만 국한될 필요는 없다.

개인 생산성 측면으로 돌아가서, 과제는 머릿속에서 아이디어를 떠올리거나 언젠가 다시 참조하고 싶은 정보를 보관할 수 있는 좋은 방법이다. 예를 들어, 누군가와 대화를 나누다가 그 사람이 내가 탐구하고 싶은 개념을 언급했다면, 나는 재빨리 그 개념을 더 깊이 파고들기 위한 과제를 만들 수 있다. 단 몇 초 만에 그 과제를 만들어서 더 나은 시간을 위해 보관할 수 있다. 잃어버릴 염려가 없다.

대부분의 업무 관리 툴은 설정한 주기(예: 주별, 월별)에 따라 반복되는

과제를 생성하는 방법도 제공한다. 이러한 기능은 유용한 리마인더 역할을 한다. 가장 중요한 고객에게 생일 메시지(매년 생일에 맞춰)를 보내는 과제를 만들어 잊지 않도록 할 수 있다. 일주일에 한 번만 확인해야 하는 특정 툴이나 보고서가 있는 경우 매주 반복 과제를 설정해 놓으면 잊지 않고 확인할 수 있다.

이러한 유형의 비전통적 과제는 개인 생활에도 적용할 수 있다. 예를 들어, 내 팀원 중 한 명은 모든 개인 금융 계좌를 확인하는 과제를 매주 반복하고 있다. 이 과제는 굳이 리마인더가 필요하지 않지만, 중요한 건 그녀가 이 일에 대해 생각할 필요가 없다는 것이다. 그냥 그날의 우선순위 목록에 팝업이 표시되는 것을 보고 재빨리 계좌를 확인한 다음 우선순위에 따라 처리한다. 그 같은 원리를 반복적이든 아니든, 모든 종류의 리마인더에 적용할 수 있다.

대부분의 경우, 이러한 유형의 리마인더 과제는 프로젝트 내에 보관해서는 안 된다. 이는 프로젝트 관리 툴에 대조적인 업무 관리 툴의 또 다른 장점이다 – 특정 프로젝트나 추진 계획에 연결되지 않은 개인 과제를 만들 수 있다는 점이다. 거의 모든 역할에서 생산성을 높여주는 훌륭한 툴이다.

> 비전통적인 방식의 추가적인 사례나 업무 관리 툴에서 어떤 모습인지 보고 싶다면, comeupforair.com에서 스크린샷 등을 확인하라.

프로젝트(PROJECT)

프로젝트 관리 연구소(PMI, Project Management Institute)는 모든 프로젝

트에 대해 다음과 같이 말한다. "모든 프로젝트에는 시작과 끝이 있다. 프
로젝트에는 팀, 예산, 일정, 팀이 충족해야 하는 일련의 기대치가 있다.
각 프로젝트는 고유하며 일상적인 업무(조직의 지속적인 활동)와는 다르다.
프로젝트는 목표가 달성되면 결론에 도달하기 때문이다."[5]

나는 이 정의가 마음에 들며 당신도 공감할 수 있을 것이라고 확신한
다. 이것은 어떤 것이 프로젝트인지 아닌지를 판단하는 모든 핵심 지표
이다. 고유성은 프로세스(Process)와 프로젝트를 구분하는 데 도움이 되
기 때문에 특히 중요하다. 프로젝트를 처음 시작하는 경우, 프로젝트를
완료하는 방법에 대한 확실한 계획이 있을 수 있지만, 완료해야 하는 모
든 사소한 일, 누가 수행할 것인지, 그리고 어떤 순서로 완료해야 하는지
100% 명확하지 않을 수 있다. 프로세스는 이전에 해본 적이 있는 일이
다. 반복할 수 있다. 체크리스트나 템플릿으로 만들 수 있다. 관련된 모든
단계를 알고 있으며 추측할 필요가 없다.

> 프로세스 대 프로젝트의 비율은 조직의 성숙도에 따라 증가해야
> 한다. 회사가 젊을수록 더 많은 것을 파악해야 하고, 더 많은 프로
> 젝트를 보유하게 된다. 성숙도가 높아질수록 더 많은 프로젝트를
> 프로세스로 전환해야 한다.

이 책의 마지막 파트에서는 프로세스에 대해 자세히 살펴볼 것이다.
하지만 지금은 프로젝트는 고유한 반면 프로세스는 반복할 수 있다는 것
을 기억하라.

과제 관리 플랫폼과 관련하여 PMI의 정의는 실제로 "전통적인 프로젝
트"라고 부르는 것에만 적용된다. 이러한 툴에는 단순히 프로젝트 기능
을 사용하여 시작, 종료, 예산, 일정 없이 한 곳에 과제를 정리하거나 기
대치를 충족하는 많은 비전통적 사례도 있다.

따라서, 우리의 목적상, 업무 관리 툴에서 프로젝트는 단순히 시작일과 종료일이 있을 수도 있고 없을 수도 있다. 이 점을 염두에 두고, 전통적인 프로젝트와 비 전통적인 프로젝트의 두 가지 유형이 어떻게 생성되고 관리될 수 있는지 살펴보겠다.

> 프로젝트는 하나의 과제에 담을 수 없을 정도로 충분한 업무를 의미한다. 프로젝트에는 일반적으로 최소한 여러 사람이 여러 과제를 수행한다.

전통적 프로젝트

툴에 관계없이 팀과 함께 프로젝트를 시작할 때 고려해야 할 몇 가지 핵심 요소가 있다. 업무 관리 툴에서는 이러한 요소를 모두 프로젝트 자체에 통합하여 모두가 필요할 때 다시 참조할 수 있다.

이러한 요소에는 다음이 포함된다:

- 전략을 계획하고 궁극적으로 성공적인 결과물에 대한 책임 을 지는 담당자.
- 일상 업무를 감독하고 팀을 관리할 프로젝트 매니저(때로 는 담당자가 이 역할을 수행하지만, 항상 그런 것은 아니 다).
- 각 개인에 대해 명확하게 정의된 역할로 업무를 수행할 팀.
- 예산.
- 모든 사람이 같은 정보를 공유할 수 있는 상태 업데이트.
- 진행 상황을 모니터링하고 결과를 측정할 수 있는 명확하 고 측정 가능한 성공 기준.

처음부터 이러한 요소들을 명확히 하고 조율할수록 성공할 확률이 높아진다. 업무 관리 툴에서는 이러한 유형의 정보를 각 프로젝트의 어딘 가에 보관해야 한다 – 아사나에서는 이 과제가 개요 탭(overview tab)에서 이루어진다. 이 정보를 특별히 보관할 수 있는 기능이 없는 경우, 프로젝트 내의 과제에 보관할 수 있다.

프로젝트가 시작되면 프로젝트를 계속 진행하기 위해 반드시 생성하고 업데이트해야 하는 두 가지 핵심 구성 요소가 있다. 첫째, 프로젝트가 언제 완료될지에 대한 *추진 일정*이 있어야 한다. 처음에는 이 일정이 불분명할 수 있으며 몇 가지 초기 단계로만 구성될 수 있다. 하지만 프로젝트가 진행됨에 따라 계획과 추진 일정을 적절히 업데이트해야 한다. 이렇게 하면 자원과 인력을 조율하는 데 도움이 되므로 모두가 다음 단계와 미래에 어디에 노력을 기울여야 할지 명확하게 알 수 있다.

레버리지에서는 새 프로젝트를 시작하기 전에 사후 검토(postmortem)를 실시하는 것도 좋아한다 – 우리는 이것을 사전 검토(premortem)라고 부른다. 직관적이지 않은 방법이지만, 프로젝트가 끝났다고 상상하는 것이다. 우리는 "무엇이 잘못되었나?", "어떻게 하면 이러한 문제를 예방할 수 있었을까?"라고 자문한다. 처음부터 이러한 질문을 통해 생각함으로써, 우리는 잘못될 수 있는 모든 것에 대해 대비하고 위험 완화 전략을 개발할 수 있으며, 이 전략은 프로젝트 개요에 포함된다.

두 번째 구성 요소는 *반복되는 상태 업데이트(status updates)*이다. 상태 업데이트는 모든 팀원에게 자신의 특정 역할 밖에서 어떤 일이 일어나고 있는지 알려줌으로써 팀을 조율하는 역할도 한다. 하지만 더 중요한 것은 진행 상황을 명확하게 기록하고 잠재적인 장애물이나 문제를 밝혀내는 데 도움이 된다. 이러한 상태 업데이트는 업무 관리 툴에 보관하면 매우 유용하게 활용될 뿐만 아니라, 검색에 최적화되어 있다는 점도 중요하다.

업무 관리 툴에 상태 업데이트를 추가하면 회의의 효율성도 높아진다! 모두가 이미 과거 진행 상황과 프로젝트의 상태를 파악할 것이기 때문에 가장 중요한 일에 더 많은 시간을 할애할 수 있다.

프로젝트 상태 업데이트는 정기적으로 완료해야 한다. 매주 완료하는 것이 좋지만 프로젝트에 따라 더 긴 주기로 조율할 수도 있다. 높은 레벨에서, 상태는 프로젝트가 *정상 궤도에 있는지, 위험에 처해 있는지,* 아니면 *궤도를 벗어났는지* 명확하게 가리켜야 한다. 어떤 이유로 인해 활발하게 처리되지 않는 프로젝트를 표시하는 네 번째 옵션인 *보류 상태*를 포함할 수도 있다.

상태 업데이트가 제대로 작동하려면, 진행 중인 프로젝트에 대해 정상 궤도에 오른 프로젝트와 위험에 처해 있거나 궤도를 벗어난 프로젝트를 구성하는 것에 대해 조율이 필요하다. 하지만 다시 한번 말하지만, 이는 모든 프로젝트마다 다를 수 있다. 한 가지 간단한 예로, 고객 대면 프로젝트의 경우 어떤 이유로든(업무가 계획대로 진행 중이더라도) 고객 불만이 있는 경우 위험 또는 궤도 이탈로 분류해야 하지만, 이것은 내부 프로젝트에는 적용되지 않는다. 따라서 새 프로젝트를 시작할 때 가장 먼저 해야 할 일은 각 상태 표시의 의미를 파악하는 것이다.

다음은 이러한 지표를 조직의 각 프로젝트에 대해 확장할 수 있는 빠른 방법이다.

- 본 궤도에 있음: 계획대로 진행되고 있으며 이정표를 달성 하고 있다.
- 위험에 처함: 프로젝트 완료에 영향을 줄 수 있는 몇 가지 문제가 있지만, 이를 해결하고 정상 궤도로 돌아갈 계획이 있다.

- 궤도에서 벗어남: 프로젝트가 실패할 가능성이 있으며, 다 시 정상
  으로 돌아가는 것이 불가능하거나 불분명하다.

결론은 상태 업데이트를 자주하면 모든 사람이 서로 협력하고 프로젝
트가 순조롭게 진행되도록 도와준다. 좋은 상태 업데이트에는 프로젝트
의 현재 상태, 그리고 다음에 일어날 일에 대한 간략한 설명이 포함되어
야 한다. 또한, 팀이 상태를 보수적으로 업데이트할 것을 권장한다. 프로
젝트가 정상적으로 진행되고 있는지 확실하지 않은 경우에는 신중하게
판단하여 위험에 처한 것으로 표시하는 것이 좋다.

회의 장에서 스카이포인트 디시전의 CEO인 보 킴보로가 업무 관리
툴을 사용하여 비서와의 3시간 회의를 없애고 전사적으로 회의에 소요되
는 시간을 20% 줄인 방법에 대해 언급했다. 상태 업데이트는 이 솔루션
의 큰 부분을 차지했으며, 그의 이야기는 드물지 않다 – 많은 고객들이 이
시스템 덕분에 상태 회의를 완전히 없앨 수 있었거나 최소한 현저히 단축
할 수 있었다. 이는 팀원들의 업데이트를 찾고 검토하는데 대부분의 시
간을 할애하는 리더가 클릭 몇 번으로 필요한 모든 고급 정보를 얻을 수
있게 됨으로써 완전히 판도를 바꿀 수 있게 한다. 작은 변화지만 큰 차이
를 만들 수 있다.

이러한 모든 구성 요소는 프로젝트를 성공적으로 완수하는데 있어 매
우 중요하다. 하지만 이러한 구성 요소가 모든 프로젝트에 정확히 적용
되는 것은 아니다. 그 이유는 이러한 툴의 많은 프로젝트는 다른 용도로
사용되며 내가 "비전통적" 프로젝트라고 부르는 프로젝트이다.

비전통적 프로젝트

비전통적 프로젝트는 업무 관리 툴에서 어떤 방식으로든 과제를 정리
하는 데 사용되는 프로젝트이다. 비전통 프로젝트는 실제로는 프로젝트

가 아니기 때문에 전통적인 프로젝트의 한계를 따르지 않는다 - 프로젝트가 아니라 과제의 그룹일 뿐이다.

당신도 이미 이 툴을 사용할 수 있는 방법을 생각해 보았을 것이다. 한 부서의 모든 잡다한 과제를 정리하고 싶을 수도 있다. 아니면 집안일 관련 리마인더나 개인용 프로젝트를 만들고 싶을 수도 있다. 아니면 팀에 유료 광고와 같이 진행 중인 '프로젝트'가 있는데, 시작일과 종료일이 정해져 있지 않거나 전통적인 프로젝트의 정의에 맞지 않을 수도 있다.

모든 것이 비전통적인 프로젝트의 완벽한 예다. 하지만 한 걸음 더 나아가서 비전통적인 프로젝트의 두 가지 예를 살펴보자.

아사나에서 과제는 여러 프로젝트에 걸쳐 있을 수 있다. 따라서 전통적 프로젝트에 있는 과제를 비전통적인 프로젝트에 추가할 수 있다(전통적 프로젝트에서 중요한 정보를 제거하지 않고).

회의 안건 프로젝트

반복되는 회의의 회의 안건으로 사용할 프로젝트를 만들어 모든 사람이 개별 안건 항목으로 과제를 추가할 수 있다. 그런 다음, 회의에서 안건 프로젝트를 불러와서 각 과제를 진행할 수 있다. 안건 항목이 논의되면 다른 과제가 필요하지 않은 경우, 과제를 완료로 표시하거나, 조치 항목으로 변경하거나 업무 관리 툴의 관련 위치에 추가할 수 있다.

콘텐츠 캘린더 프로젝트

콘텐츠를 만들고, 게시하고, 홍보하는 과정은 복잡할 수 있다. 다양한 사람들과 작은 과제를 조율해야 하지만, 전통적인 의미의 프로젝트는 아니다. 하지만 업무 관리 툴에서 비전통적인 프로젝트의 완벽한 예시이다 - 업무 관리 툴에서 모든 콘텐츠 관련 과제를 한 영역에 그룹화하여 각 과제마다 수행해야 하는 모든 과제를 계획하고 구상부터 발행까지 그 상태를 모니터링할 수 있다. 특히 과제 관리 플랫폼에 캘린더 보기가 있는 경우 프로젝트를 콘텐츠 캘린더로 효과적으로 전환할 수 있다.

이 두 가지 예는 업무 관리 툴에서 프로젝트로 수행할 수 있는 과제의 일부에 불과하다. 대부분의 조직에는 이 두 가지 유형의 프로젝트가 다양하게 존재할 것이며, 경우에 따라서는 전통적인 프로젝트보다 비 전통적인 프로젝트가 더 많을 수도 있다. 교훈은 '전통적인 프로젝트'의 관점에서만 생각한다면 이러한 툴이 제공할 수 있는 가치의 상당 부분을 놓치고 있다는 것이다. 업무 관리 툴의 한 영역에서 과제를 정리하는 것이 유리한 상황은 많다.

> 비전통적인 방식의 프로젝트에 대한 더 많은 사례를 찾고 있다면, 우리가 좋아하는 사용 사례를 comeupforair.com에서 확인할 수 있다.

포트폴리오(PORTFOLIO)

프로젝트는 개선을 이루는 데 필요한 실제 업무(과제 및 이정표)에 초점을 맞추는 경향이 있지만, 포트폴리오는 한 단계 더 높은 개념이다. 간단히 말해, 프로젝트가 과제에 대한 것이듯이 포트폴리오는 프로젝트에 대한 것이다. 포트폴리오에는 프로젝트가 포함되며, 하나의 과제가 여러 개의 프로젝트에 포함될 수 있는 것처럼 프로젝트도 여러 개의 포트폴리오에 포함될 수 있다.

이 계층 구조의 레벨에서 우리는 실제 '업무'에서 벗어나 보다 높은 레벨의 진행 상황 대시보드로 이동을 시작한다. 아사나는 포트폴리오를

"팀을 위한 미션 컨트롤(mission control)"이라고 설명한다. 적절한 설명이다. 프로젝트가 실행에 관한 것이라면, 포트폴리오는 전략에 관한 것이기 때문이다. 금융 포트폴리오와 마찬가지로 관리자가 고객에게 원하는 결과를 보장하기 위해 투자 그룹을 관리하는 것처럼, 조직은 포트폴리오를 사용하여 어떤 프로젝트에 투자할지, 어떤 시기에 투자할지, 각 프로젝트에 자원을 얼마나 할당해야 하는지 결정할 수 있다.

그렇다고 해서 포트폴리오가 리더에게만 적합한 것은 아니다. 프로젝트와 마찬가지로 포트폴리오도 팀과 개인 차원에서 다양한 활용 사례가 있기 때문이다.

결국, 포트폴리오에는 두 가지 핵심 기능이 있다:

1. 팀 전체의 진행 상황을 한눈에 볼 수 있는 3만 피트 보기 생성.
2. 프로젝트 정리.

레버리지에는 분기별 포트폴리오와 각 부서의 모든 프로젝트가 포함된 부서 포트폴리오가 있다. 이를 통해 관리자가 멀리서도 팀의 프로젝트를 주시할 수 있다. 하지만 더 세분화된 레벨에서는 팀원들이 각자의 개인 포트폴리오를 만들어 자신의 업무를 정리하기도 한다. 예를 들어, 여러 프로젝트를 관리하는 프로젝트 매니저가 있다 – 하나의 포트폴리오로 통합하면 모든 프로젝트를 일일이 살펴볼 필요 없이 업무 관리 툴에서 각 프로젝트의 상태를 쉽게 확인할 수 있다. 많은 팀원이 개인 포트폴리오를 만들어 진행 중인 프로젝트를 한곳에서 간편하게 정리한다.

내 경우에는 '관심 목록(Watch List)'이라는 포트폴리오도 있다. 관심 있게 지켜보고 싶은 프로젝트가 담겨 있다. 나는 집중력을 유지하기 위해 5개 미만으로 유지하려고 노력한다. 이렇게 하면 매주 관심 목록을 확인하여 이 프로젝트들을 면밀히 주시할 수 있는 이점이 있다. 반면에 중요하지만, 거의 면밀히 모니터링할 필요는 없는 분기별 포트폴리오, 또는 부서별 포트폴리오는 매달 확인한다.

이것은 나에게 완전히 판도를 바꾸어 놓았다. 포트폴리오를 사용하기 전에는 다양한 프로젝트를 모두 추적하기 위해 레버리지의 모든 프로젝트 담당자에게 확인해야 했다. 이제 나는 클릭 두 번으로 모든 주요 프로젝트의 진행 상황을 확인할 수 있으며, 다른 사람을 귀찮게 하거나 답변을 기다릴 필요도 없다.

이 책을 쓰기 위해 아사나를 사용

이 장을 쓰는 시점에서 나의 책 프로젝트는 나의 관심 목록에 있는 프로젝트 중 하나이다.

나는 책 과제를 글쓰기 프로젝트와 마케팅 프로젝트의 두 가지 프로젝트로 나누었다. 글쓰기 프로젝트는 아이디어, 전문가 팁, 인용문, 할 일, 읽을 만한 자료 등의 파트로 나뉜다. 내 작가인 아이단(Aidan)이 이 책을 쓸 때 염두에 두었으면 하는 내용이 있으면 언젠가 다뤄질 것을 알고 책 프로젝트에 추가할 수 있다. 우리는 적어도 일주일에 한 번 이상 만나서 아사나 프로젝트를 검토하고 미진한 부분에 대해 이야기를 나눈다.

이 책을 위해 내부 및 출판사와의 모든 주요 마감일이 모두 포함되어 있다. 이정표에는 출판사의 마감일 몇 달 전에 완료하여 검토하고 수정할 충분한 시간을 갖기 위한 '초안 완성'과 같은 것들이 포함된다. 사례 연구를 위한 정보 수집, 추가 자원 생성 등 다른 이정표가 있어서 모든 주요 과제가 언제 완료될지 계획할 수 있다.

아이단은 원고 과제를 하면서 정기적으로 상태 업데이트를 생성하여 프로젝트 개요에 표시하므로, 한눈에 마감일을 맞추기 위해 순조롭게 진행 중인지, 아니면 일정에서 벗어나고 있는지 확인할 수 있다. 또한, 내가 어떤 식으로든 그를 막고 있지는 않은지, 또는 기한이 지난 과제가 많은 지도 알 수 있다.

그런 다음 이러한 상태 업데이트는 내 관심 목록 포트폴리오로 가져 와서 책이 어떻게 진행되고 있는지 빠르게 확인할 수 있다. 책 집필이 끝 나고 마케팅 단계로 넘어가면 책 집필 프로젝트를 관심 목록에서 꺼내고 마케팅 프로젝트를 그곳으로 옮긴다.

이러한 포트폴리오와 진행 중인 모든 프로젝트의 상태를 확인할 수 있어서 저자인 나에게 얼마나 유익한지 알 수 있다. 하지만 모든 과제를 정리하고 빠르게 액세스할 수 있어서 마케팅 책임자인 아이단과 그 외 모 든 관련자에게도 유용하다. 이들은 모두 자신의 아이디어와 향후 과제를 관련 프로젝트에 추가하기만 하면 같은 지점에서 다룰 수 있다는 것을 안 다. 그리고 책과 관련된 과제를 해야 할 때, 단지 각 프로젝트 내에서 가 장 우선순위가 높은 업무에 관한 사안이 된다.

CASE STUDY: 베네비티(BENEVITY)

이것이 더 큰 규모에서 어떻게 작동하는지 알아보기 위해 베네비티와 함께한 과제를 살펴보겠다.

베네비티는 나이키, 구글, 코카콜라, 애플과 같은 상징적인 브랜드에 커뮤니티 투자 및 직원, 고객, 비영리 단체 참여 솔루션을 제공하는 글로 벌 기업 목적 소프트웨어의 선두주자이다. 이 회사의 서비스는 조직이 오늘날의 다양한 인력을 더 효과적으로 유치, 유지, 참여시키고 고객 경 험에 사회적 행동을 포함시키며, 지역사회에 긍정적인 영향을 미친다. 포춘(Fortune)의 영향력 있는 기업 20개 중 하나로 선정되었으며, 80억 달러 이상의 기부금과 4,300만 시간의 자원봉사를 통해 전 세계 326,000개의 비영리 단체를 지원하는 등 크게 성공했다.

스타트업으로서 그들은 빠르게 성장했다. 실제로 이들은 2016년 캐나다에서 5,800%의 매출 성장과 함께 세 번째로 빠르게 성장한 스타트업으로 선정되었다. 하지만 이 같은 놀라운 성과만큼이나 빠르게 성장하는 많은 기업이 직면하는 것과 동일한 문제에 직면했다는 뜻이기도 하다. 수많은 추진 계획과 급변하는 업무 환경으로 인해 팀원들이 효율적이고 원활하게 협업할 수 있는 업무 관리 시스템을 도입할 시간이 없었다. 천명 이상의 직원으로 성장했을 무렵에는 진정한 도전이 되었다.

우리는 처음에 마케팅팀과 함께 일했는데, 그들은 너무나도 비슷한 처지에 놓여 있었다. 그들은 일 년 내내 여러 개의 하위 캠페인이 포함된 여러 개의 캠페인, 각 하위 캠페인에 다양한 전략, 그리고 여러 팀원, 프리랜서가 있었다. 이들의 업무는 여러 팀에 걸쳐 여러 계층의 프로젝트로 진행되었지만 각 팀은 때로는 전체 계획이 올바른 방향으로 제대로 진행되고 있는지 모른 채 각자의 고립된 곳에서 일하고 있었다.

그리고 우리가 들어갔을 때, 그들은 올해의 가장 큰 추진 계획 중 하나를 준비하고 있었다 – 그들은 기부 시즌(Giving Season)이라고 불렀다. 기부 시즌은 캠페인과 여러 하위 캠페인으로 구성되며, 각 캠페인은 마케팅 팀원이 주도했다. 그리고 각 캠페인에는 여러 그룹의 사람들이 참여하는 여러 가지 전략이 있었다. 더 복잡하게 만들기 위해 특정 캠페인에 속하지 않는 일부 전략도 있었다.

그리고 그들은 지라(Jira), 박스(Box), 슬랙 및 마이크로소프트 엑셀의 결합으로 관리하고 있었지만 – 이러한 유형의 업무를 관리하도록 설계된 툴은 하나도 없었다.

모두가 출시와 목표에 도달하기 위해 노력하는 것처럼 보였지만, 각 팀마다 다른 지도를 가지고 있었다. 우리의 목표는 모든 팀이 같은 지도

위에서 같은 방향으로 나아갈 수 있도록 하는 것이었다.

그들에게 정말로 필요한 것은 모든 하위 캠페인, 전략 및 팀을 한곳에서 전체 캠페인을 감독할 수 있는 방법이었다. 더 나아가, 캠페인 전체가 원하는 방향으로 진행되고 있는지, 그렇지 않다면 부족한 부분은 무엇이고 어떻게 해야 하는지 신속하게 시각화할 수 있는 방법이 필요했다.

우리는 그들을 아사나로 안내하고 그들의 팀과 협력하여 모든 계층으로 구성된 구조를 만들기 시작했다. 기부 시즌 캠페인은 시작하기에 완벽한 장소이자 아사나의 포트폴리오와 프로젝트에 대한 완벽한 사용 사례였다.

먼저 기부 시즌을 위한 포트폴리오를 만들었다. 여기에는 성공적인 기부 시즌을 만드는데 필요한 모든 캠페인과 전략을 담았다. 우리는 각 하위 캠페인의 진행 상황을 추적하고 상급자에게 진행 상황을 보고하는 책임을 지는 담당자를 지정했다.

거기서부터 러시아 중첩 인형과 비슷했다. 우리는 보다 큰 기부 시즌 포트폴리오 안에 살고 있는 각 하위 캠페인에 대한 포트폴리오를 만들었다. 각 하위 캠페인 포트폴리오에는 각 전략에 맞는 프로젝트가 포함되었다. 추가적으로, 이러한 프로젝트에는 해당 과제를 완료하는 데 필요한 모든 인력과 업무가 포함되었다. 또한, 특정 캠페인에 속하지 않는 몇 가지 전략도 있었는데, 이는 단순히 독립형 프로젝트로서 더 큰 기부 시즌 포트폴리오에 추가되었다.

이 포트폴리오와 프로젝트의 계층 구조는 전체 캠페인에서 수행되는 모든 과제를 매우 체계적으로 관리했다. 누구나 모든 하위 캠페인과 전략을 쉽게 탐색하여 어떤 과제가 진행 중인지 확인하거나 필요한 경우 다른 팀을 도울 수 있었다. 뿐만 아니라, 상태 업데이트를 통해 3만 피트 상공에서 진행 상황을 쉽게 확인할 수 있었다.

이 경우 각 전략은 매주 상태 업데이트를 했다. 프로젝트를 정상 케도, 위험, 또는 궤도 이탈로 나열하고 수행한 과제를 요약했다. 그런 다음 이러한 상태 업데이트를 모아 올려서 하위 캠페인의 상태를 결정하고, 각 하위 캠페인의 상태를 모아 올려서 전체 기부 시즌 캠페인의 상태를 결정했다.

즉, 캠페인 진행자는 기부 시즌 포트폴리오를 빠르게 살펴보고 각 하위 캠페인의 상태를 확인할 수 있었다. 만일 모든 것이 정상 궤도에 있다면, 순조롭게 진행되고 있다는 것을 알 수 있었다. 특정 하위 캠페인이 위험에 처해 있거나 궤도에서 벗어난 경우에는 해당 하위 캠페인을 열고 더 자세히 살펴볼 수 있었다. 상급자와 이야기할 때는 캠페인이 현재 어느 단계에 와 있는지 필요한 경우 캠페인의 현재 상황을 매우 구체적으로 설명할 수 있었다.

다른 사람들도 마찬가지이다. 각 마케팅 관리자가 하위 캠페인의 진행 상황을 쉽게 확인하고 문제가 발생하거나 추가 지원이 필요한 부분을 정확히 찾아낼 수 있었다. 다른 사람을 귀찮게 하거나 회의를 소집하지 않고 몇 번의 클릭만으로 모든 정보를 확인할 수 있었다.

이러한 유형의 러시아 중첩 인형 구조는 여러 산업 분야의 팀에서 반복해서 나타난다. 대부분의 기업은 여러 팀이 서로 연결된 여러 프로젝트에 집중하는 대규모 추진 계획을 운영하고 있다. 이런 경우에는 업무 관리 툴을 사용하여 업무 및 상태 업데이트를 계층화하여 명확한 계층 구조를 만들면 업데이트를 검색하거나, 또는 사람들을 쫓아다니느라 시간을 낭비할 필요 없이 필요한 정보에 쉽게 액세스할 수 있다.

일상적인 워크 플로우의 능력 최대화

업무 관리 툴의 진정한 가치는 매일 팀과 함께 워크 플로우의 능력을 최대화하는데 있다. 우리는 이러한 툴에 대해 생각하는 방법, 툴 사용 모범 사례, 그리고 다양한 기능에 대해 자세히 설명했다. 이제 잠시 시간을 내어 가장 중요한 부분만 내용을 살펴보겠다.

이해해야 할 세 가지 구성 요소가 있다는 점을 기억하기 바란다:

1. 언제 다른 툴이 아닌 업무 관리 툴을 사용해야 하는지 알기.
2. 댓글과 메시지에 효율적으로 응답하기.
3. 과제를 정리하고 우선순위를 정하기.

당신과 당신의 팀이 이 장의 다른 모든 내용을 잊어버리더라도, 업무 관리 툴에서 이 세 가지 요소만 마스터하면 대부분의 조직보다 훨씬 앞서 나갈 수 있다.

세 가지 핵심 사항

1. 어떤 일이 완료되고 있는지 알고 싶다면, 업무 관리 툴에 들어가야 한다.
2. 업무 관리 툴을 팀 전체에 효과적으로 사용하려면 모든 팀원이 매일 과제를 정리하고 댓글에 응답하는 습관을 들여야 한다.
3. 업무 관리 툴을 설정하고 효과적으로 사용하는 데는 시간이 걸릴 수 있다. 하루아침에 이루어질 거라고 기대하지 말고, 과제 정리부터 시작해서 프로젝트, 포트폴리오 순으로 정리하라.

전 문 가 팁

- 댓글에 답글을 달지 않아도 되는 경우가 있다. 그러나 댓글을 확인할 필요는 있다. 업무 관리 플랫폼에서 허용하는 경우, 댓글에 엄지 척을 남기거나 '좋아요'를 남기면 보낸 사람에게 메시지를 읽었음을 알릴 수 있다. 답장을 입력하는 것보다 빠르다.

- 회의 안건 프로젝트를 만들기로 결정한 경우, 회의의 각 사람을 위한 파트를 만드는 것이 좋다. 이렇게 하면 그 항목들에 그들 스스로를 할당하거나 과제 목록을 어지럽히지 않고도 안건 항목(과제)을 생성할 수 있다.

- 업무 관리 툴을 사용하면 마감일을 쉽게 변경할 수 있지만, 언제 일을 끝낼 수 있는지 현실적으로 정하라.

  많은 사람들이 마감일을 지나치게 높게 잡아서 결국 과제를 여러 번 미뤄야 하는 경우가 많다. 처음부터 현실적인 마감일을 정하면 팀의 우선순위를 명확히 하고 시간을 절약할 수 있다. 여러 번 연기할 필요가 없다.

- 새 팀원을 채용할 예정이라면, 업무 관리 툴에 가짜 사용자를 만들어 보라. 그러면 사람들은 가짜 사용자에게 관련 과제를 할당할 수 있으며, 실제 직원이 신규 직원 교육을 받으면 과제를 재할당할 수 있다. 이 방법은 사람들이 용량을 초과한 경우에도 자신이 처리하고 싶은 과제를 가짜 사용자에게 떠넘길 수 있기때문에 유용할 수 있다. 이 과제 목록을 기반으로 다음 채용 대상자를 결정할 수 있다.

다음 단계는?

　이제 이러한 툴이 기본적인 레벨에서 어떻게 작동하는지 살펴보았으니 팀과 함께 사용할 차례이다. 다음 장에서는 당신과 팀이 매주 일할 내용을 계획하는 데 사용할 수 있는 매우 유용한 시스템을 수행하는 방법을 알아보겠다. 본질적으로 업무 관리 툴을 사용하거나, 혹은 사용하지 않고도 수행할 수 있는 간단한 프로세스로, 아무도 과부하가 걸리지 않도록 하면서도 팀과 일관된 개선을 이루기 위한 열쇠이다.

7

업무량 및 용량

나는 품질이 제로에 가까워진다는 사실만 신경 쓰지
않는다면 더 많이 일할 무한한 용량을 가지고 있다.

- 스콧 아담스(Scott Adams),

작가 겸 만화가, 딜버트 연재 만화 제작자

문제: 대부분의 사람들은 자신의 역할 내에서 회의 및 기타 활동에 얼마나 많
은 시간을 소비하는지 고려한 적이 없기 때문에 자신의 실제 능력을 알지 못
한다. 그 결과 새로운 업무에 얼마나 많은 시간을 할애해야 하는지에 대한 비
현실적인 예측을 하게 되고 모든 업무를 완수하기 위해 장시간 근무하게 된다.

해결책: 회의 및 관리 업무에 소요되는 시간을 고려하는 것이 실제 업무 시간
을 계산하는 열쇠이다. 일단 모든 사람이 이 계산을 완료하면, 사람들은 자신
에게 현실적인 업무량을 할당하는 동시에 우선순위가 가장 높은 업무는 확실
하게 완료할 수 있다.

내회사를 설립하고 수천 명의 다른 사람들과 함께 일하면서 대부분
의 리더가 팀원들에게 원하는 것이 같다는 것을 알게 되었다.

일반적으로 리더는 초인적인 능력을 원하지 않는다. 직원들이 평생
을 바쳐 일하거나 회사를 위해 헌신하거나 비즈니스를 재창조하거나 믿
을 수 없는 성과를 내기를 기대하지 않는다. 직원들의 에너지가 소진되

는 것을 원하지 않는다.

그들이 원하는 것은 아주 간단하다:

- 그들은 업무가 올바른 순서로, 올바른 사람이, 제시간에, 중복된 노력 없이 진행되는지 알기를 원한다.
- 그들은 팀이 항상 적재적소에 노력을 기울이고 조직을 발전시킬 수 있는 프로젝트에 집중하고 있다는 것을 알고 싶어한다.
- 그들은 책임감, 투명성, 가시성을 원한다.
- 그들은 상호 기대치가 일치하기를 원한다.
- 그들은 직원이 에너지를 소진하는 것을 피하고 싶어 한다.
- 그들은 무엇이 완료되고 무엇이 현재 진행 중이고 무엇이 방해가 되고 있으며, 무엇이 앞으로 할 일인지를 알기 원한다.
- 그들은 어떤 프로젝트가 본 궤도에 있는지, 어떤 프로젝트가 궤도를 벗어났는지, 어떤 프로젝트가 방해받고 있고 그 이유가 무엇인지를 포함하는 프로젝트의 상태를 알고 싶어 한다.
- 그들은 누가 여분의 용량을 가지고 있는지, 누가 적정 용량에 있는지, 누가 용량을 초과했는지 알고 싶어 한다.
- 그리고 그들은 잔소리나 세세한 관리, 또는 직원들의 목을 조르지 않고도 이러한 정보를 쉽게 찾을 수 있기를 원한다.

다시 말해, 그들은 자신의 개입 여부와 관계없이 일관된 개선을 이루는 잘 기름칠 된 장치를 원한다.

하지만 이 책은 관리자와 임원만을 위한 책이 아니다. 좋은 시스템은 업무를 수행할 개인에게도 잘 작동해야 한다. 이들의 우선순위는 관리자나 임원과 다르지만, 마찬가지로 중요하다.

팀원들은 대부분의 사람들이 원하는 것을 원한다:

- 그들은 일과 삶의 균형을 원한다.
- 그들은 자신의 업무가 더 큰 목표에 어떤 영향을 미치는지 알고 싶어한다.
- 그들은 자신의 노력이 올바른 곳에 투입되고 있는지 알고 싶어한다.
- 그들은 자신이 어떤 일을 하고 있는지, 어떻게 일을 처리하는지 피드백을 받고 싶어 한다.
- 그들은 상사와 동료가 자신의 노력과 성과를 인정해주길 원한다.
- 그들은 업무에 압도당하거나 과부하가 걸리고 에너지가 소진되는 것을 피하고 싶어한다.
- 그들은 현실적인 마감 기한과 업무량과 함께 명확한 우선 순위를 원한다.
- 그들은 자신의 고유한 기술을 활용하는 고부가가치 업무에 시간을 할애할 수 있기를 원한다.
- 그들은 자신의 기술을 향상하고 경력을 발전시키기를 원한다.

이는 CEO가 팀에 원하는 것만큼은 아니더라도 그만큼 중요하다. 고도로 숙련된 팀이 요구가 충족되고 즐겁게 일할 수 있는 생산적인 환경에서 일할 수 있다면 더 큰 성과를 낼 수 있다. 실제로 연구에 따르면 행복한 직원은 생산성이 12% 더 높고 시간을 더 효과적으로 사용한다고 한다.[1]

스프린트(sprint, 전력질주) 계획은 양측이 타협 없이 원하는 것을 얻을 수 있는 간단한 프로세스이다. 그 결과 스트레스가 적고 건강한 업무 환경이 조성되어 사람들이 일을 즐기고 스스로 문제를 해결할 수 있는 권한을 부여받게 된다. 무엇보다도 관리자와 직원 간에 상호 기대치를 형성하여 우선순위를 정하고 에너지 소진을 유발하지 않으면서 일관된 개선이 이루어지도록 한다.

나는 이를 하나의 선원 팀이라고 생각하고 싶다. 팀원 모두가 올바른 방향으로 적시에 노를 젓고 있으면 순조롭게 진행된다. 그렇지 않으면 지저분해진다. 스프린트 계획은 팀이 함께 올바른 방향으로 노를 저을 수 있도록 도와준다.

> 직장에서 발생하는 많은 문제는 잘못된 기대치의 결과이다. 스프린트 계획은 관리자와 직원, 동료 팀원 간 주어진 시간 내에 달성할 수 있는 것과 달성할 수 없는 것에 대해 상호 기대치를 설정한다.

당신과 팀이 활발하게 진행 중인 프로젝트뿐만이 아니라, 프로젝트와 관련이 없는 업무가 몇 개 있다고 가정해 보겠다. 스프린트 계획은 다른 모든 것에 적절한 시간을 할당하는 동안 모든 사람의 시간 우선순위를 정하고 해당 프로젝트에서 개선이 이루어지고 있는지 확인하는데 사용하는 프로세스이다.

스프린트 계획(SPRINT PLANING) 이론

사실 스프린트 계획은 내가 발명한 개념이 아니다. 이 개념은 수십 년 동안 사용되어 왔으며, 많은 산업 분야에서 일반적으로 사용되고 있기 때문이다. '스프린트 계획'이라는 추상적인 개념은 인류 역사상 가장 큰 프로젝트가 얼마나 많이 완료되었는지를 나타내는 것이라고 주장할 수도 있다. 언급하지 않았을 뿐이다.

스프린트 계획은 애자일(Agile)이라는 소프트웨어 개발 방법론에서 비롯된 과제 수행 방법으로, 팀이 작지만, 소모적인 단위로 일하고 반복적으로 프로젝트를 관리하는 접근 방식이다. 간단히 말해, 팀이 짧은 기간 내에 일정량의 업무를 완료하기로 합의하는 것이다.[2]

일반적으로 이 과제는 더 큰 프로젝트와 관련이 있으므로 팀은 프로젝트를 진행하기 위해 어떤 일이 필요한지 살펴보고 프로젝트를 개선시키고 우선순위가 가장 높은 과제를 완료하는 데 동의한다. 스프린트가 끝나면 재평가하고 다음 스프린트를 계획한다.

이 업무 방식은 예측하기가 더 쉬워 프로젝트 일정이 끝날 무렵에 큰 돌발 상황이 발생하지 않도록 도와주기 때문에 빠르게 움직이는 팀에게 매우 유용할 수 있다. 또한, 크고 위협적인 프로젝트를 관리하기 쉬운 덩어리로 나눌 수 있다.

간단한 설명! 애자일 프로젝트 관리 방법론과 철학의 전반적인 세계가 있다. 스프린트 계획은 어떤 형태로든 그것들이 많이 포함되어 있다-주로 스크럼(Scrum)과 칸반(Kanban).

더 깊은 수준의 이해에 관심이 있다면 프로젝트 관리 연구소의 PMI.org를 확인해 보기 바란다.

이 장에서는 스프린트 계획에 대해 내가 *변형한 것*을 논의할 것이다-이것은 스크럼 마스터가 정의하는 '진정한' 스프린트 계획이 아니다(매우 실제적인 제목). 내가 한 일은 스프린트계획 프레임워크를 가져와서 일반 팀이 더 유연하고 접근하기 쉽도록 조율한 것이다. 또한, 이 프레임워크는 (전통적인) 프로젝트 관련 업무와 비프로젝트 관련 과제 모두에 사용할 수 있다. 업무량, 용량, 우선순위를 조율할 수 있는 정말 간단한 방법이다.

이러한 변화를 통해 거의 모든 산업 분야의 모든 팀에서 적용될 수 있다고 확신한다. 그리고 기술이나 경험에 관계없이 거의 모든 사람이 수행할 수 있다.

당신과 당신의 팀이 현재 스크럼, 칸반, 애자일과 같은 방법론을 사용 중이라면, 현재 하고 있는 과제를 보완하는 데 유용할 것이다. 업무량과 용량의 균형을 맞추는 시스템이 없다면 이 방법이 숨을 쉬는데 매우 유용할 것이다.

완벽한 세상에 있다면, 프로젝트를 완료하는 데 필요한 모든 과제를 모두 알고 있을 것이다. 하지만 우리는 완벽한 세상에 살고 있지 않고, 그것이 발생되는 대부분의 프로젝트가 시작될 때 미지의 요소가 너무 많다. 아마도 이것이 새로운 소프트웨어 개발과 같이 복잡한 과제에는 도움이 될 수 있다. 하지만 이러한 업무 방식은 소프트웨어 개발에만 국한된 것이 아니다.

존 F. 케네디가 달에 사람을 보내겠다고 선언했을 때, 나사(NASA)는 어떻게 달에 갈지 확신하지 못했지만, 우주 비행사가 달 위를 안전하게 걸을 수 있는 우주복을 만들고 달 착륙선을 만드는 등 복잡한 프로젝트가 많다는 것을 알고 있었다. 그들은 닐 암스트롱과 버즈 올드린을 달에 보내고(돌아오게) 하기 위해 각 프로젝트의 모든 미지의 측면을 체계적으로 해결해야 했다.

본질적으로, 그들은 수천 년 동안 인류가 해왔던 것처럼 목표를 세우고 그 목표를 달성하는 데 필요한 이정표를 알아내기 위해 역으로 노력했다. 그런 다음 그들은 이미 알고 있는 것부터 시작하여 과제를 시작하고 거기에서 첫 번째 문제를 해결하고, 다음 문제를 해결하고, 그다음 문제를 해결했다. 스프린트 계획이 탁월한 이유는 바로 여기에 있다. 팀이 복잡한 프로젝트를 관리 가능한 과제로 나누고 우선순위를 정할 수 있다. 매주 우선순위를 정할 수 있으므로 항상 가장 중요한 일에 집중할 수 있도록 도와준다. 이 시스템은 공식에 의해서 추측을 제거하여 팀이 체계적으로 일할 수 있게 한다. 최우선순위를 정하고 체계적으로 일하여 원하는 결과를 달성할 수 있다.

전통적인 스프린트 계획은 일반적으로 프로젝트 내의 과제에 초점을 맞추지만, 우리의 변형된 스프린트 계획은 프로젝트와 관련이 있거나 관련이 없는 모든 과제의 조합을 위해 설계되었다. 따라서 여러 프로젝트를 진행 중이거나 전혀 진행하지 않더라도 스프린트 계획을 사용하여 우선순위가 가장 높은 과제를 완료할 수 있다.

이 모든 것을 고려할 때, 이 목적을 위해 꼭 알아야 할 사항은 다음과 같다:

- 스프린트는 일반적으로 일주일에서 한 달 정도의 기간이다.
- 각 스프린트가 시작될 때, 업무의 우선순위가 정해지고 스프린트가 끝날 때까지 완료할 수 있을 것으로 기대하는 각 개인에게 할당된다.
- 회의, 관리 업무 및 기타 필요한 활동을 위한 시간을 고려하여 모든 사람의 업무량이 합리적이고 실행 가능한 수준인지 확인한다.
- 더 많은 과제가 발생하면 다음 스프린트에 추가되거나 현재 스프린트의 우선순위가 변경되어 이를 수용한다.
- 스프린트가 끝나면 모두가 서로를 돌아보며 축하하고 다음 스프린트를 계획한다.

실제로 어떻게 작동하는지 살펴보자.

일반적으로 주 단위 스프린트가 가장 효과적이며, 특히 선순위가 끊임없이 변화하는 신생 기업의 경우에 더 그렇다. 우선순위가 좀 더 안정적인 기존 팀의 경우에는 더 큰 업무에 집중할 수 있고 계획에 소요되는 시간을 줄일 수 있다. 스프린트 길이는 조직 내 팀마다 다를 수 있는 팀 레벨 합의의 좋은 예이다.

스프린트 준비하기

다음 파트에서는 업무 관리 툴에서 팀과 함께 스프린트 계획을 세우기 위한 시스템을 설정하는 방법을 설명하겠다. 우리가 선호하는 툴인 아사나에는 스프린트 계획에 적합한 몇 가지 주요 기능(주로 업무량 보기 및 포트폴리오 메시지)이 있다. 하지만 툴에도 불구하고 이와 같은 시스템을 수행하는 방법은 다양하다. 원한다면 스프레드시트로도 수행할 수 있다.

스프린트 계획의 추상적인 개념을 살펴보면 아주 간단하다. 개인이 정해진 기간에 정해진 양의 과제를 완료하는 데 동의한다. 하지만 그렇게 하려면 먼저 얼마나 많은 시간을 새로운 과제에 할애할 수 있는지 파악해야 한다.

간단히 말해, 주당 40시간을 일하는데 회의에 15시간, 이메일에 10시간, 그리고 자신의 역할에 필수적인 반복 업무에 5시간을 사용한다면 남은 시간은 10시간에 불과하다. 하지만 대부분의 사람들은 매주 40시간의 가용량이 있다고 가정하기 때문에 그 결과 씹을 수 있는 양보다 더 많이 씹어 먹는다. 한 주가 끝날 무렵에는 모든 일을 다 끝내지도 못하고 마치 물속에 있는 것처럼 느껴진다. 가장 나쁜 점은 이미 이 정도의 업무량에 동의했기 때문에, 그냥 건너뛸 수 있는 것이 아니라 반드시 완료해야 해서 근무 시간 이후에도 일을 해야 한다는 것이다.

이것이 바로 스프린트 계획으로 해결하고자 하는 문제이고 간단한 공식을 기반으로 한다:

가용 시간 = 용량 - 관리 - 회의

- 가용 시간: 새 과제에 사용할 수 있는 시간
- 용량: 예상되는 총 근무 시간(예, 주당 40시간)

• 관리: 관리 업무 및 기타 역할 내 책임에 소요되는 시간
• 회의: 회의에 소요되는 시간

가용 시간을 계산할 때 이러한 각 변수는 다가오는 스프린트 기간 내의 시간 수로 입력해야 한다. 따라서 팀이 매주 스프린트를 하는 경우, 다음 주에 관리 및 회의에 사용할 것으로 예상되는 주간 용량과 관리 및 회의에 소요될 것으로 예상되는 시간을 입력한다. 팀이 격주로 스프린트를 하는 경우 다음 2주 동안의 지표를 계산한다.

40시간이든, 50시간이든, 혹은 파트 타임 근무자의 경우 25시간 등 대부분의 사람들이 매주 동일한 시간을 근무할 것으로 예상되기 때문에 용량은 일반적으로 동일하다. 관리는 종종 동일하기도 하지만, 주마다 다를 수 있다. 회의는 가변적이며 캘린더를 보고 결정한다.

요령은 본질적으로 간단하다. 각 스프린트가 시작될 때 용량을 계산한 다음, 스프린트 동안 관리 및 회의에 소요될 것으로 예상되는 시간을 뺀다. 이렇게 하면 가용 시간이 남게 되며, 이는 새로운 과제에 할애할 수 있는 시간이다. 과제에 예상 시간을 추가하면, 남은 가용 시간을 모두 사용할 때까지 가장 우선순위가 높은 과제에 당신을 할애하게 된다. 이렇게 하면 과부하가 걸리지 않도록 하면서 새로운 업무에 합리적인 양을 할당하게 되고 모든 '다른' 과제를 완료할 수 있는 충분한 시간을 확보할 수 있다.

이전 예제를 이 수식에 입력하여 실제로 어떻게 작동하는지 확인해 보겠다.

간단하게 설명하기 위해 팀원들이 매주 스프린트를 하고 있고 주당 40시간 일한다고 가정해 보겠다.

당신의 용량은 40시간이다. 관리는 10시간의 이메일 업무와 반복 과

제 5시간, 즉 총 15시간으로 구성된다. 그리고 캘린더에 15시간의 회의가 있다.

가용 시간 = 용량 - 관리 - 회의

가용 시간 = 40 - 15 - 15

가용 시간 = 10

이 지표를 공식에 대입하면 일주일 동안 10시간의 가용 시간이 있다는 것을 알 수 있다. 이제 업무 관리 툴에서 우선순위가 가장 높은 과제를 살펴보고 4시간짜리 과제가 두 개, 1시간짜리 과제가 두 개 있다는 것을 알 수 있다. 총 10시간이 되므로 이 시간을 합쳐서 한 주 동안의 과제에 추가하면 끝이다!

이 과정이 지나치게 단순해 보일 수도 있지만, 실제로 그렇다. 하지만 문제는 아무도 실제로 그렇게 하지 않는다는 것이다! 그리고 이것이 바로 많은 사람이 업무에 지쳐 있다고 느끼는 주된 이유이다.

1장에서 나는 직원들의 시간 중 58%가 과제에 대한 커뮤니케이션, 문서 찾기, 변화하는 우선순위 관리 등 '업무에 관한 업무'에 소비된다는 점을 지적했다 - 이 동일한 사람들이 이러한 활동에 약 35%만 소비한다고 믿었다. 대부분의 사람들은 자신의 역할 내에서 회의, 이메일 확인, 팀과 소통하고 임시 또는 반복적인 프로세스를 완료하는 데 소요되는 '다른' 활동에 소비해야 하는 시간을 고려하지 않는다. 이 시스템은 이러한 문제를 해결한다.

하지만 나는 관리, 회의, 과제에 정확한 시간을 할당하는 것이 어렵고 다른 레벨의 사소한 일까지 관리하는 것처럼 보일 수도 있다는 것을 이해한다. 가장 먼저 말하고 싶은 것은 이러한 시간은 추정치라는 것이다. 스프린트 계획은 조율의 연습이다 - 주어진 스프린트에서 합리적으로 달성할 수 있는 것을 모든 사람이 관리자 및 팀과 합의를 도출하는 것이지 업무 시간의 모든 시간을 정확하게 할당하는 것이 아니다.

두 번째는 생각보다 쉽다는 점이다. 나는 종종 팀원들에게 스프린트 계획을 세우는 데 5분 또는 10분 이상을 소비한다면 뭔가 잘못되었다고 상기시킨다. 이제 관리 및 회의를 처리하는 방법을 자세히 살펴보라. 무슨 말인지 알 수 있을 것이다.

관리

회의와 관리에 시간을 할당하는 것은 실제 가용 시간을 계산할 수 있기 때문에 매우 중요하다. 현실은 대부분 주 40시간 근무를 하는 사람들의 실제 사용 가능 시간은 20시간도 채 되지 않을 것이다. 그리고 우리 경험에 따르면 그보다 훨씬 적은 경우도 드물지 않는다.

관리는 커뮤니케이션에 소요되는 시간 및 당신의 역할 안에서 책임을 지는 기타 반복되는 모든 활동에 소요되는 시간을 말한다. 팀과 함께 일할 때 대부분의 사람들이 이메일, 내부 커뮤니케이션, 아사나와 같은 툴의 프로젝트 관련 커뮤니케이션을 모두 합쳐서 커뮤니케이션에 하루 최소 2시간을 소비한다는 것을 발견했다. 역할에 따라 더 많거나 적을 수 있다. 커뮤니케이션에 얼마나 많은 시간을 할애하는지 잘 모르겠다면 하루 2시간부터 시작하는 것이 좋다.

반복 활동은 집중하고 싶은 업무와 상관없이 발생하는 모든 '다른' 일이다. 이러한 활동은 타협할 수 없다. 소셜 미디어 관리자라면 조직의 소셜 미디어 계정을 관리하는 데 일정 시간을 할애해야 할 것이다. 다른 사람들은 일정 예약, 관리, 프로젝트 관리, 비용 제출, 그리고 이 숫자에 공헌할 수 있는 더 많은 특정 기능이 있을 수 있다.

요령은 이러한 반복적인 활동의 시간을 정하고, 이상적으로는 그 시간을 각 스프린트에서 일정하게 유지하는 것이다. 필요한 경우 변경할 수 있지만, 모든 활동을 설명하는 일정한 숫자로 유지하는 것이 이상적이다. 이것이 지나치게 어렵게 느껴진다면 최선의 추측으로 시작하여 거기서부터 일하라 – 시간이 지남에 따라 점점 더 많은 스프린트를 계획하면 점점 더 정확해질 것이다. 다시 한번 말하지만, 정확한 지표에 얽매일 필요는 없다.

회의

회의에 소요되는 시간을 계산하는 것은 매우 간단한다. 사용자 캘린더를 보고 다음 스프린트 동안 회의에 참석할 시간을 계산하면 된다. 어떤 경우에는 아직 예약되지 않은 회의가 있거나 스프린트 기간 중에 임시로 열리는 회의가 있을 수 있다. 이러한 회의는 예상할 수 있고 회의에 소요되는 시간은 필요하다면 스프린트 기간 동안 업데이트할 수 있다.

반복적인 관리 업무로 시스템이 계속 작동한다. 출근하는 것만으로도 이미 약속한 것을 하는 것이다.

가 용 시 간 계 산 하 기

관리 및 회의 시간을 결정한 후에는 프로세스가 매우 간단하다. 공식 (가용 시간 = 용량 – 관리 – 회의)에 대입하여 새로운 과제와 프로젝트에 할애해야 하는 실제 시간을 알아보라. 과제에 예상 시간을 첨부하면, 우선순위가 가장 높은 업무를 살펴보고, 가용 시간을 모두 사용할 때까지 과제를 할당할 수 있다(그림 8 참조).

스프린트 계획

가용 시간 = 용량 – 관리 – 회의

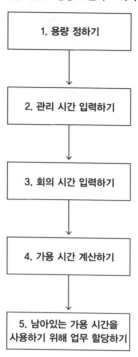

```
┌─────────────────────────┐
│   1. 용량 정하기          │
└─────────────────────────┘
            │
            ▼
┌─────────────────────────┐
│   2. 관리 시간 입력하기   │
└─────────────────────────┘
            │
            ▼
┌─────────────────────────┐
│   3. 회의 시간 입력하기   │
└─────────────────────────┘
            │
            ▼
┌─────────────────────────┐
│   4. 가용 시간 계산하기   │
└─────────────────────────┘
            │
            ▼
┌─────────────────────────┐
│   5. 남아있는 가용 시간을  │
│   사용하기 위해 업무 할당하기 │
└─────────────────────────┘
```

그림 8

약 20명의 비즈니스 리더 그룹과 함께 가용 시간을 계산하는 연습을 한 적이 있다. 나는 그들에게 각자 자신의 용량을 설정하고 다음 주 달력을 검토하여 회의에 소요되는 시간을 계산하도록 했다. 그런 다음 매일 이메일과 내부 커뮤니케이션 툴을 확인하는 데 얼마나 많은 시간을 소비하는지 추정하게 했다. 10시간 이상 과제와 프로젝트에 집중하는 사람은 그 방에서 한 명도 없었다고 생각한다. 관리와 회의만 해도 정해진 용량을 초과하는 사람이 많았기 때문에 말 그대로 새로운 과제를 위한 추가

가용 시간이 없었다.

다음은 그 연습의 실제 예시이다. 이것은 회의 장에서 언급했었던 우리의 고객인 스카이포인트 디시진의 CEO인 킴 보로의 사례이다. (그림 9 참조). 자유롭게 따라 해보고 오른쪽에 자신의 시간을 입력해 보라.

보의 가용 시간		당신의 가용 시간	
회의		회의	
월요일	5	월요일	
화요일	3	화요일	
수요일	2	수요일	
목요일	2	목요일	
금요일	1	금요일	
주말	8	주말	
전체 회의 시간	21	전체 회의 시간	

용량	50	용량	
관리	25	관리	
회의	21	회의	
가용	4시간	가용	

그림 9

보다시피, 보는 다음 주에 추가로 과제할 수 있는 시간이 4시간밖에 없었다. CEO가 주어진 한 주에 4시간만 사용할 수 있는 것은 이상하지 않다. 하지만 문제는 보가 이를 고려하지 않았다는 것이다. 그는 *다음 주에 4시간 이상의 추가 업무를 처리할 계획이었기 때문에 이미 용량을 초과하여 일하고 있었다.* 또 다른 문제는 일주일에 46시간을 관리 및 회의에 사용한다면, 그는 비즈니스에 매달리는 대신에 비즈니스 안에 매달리게 된다. 그리고 그만이 아니다. 이런 상황은 매우 흔한 일이다. 어떤 이유로든 대부분의 사람들은 시간을 내어 앉아서 실제로 얼마나 많은 가용 시간이 있는지 살펴보지 않는다. 그리고 그것이 문제다.

보의 경우 네 가지 잠재적 해결책이 있다:

1. 접시를 더 크게 만든다(용량을 늘린다).
2. 관리 시간을 줄인다.
3. 회의 시간을 줄인다.
4. 그의 업무에서 벗어난다.

2번은 당연한 선택이다. 그는 일주일에 무려 25시간을 관리 업무에 할애하고 있다. 만약 보가 주당 관리 시간을 4시간만 줄일 수 있다면, 그의 가용 시간은 4시간에서 8시간으로 즉시 증가하여 생산성이 두 배로 늘어난다.

이는 별것 아닌 것처럼 보일 수 있는 받은 편지함 제로와 같은 기능이 실제로는 상당한 생산성 향상으로 이어지는지 완벽한 예이다.

> 사업주로서 보는 이상적으로 주당 업무 시간을 20시간으로 줄이고 싶었다. 하지만 이 연습을 한 후 그는 자신이 이미 그 두 배 이상의 시간을 약속하고 있다는 것을 깨달을 수 있었다.

직접 해보기를 권한다. 몇 분밖에 걸리지 않는다. 하지만 그 결과는 충격적일 수 있다.

시작하기

이 시스템은 기술적으로 업무 관리 툴이 필요하지는 않지만, 툴을 사용하면 더 유연하고 원활하게 일할 수 있다. 스프레드시트나 혹은 더 안 좋은 이메일 등으로 스프린트 계획을 세울 때보다 많은 이점이 있다.

아사나에서 이를 수행하는 가장 좋은 방법은 모든 과제를 한 곳에 보관할 수 있는 스프린트 포트폴리오를 만들어 특정 스프린트의 모든 업무를 보관하는 것이다. 스프린트 시작 시 팀원 모두가 자신의 업무를 스프린트 포트폴리오에 추가한다. 그런 다음 업무량 기능과 예상 시간을 위한 사용자 지정 필드를 통해 모든 사람의 과제 용량을 자동 계산하여 누가 용량을 초과하거나 부족한지 명확하게 보여준다. 아사나는 특히 여러 프로젝트의 과제를 모두 스프린트 포트폴리오에 모을 수 있기 때문에 유용하다. 중요한 프로젝트의 과제를 해당 프로젝트에서 제거할 필요 없이 스프린트 보드에 추가할 수 있다. 모든 것이 표시되고 한눈에 볼 수 있고 몇 번의 클릭만으로 검색할 수 있다.

어떤 툴을 사용하든, 요령은 스프린트 기간 동안 집중해야 할 모든 과제를 한 필드에 모으는 것이다. 그러면 모든 사람이 다른 사람의 과제 내용을 볼 수 있다. 업무 관리 플랫폼에서 이 과제를 수행할 때의 주요 이점은 과제를 쉽게 이동하고 우선순위를 재조율할 수 있다는 점이다. 누군가 새로운 과제를 수용하기 위해 스프린트를 이동해야 하는 경우 스프린트를 쉽게 변경할 수 있으며, 자동 업데이트되므로 항상 하나의 기준점이 있다.

이와 같은 시스템을 통해 관리자는 팀원에게 상태 업데이트를 요청하지 않고도 팀원들의 상태를 확인할 수 있고 팀원들은 동료가 자신의 업무에 영향을 미치는 과제를 어떻게 진행하고 있는지 확인할 수 있다.

이 기능을 설정한 후 남은 일은 팀에서 어떻게 사용할지 고민하는 것이다. 이 역시도 아주 간단하다 – 이야기해보자.

동기화된 스프린트

스프린트 계획의 아름다움은 팀이 이러한 방식에 익숙해지면 시스템이 사실상 스스로 실행된다는 것이다. 유일하게 약간 어려운 부분은 스프린트에 추가할 과제를 결정하는 것이지만, 그것조차도 그렇게 복잡하지는 않다. 장담하건대 다음 주의 최우선 과제 대부분을 단 몇 분 안에 제거할 수 있다.

그렇기 때문에 나는 항상 팀원 개개인이 자신의 스프린트 초안을 작성하도록 권장한다. 결국, 업무를 계획하는 데 가장 적합한 사람이 누구일까? 대부분의 경우, 프로젝트를 추진하는 개별 팀원은 다음에 무엇을 해야 하는지 알고 있다. 어떤 경우에는 관리자보다 더 잘 알고 있을 수도 있다. 이 초안은 모든 스프린트 시작 시 회의를 위한 필수 사전 과제고 거기에서 모든 사람의 스프린트가 마무리될 것이다.

내 작가이자 레버리지의 콘텐츠 책임자인 아이단을 예로 들어보겠다. 그는 보통 일회성 기사 작성과 같은 프로젝트와 관련이 없는 업무 외에도 여러 가지 프로젝트를 동시에 진행한다. 내 입장에서는 월요일까지는 서로의 일정을 조율하고 아이든이 한 주 동안 가장 우선순위가 높은 과제를 하고 있는지 확인하고 싶을 뿐이다. 그는 금요일에 스프린트 계획을 세우고 한 주 동안의 우선순위와 시간을 어디에 할당할지 등 큰 틀의 세부 사항을 담은 메시지를 보낸다.

다음은 그가 이전 스프린트에서 시간을 배분한 방식이다:

- 고객 뉴스레터: 2시간
- 회의: 4시간
- 아사나 퀵 스타트 PDF: 5시간
- 받은 편지함 제로 퀵 스타트 PDF: 5시간

- 게스트 기사: 6시간
- 블로그 게시물 활용: 8시간
- 관리: 8시간
- 레버리지 교육: 12시간
- 총: 50시간

높은 레벨에서 나는 신속하게 검토하고 내가 예상했던 것과 일치하는지 확인할 수 있다(보통은 그렇다). 만약 그가 긴급한 일을 처리해야 하거나 우선순위로 생각하지 않는 일에 집중하고 있는 경우, 나는 그와 월요일 정기 회의에서 논의하고 필요하면 함께 스프린트 계획을 변경할 수 있다.

이 과제를 하는 데는 약 5~10분 정도 걸리며, 내가 검토하는 데는 몇 분밖에 걸리지 않는다. 열 번 중 아홉 번은 변경하지 않고 그가 한 주 동안의 계획을 진행할 수 있도록 한다. 대부분의 팀원들도 마찬가지다.

레이 달리오(Ray Dalio)는 그의 저서 '원칙: 삶과 일'에서 "나에게 있어 당신이 책임자로서 얻을 수 있는 가장 큰 성공은 다른 사람들이 나 없이도 일을 잘할 수 있도록 조율하는 것이다."라고 말했다. 보시다시피, 스프린트 계획은 매우 근접해 있다(그림 10). 시스템은 사실상 스스로 실행된다.

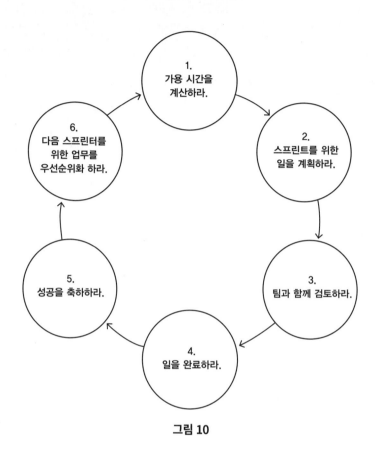

그림 10

성장통

이 새로운 업무 방식을 채택하면서 당신과 당신의 팀은 몇 가지 성장통을 겪을 수 있다. 토니 로빈스는 "대부분의 사람들은 1년 안에 할 수 있는 일을 과대평가하고 20년 또는 30년 후에 할 수 있는 일을 과소평가한다"는 유명한 말을 남겼다. 스프린트 계획에도 비슷한 이론이 적용된다. 가장 흔한 성장통 중 하나는 사람들이 몇 시간 안에 달성할 수 있는 것을 과대평가하고 자신의 역할에서 관리 업무에 소요되는 시간을 과소평가하는 경향이 있다는 것이다. 이런 일이 발생하면 스프린트가 끝날 무렵 모든 일을 끝내지 못했다는 낙담에 빠지게 된다. 사실, 그들은 계획에 약간 과욕을 부린 것뿐이지 큰 문제는 아니다. 이런 일이 직접 발생한다면 관리 시간을 다시 살펴보고 예상 과제 시간에 조금 더 여유를 두는 것이 좋다. 시간이 지나면 이러한 지표를 개선하고 이런 일이 거의 발생하지 않는 리듬을 찾을 수 있을 것이다.

> 스프린트 계획은 세부적인 관리에서의 연습이 아니다. 조율의 연습이다.

또 다른 일반적이고 심각한 함정은 '긴급한' 과제의 빈도로 인해 스프린트 계획이 빠르게 탈선할 수 있다는 점이다. 긴급한 과제는 때때로 필요하지만, 모두가 연이어 불을 끄는 혼란스러운 업무 환경을 조성하기 때문에 너무 많으면 문제를 일으킬 수 있다. 이는 결국 사람들이 자신이 하는 일에 적절한 시간을 할애할 수 없기 때문에 업무의 질에 영향을 미친다.

현실은 대부분의 긴급해 보이는 업무가 실제로는 그렇게 긴급하지 않다는 것이다. 이메일에 바로 답장을 보내지 않는다고 해서 세상이 멸망하지 않는 것처럼, 대부분의 경우 한 사람이 모든 것을 내려놓지 않는다고 회사는 무너지지 않는다.

> 긴급한 과제는 함께 일하는 팀으로부터 가장 많이 듣는 불만 중 하나이다. 긴급한 과제가 지속적으로 발생한다면 한 걸음 물러나서 당신과 팀이 어떻게 일하고 있는지 살펴볼 때이다.
> 모든 것이 긴급하다면, 긴급하지 않은 것은 없다.

스프린트 도중에 '긴급한' 과제를 처리하는 방법은 다음과 같다:

1. 과제를 다음 스프린트로 옮길 수 있는지 물어본다. 사람들은 종종 과제를 긴급한 것으로 간주하지만, 실제로는 즉시 처리해야 하는지 아니면 다음 주까지 기다려도 되는지 생각해 보면, 그것이 큰 차이가 없다는 것을 깨닫게 된다.

2. 만약 그렇게 할 수 없다면, 어떤 일을 뒤로 미뤄야 하는지 고려한다. 사람들의 용량이 초과되는 것을 방지하기 위해, 새로운 과제가 들어올 때마다 다른 과제를 밀어내야 한다.

   종종 당신(그리고 당신에게 과제를 할당하는 사람)이 밀어내야 할 일이 무엇인지 살펴보면 이 긴급한 업무는 실제로는 우선순위가 낮고 다음 스프린트에서 완료할 수 있다는 것을 깨닫는다.

3. 긴급한 과제가 정말 긴급한 것으로 판단되면, 그에 따라 스프린트를 적절히 변경하여 우선순위가 가장 낮은 업무를 다음 스프린트에 추가한다. 관리자에게 이 변경 사항을 알려서 관리자가 새로운 우선순위를 파악할 수 있도록 하라.

   변경 사항의 영향을 받는 사람이 있다면 그 사람에게도 알려주어라.

나는 그들이 급한 과제에 뛰어들어야 해서 매주 그들의 스프린터에서 벗어나 있다고 하는 직접적 보고를 받았다. 단지 조사해 본 후에야 이러한 '긴급한' 업무가 정말 긴급한 것이 아니며, 해당 업무를 배정하는 담당자가 미리 계획할 수 있었다는 것을 알게 되었다. 이는 궁극적으로 더 큰 문제의 징후였다: 우리는 프로젝트를 사전에 충분히 계획하지 않았고 사람들이 특정 유형의 과제를 완료하는데 필요한 모든 단계를 충분히 고려하지 않았다는 점이다.

긴급한 업무가 들어올 때 나에게 바로 알려주었다면 더 큰 문제가 되기 전에 문제를 해결할 수 있었을 것이고, 실제로 그렇게 했을 것이다. 결국, 문제는 해결되었지만, 그 과정에서 귀중한 몇 주가 낭비되었다.

성공을 향한 스프린팅

잠시 시간을 내어 방금 다룬 내용의 중요성을 인정한 다음, 실제로 팀과 함께 이를 시작하는 방법에 대한 몇 가지 팁을 공유하고자 한다. 당신은 일하는 방식을 바꾸는 것은 어렵지만, 스프린트 계획의 이점을 정말 좋아할거라고 생각한다.

이 시스템을 통해 팀원들은 *자신의 업무를 담당하고 우선순위를 설정할 수 있다.* 팀원들이 매주 적절한 양의 과제를 추가할 수 있으므로 야근이나 주말에 '따라잡기'를 강요받지 않도록 도와준다. 누군가 추가 과제를 할당하는 경우, "나는 이미 용량이 다 찼는데 이 과제를 다음 스프린트에 추가할 수 있을까?"라며 확실한 의지를 준다. 그리고 대부분의 스프린트가 비동기식으로 계획되어 있기 때문에 회의에 소요되는 많은 시간을 절약한다.

또한, 모든 사람이 시간을 어떻게 보내는지에 대한 일종의 '평가' 역할도 한다. 처음에는 당신이 회의나 이메일에 얼마나 많은 시간을 소비하는지에 대한 충격적인 공개가 있을 것이다. 그런 다음 그 문제를 해결할 수 있다! 거기에는 제거할 수 있는 불필요한 회의가 있거나, 우선순위가 낮은 활동에 시간을 소비하고 있을 수도 있다. 사람들이 시간을 어떻게 보내는지 확실히 파악하면 조직이 어떻게 운영되는지 많은 것을 말할 수 있다.

세 가지 핵심 사항

1. 스프린트 계획은 사람들이 마치 자신이 일에 빠져있는 것처럼 느끼게 하는 많은 근본적인 문제를 해결한다.
2. 가용 시간 = 용량 - 관리 - 회의
3. 업무 방식을 훨씬 쉽게 바꿀 수 있도록 성장통과 장애물에 미리 대비하라.

전문가 팁

- 제목에 [긴급]을 추가해 긴급한 과제에 명확하게 라벨을 붙여라. 이렇게 하면 어떤 과제가 긴급한지 명확하게 알 수 있을 뿐만 아니라, 이런 일이 얼마나 자주 발생하고 특정 과제가 실제로 긴급한지 여부를 시각화하는 데 도움이 된다.

- 예상 시간을 정하는 데 어려움이 있다면 피보나치(Fibonacci) 지표를 사용해 보라. 피보나치 수열은 유명한 수학 수열로 많은 분야에서 예기치 않게 나타난다. 피보나치 수열은 다음과 같다: 0, 1, 1, 2, 3, 5, 8, 13, 21, 34, 55 . . . 11시간이 걸릴지 12시간이 걸릴지 고민하는 대신 순서에서 숫자를 선택하기만 하면 된다. 요령은 일반적으로 하나의 명백한 선택이 될 이 숫자들 사이에 충분한 공간이 있다는 것이다. 예를 들어, 내 작가인 아이단은 책의 한 장(chapter)을 쓰는 데 몇 시간이 걸릴지 확실하게 말할 수는 없었다. 하지만 그는 21시간 이상 55시간 미만이 될 것이라는 점은 알고 있었다. 따라서 34시간이 논리적인 선택이다. 이 시스템은 예측하기 어려운 대규모 과제에 매우 유용하다.

- 일반적으로 팀이 스프린트 계획을 세우는 데는 보통 시간이 좀 걸린다. 가장 일반적인 성장통과 이를 방지하는 방법은 comupforair.com을 참고하라.

다음 단계는?

방금 CPR 프레임워크에서 가장 중요한 영역 중 하나를 다루었다. 스프린트 계획은 당신과 팀이 매주 일하는 방식을 크게 개선할 수 있는 잠재력을 가지고 있으며, 아마도 물 밖에서 숨쉬기 위한 가장 효과적인 방법일 수 있다.

이제 일상의 사소한 부분 너머를 살펴보겠다. 당신의 조직은 어디로 향하고 있나? 어떻게 그곳에 도달할 수 있을까? 그리고 도착했는지 어떻게 어떻게 알 수 있을까? 이 모든 질문은 비즈니스 운영에서 가장 중요한 부분 중 하나로 들어가는 데에 답을 할 수 있는 것들이다: 목표와 주요 결과.

8

목적(Goals)과 계획

과속하는 것보다 올바른 방향으로 천천히 가는 것이 낫다.

- 사이먼 사이넥(SIMON SINEK),

'왜에서 시작하라: 위대한 리더가 모두가 행동에 나서도록
격려하는 방법'의 저자

문제: 대부분의 조직은 목적을 달성하지 못한다. 능력이 없어서가 아니라, 가장 중요한 것에 집중하고, 정렬하고, 진행 상황을 측정하고, 목적을 달성하는 데 필요한 업무에 연결할 수 있는 시스템이 없기 때문이다.

해결책: 팀이 가장 중요한 것에 대해 조율하고 실시간으로 진행 상황을 추적하며 성공이 무엇인지 명확히 하는 목적 설정 시스템을 수행하는 것이 조직의 장기적인 미션을 달성하기 위한 일관된 개선을 이루는 열쇠이다.

조직은 얼마나 자주 목적를 설정하는가? 모두가 다른 '더 중요한' 업무에 얽매여 그것이 무산된 적이 있는가? 안타깝게도 연구 결과에 따르면 대다수의 기업은 목적의 절반도 달성하지 못하는 것으로 나타났다.[1] 또한, 지식 근로자의 26%만이 자신의 업무가 회사 목적에 어떻게 기여하는지 명확하게 이해하고 있다는 점도 문제이다.[2]

조직은 스스로를 발전시키기 위한 목적이 필요하다. 하지만 그보다 더 중요한 것은 목적를 달성하는 방법에 대한 계획과 진행 상황을 추적할

수 있는 시스템이 필요하다. 너무 많은 팀이 목적을 설정할 때 가장 이와 같은 기본적인 질문조차 생각하지 않고 스스로 목적을 설정한다:

- 목적을 달성했는지 어떻게 알 수 있는가?
- 진행 상황을 어디서 어떻게 측정할 것인가?
- 목적을 달성하기 위해 어떤 업무를 수행해야 하는가?

이와 같은 근본적인 질문에 답할 수 없다면, 당신은 단순히 목적을 달성하기만을 바라고 있는 것이다. 당신은 어떤지 모르겠지만 나에게 희망은 계획 전략이 아니다.

우리는 한 주에서 한 주까지 효율적으로 업무를 완수하는 방법에 대해 다루어 왔다. 하지만 최대한 효율적으로 일하고 있다고 해도 잘못된 일에 집중하고 있다면, 그다지 효과적이지 않을 것이다. 잘못된 방향으로 빠르게 움직이는 것보다 더 나쁜 것은 없다. 바로 이 장의 핵심이다. 목적을 설정하고 달성하기 위한 명확한 전략을 실행하는 것은 최고의 지렛대 중 하나이다.

계획 전략은 효율성과 효과성을 향상시킨다. 그들은 스스로 올바른 결정을 내릴 수 있는 주인 의식을 부여함으로써 팀원들에게 가장 효율적이고 더 효율적인 것에 정렬하여 팀을 더 효과적으로 만든다.

계획 시스템

수년 동안 나는 여러 가지 계획 및 목적 설정 시스템을 실험해 왔다. 이름과 용어는 다르지만, 대부분은 매우 유사하다 – 장기적인 목적을 설정하고, 진행 상황을 측정하는 방법을 명확히 하며, 그리고 이를 달성하기 위해 단기적으로 어떤 일이 일어나야 하는지 산출하는 것이다.

내가 내 비즈니스에 정착하고 고객과 함께 수행하는 시스템을 목표 및 주요 결과(Objectives and Key Results, OKR)라고 한다. 이는 목표와 그 결과를 정의하고 결과를 추적하는 협업 목적 설정 프레임워크다. 이 프레임워크는 팀과 개인이 도전적이고 야심찬 목표를 설정하고 측정 가능한 결과를 도출할 수 있도록 지원한다.

이 프레임워크는 구글, 인텔, 링크드인, 트위터 등 많은 주요 기술 회사에서 사용되어 왔으며, 많은 사람들이 이 프레임워크가 성공에 큰 도움이 되었다고 말한다. 이 프레임워크는 종종 스타트업과 성장하는 기업이 초점을 정리하고, 우선순위를 명확히 하고, 미래 비전에 대한 명확한 궤적을 그리는 데 자주 사용된다.

OKR은 명확성, 집중력, 조율 및 책임감을 제공한다.

모든 사람이 가장 중요한 것이 무엇인지 명확히 알면, 개인은 스스로 결정을 내리고 원하는 최종 결과를 달성하는 데 가장 중요하다고 생각하는 것에 집중할 수 있다.

또한, 대부분의 업무 관리 툴에 OKR을 추가할 수 있으므로, 목적과 목적 달성을 위해 수행되는 업무와 연결되도록 할 수 있다. 레버리지에서는 '특별한 소스'를 활용하면 측정 방법을 명확히 하고, 이를 업무 관리 툴에 통합한 다음 필요한 프로젝트, 이정표 및 개선을 이루는데 요구되는 과제를 생성하여 OKR 구축을 위한 특별한 프로세스를 생성한다. 계획 기간이 시작될 때, 목표를 달성하기 위해 무엇을 해야 하는지 명확하게 알 수 있고, 마지막에는 목적을 달성했는지 여부가 매우 분명하다(그리고 그 이유).

목표(OBJECTIVES) 및 주요 결과

OKR은 두 가지 구성 요소로 이루어진 비즈니스 목적의 일종이다: 목표와 3~5개의 주요 결과(그림 11 참조). 목표는 몇 가지 주요 결과와 연결되는 큰 정성적 목적이다. 주요 결과는 목표의 성공을 정의하는 데 사용되는 보다 정량적인 측정치이다. 이 두 가지 구성 요소의 조합, 즉 정성적 목표와 측정 가능한 몇 가지 정량적 주요 결과의 조합이 이 프레임워크가 매우 명확함을 제공하는 이유이다. 모호한 정성적 목표도 측정 가능하고 달성 가능한 구체적인 주요 결과로 세분화할 수 있다. 그런 다음 각 주요 결과를 달성하고 그 과정에서 진행 상황을 모니터링한다.

요령은 질적 목표 ('우리 업계에서 최고의 권위자 되기' 같은 것)를 설정하고 "목표 달성을 보장하기 위해 어떤 대상을 측정하고 쳐내야 하는가?"라고 자문하는 것이다. 그러면 이러한 목표가 주요 결과가 되고, 그 주요 결과를 향해 만들어진 진행 상황이 해당 목표의 진행을 결정하기 위해 모여진다. (선행 지표와 후행 지표에 익숙하다면, 목표를 후행 지표로, 주요 결과를 선행 지표로 생각할 수 있다.)

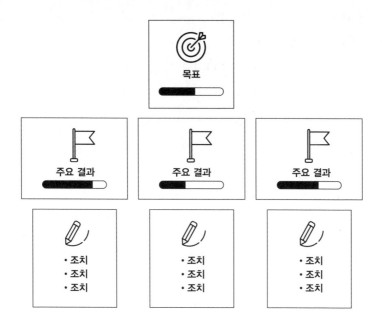

그림 11

　주요 결과는 일반적으로 30만 달러의 수익 창출 또는 10명의 신규 팀원 채용과 같은 특정 지표를 달성하는 데 중점을 둔다. 경우에 따라서는, 새로운 급여 시스템으로의 전환과 같은 이정표나 프로젝트의 완료일 수도 있다. 즉, 지표나 숫자는 아니지만 완료되면 회계 프로세스 개선이라는 더 큰 목표를 달성하는 데 도움이 되는 프로젝트다.

　하지만 측정 방법과 관계없이 가장 중요한 것은 측정할 수 있다는 것이다. 이것이 주요 결과를 정의하는 것이다. 주요 결과를 측정할 수 없다면, 달성 여부가 불분명해진다. 그러면 결과적으로 해당 목표가 달성되었는지 여부도 불분명해진다.

　다음은 OKR의 세 가지 간단한 예시다. 실제로 어떻게 작동하는지 살펴보자.

OKR #1

목표: 재무 건전성 개선

- 주요 결과 1: 수익 1천만 달러에서 4천만 달러로 증가
- 주요 결과 2: 수익 5천만 달러에서 1억 달러로 증가
- 주요 결과 3: 3천만 달러에서 8천만 달러로 연간 반복 수 익 증가
- 주요 결과 4: LTV:CAC(고객 평생 가치 대비 고객 획득 비용) 비율 1.5에서 2로 증가

OKR #2

목표: 팀 성과 개선

- 주요 결과 1: 새롭고 개선된 채용 시스템 개발
- 주요 결과 2: 5명의 신규 팀원 채용
- 주요 결과 3: 내부 시스템 교육 프로그램 실시

OKR #3

목표: 마케팅 도달 범위 확대

- 주요 결과 1: 사고 리더십 기사 5백만 조회수 달성
- 주요 결과 2: 신규 뉴스레터 구독자 10만 명 확보
- 주요 결과 3: 팟캐스트 구독자 25만 명으로 증가
- 주요 결과 4: 유튜브 구독자 10만 명으로 증가

목표가 정성적이지만 측정 가능한 주요 결과를 추가하면 팀이 목표를 달성했는지 여부를 명확하게 알 수 있다. 목표가 달성되지 않은 경우, 그 이유도 명확하다. 그런 다음 분기 또는 연도의 OKR을 조정하기 위한 조치를 취할 수 있다.

OKR은 반복적인 프로세스이므로 올바르게 설정하는 데 시간이 걸릴 수 있다. 경험상, 팀이 가장 유용한 목표와 목표를 설정하는 방법을 파악하는 데는 보통 평균 5번의 분기별 주기가 소요된다. 이는 일반적으로 시

스템을 효과적으로 수행하는 방법을 배우기 위해 한 번의 연간 계획 주기가 필요하기 때문이다. 따라서 이 프로세스를 처음 시작하는 경우, 처음 몇 번의 목표 설정 주기는 가장 중요한 목표와 진행 상황을 측정하는 방법을 개선하는 데 사용하는 학습 기회처럼 접근하라.

OKR은 북극성 역할을 한다. 우선순위에 대한 방향을 제시한다. 그래서 조직의 모든 사람이 주어진 기간에 가장 중요한 것이 무엇인지 이해하게 한다.

연간 및 분기별 OKR

OKR을 사용하면 지금부터 1년 후의 모습을 시각화하고 의미 있는 진전을 이뤘다고 느끼기 위해 분기별로 어떤 일이 일어나야 하는지 고려하게 한다 – 그런 다음 연간 및 분기별 OKR을 만들어 실천한다.

사내 OKR 전문가는 종종 연간 OKR을 국토 횡단 도로 여행에 비유한다. 분기별 OKR은 여행의 다리와 같다. 이 짧은 다리는 여정을 단절시키기도 하지만, 또한 전체 도로 여행(혹은 최종 목적지)의 경로를 변경할 수 있는 기회를 제공하기도 한다. OKR 프로세스 전체는 목적지에 도착할 수 있도록 도와주는 내비게이션 시스템이며, 마치 GPS처럼 경로를 벗어나면 자동으로 경로를 다시 계산하는 것처럼 OKR도 마찬가지다.

앞의 재무 건전성 OKR을 예로 들어 보자:

목표: *재무 건전성 개선*

주요 결과 1: 수익을 천만 달러에서 4천만 달러로 늘리기

주요 결과 2: 수익을 5천만 달러에서 1억 달러로 늘리기

주요 결과 3: 3천만 달러에서 8천만 달러로 연간 반복 수익 증가시키기

주요 결과 4: LTV:CAC 비율 1.5에서 2로 증가

이것은 연간 OKR이며, 4개의 분기별 OKR로 세분화하여 일 년 내내 일관된 진전이 이루어지도록 하는 것을 볼 수 있다. 각 주요 결과의 목표는 원하는 대로 나눌 수 있다. 한 가지 간단한 방법은 네 개로 균등하게 나누는 것인데, 예를 들어, 1분기 OKR은 '1천만 달러의 수익 창출', '20만 달러의 신규 연간 반복 수익 창출' 등의 주요 결과가 있을 수 있다. 그러면 연간 OKR을 달성하기 위해 각 분기별 OKR을 완료하는 것은 간단한 문제가 된다.

하지만 이러한 지표를 분기별로 균등하게 나눌 필요는 없다. 수익 창출을 증가시킬 업무가 전체 과정에 있다면 1분기에 목표를 낮게 설정하고 분기마다 목표를 높여서 연간 목표를 달성하는 것이 좋다.

분기별 OKR은 연간 OKR로부터 만들 필요도 없다. 새로운 소프트웨어 수행이나 마케팅 전략 개선과 같이 연간 목표와 직접 연결되지 않는 분기별로 고려해야 하는 단기 우선 순위가 있는 경우가 많다. 이러한 목표는 연간 OKR에 연결되지 않고 그 자체로 존재할 수 있다.

회사 및 팀 OKR

OKR은 회사 및 팀별로 구분되는 경우도 많다. 여기에는 회사 레벨(매출 증대, 또는 신규 고객 창출과 같은 부서 간 추진 계획)에 있는 일부 OKR과 팀 레벨(새로운 마케팅 전략 출시나 HR 프로세스 개선 등)이 있다. 재무 건전성 향상에 초점을 맞춘 회사 OKR은 예를 들면, 마케팅, 영업, 배송 팀 내의 여러 팀 OKR에 의해서 지원될 수 있다.

회사별, 팀별로 OKR을 분리하면, 업무를 수행하는 사람들이 관련 OKR의 결과에도 책임을 지도록 함으로써 책임성을 높일 수 있다.

그리고 책임에 대해 말하자면, OKR 내에서는 목표와 각 주요 결과 모두 지정된 담당자가 있어야 한다. 수행 중인 과제에 따라 각 구성 요소마다 다른 담당자가 있을 수 있다. 하지만 과제 및 프로젝트와 마찬가지로 중요한 것은 - 각각에 대해 단 한 명의 - 담당자만 있다는 것이다. 일반적으로 주요 결과는 관련 과제를 수행하는 사람들이 담당하고 목표는 보다 관리적인 역할을 하는 사람이 담당한다.

가장 중요한 것에 대한 조율

OKR을 수행하는 첫 번째 단계는 *가장 중요한 것*에 대해 팀과 조율하는 것이다. 팀원 모두에게 "내년에 무엇을 달성하고 싶나?"라는 질문을 던진다면 아마도 수십 가지의 답이 나올 것이다. 팀원들이 이상적으로 달성하고 싶지만, 시간이 충분하지 않을 수도 있다.

따라서 더 중요한 질문은 "이 모든 것 중에서, 무엇이 가장 중요한가?" 이다.

1년 또는 분기 내에 모든 것을 달성할 수는 없으므로, 현재 보고 있는 기간에 가장 중요한 것에 집중하는 것이 중요하다. 이 시스템을 처음 수행하는 경우, 작게 시작하라! 가장 중요한 것 중에서 한 가지 목표에만 집중하라. 그런 다음 주요 결과를 구축하고 진행 상황을 측정할 수 있다. 당신과 팀이 하나의 OKR에 익숙해지면 더 많이 만들 수 있다.

팀 조율은 OKR을 성공적으로 수행하는 데 있어 가장 중요한 부분일 것이다. 이 시스템은 협업적이어야 한다 - 창업자나 몇몇 임원이 혼자서 회사 목표를 세우고 그 목표를 달성하기 위해 팀이 목표를 달성하도록 하는 것이 아니다. 이는 협업 프로세스로, 모든 직원이 팀 전체가 무엇이 가장 중요하고 어떻게 진행 상황을 측정할지 결정하는 것이다. 이를 통해 개인에게 발언권을 부여함으로써 개인에게 힘을 실어주며, 일반적으로 더 나은 OKR 결과를 가져온다. 업무를 수행하는 사람들은 종종 업무가 어떻게 처리되는지 작은 미묘한 차이를 더 잘 알고 있으며, 이는 OKR 작성 방식에 영향을 미치므로 이를 포함하는 것이 중요하다.

OKR을 극대화하는 방법에 정말 관심이 있는 사람들을 위해 더 자세히 알아볼 수 있는 자료를 준비했다. (만일 당신이 지금 OKR을 수행할 계획이 없다면, 나중에 다시 이 파트로 돌아와도 좋다.)

목표 수립

레버리지에서는 아사나의 목표 기능을 사용해 OKR를 추적한다. 이 기능은 설명을 작성하고, 상태를 업데이트하고, 목표 진행 상황을 표시할 수 있는 영역을 제공한다. 하지만 툴에 관계없이 OKR을 보관할 장소와 작성 방법에 대한 템플릿이 있어야 한다. 나는 목표와 주요 결과를 작성할 수 있는 구체적인 템플릿을 comeupforair.com에 포함했다 – 이것을 수행할 계획이 있다면 사용하길 권한다 – 그러나, 지금 어떤 내용이 있는지 살펴보자.

목표에는 다음 요소가 포함되어야 한다:

- 본질적으로 정성적인 제목
- 담당자
- 시간 프레임
- 설명
- 상태 업데이트 빈도
- 주요 결과의 진행 상황을 기반으로 진행을 표시하는 방법
- 지원하거나 달성하는 모든 상위 목표에 대한 링크
- 목표를 지원하는 모든 주요 결과에 대한 링크

목표의 제목은 중요하다 – 정성적이어야 하고, 초점이 맞아야 하며,

목적을 간결하게 설명해야 한다. 예를 들어, '재무 건전성 개선', '업계 리더 되기' 또는 '세계적 레벨의 팀 개발' 등이 있다. 이러한 목표는 정성적이고 집중적이다. 예를 들어, 세계적 레벨의 팀이 무엇인지에 대해 다양한 해석이 있을 수 있지만, 주요 결과는 특정 목표의 맥락에서 그 의미가 정확히 무엇인지 명확히 해줄 것이므로 괜찮다.

목표에 대한 설명에는 목표가 중요한 이유, 진행 상황을 추적하는 방법, 상태 업데이트 방법 및 빈도를 명확하게 설명해야 한다.

이렇게 하면 담당자와 다른 이해관계자 모두가 어떤 일이 일어나야 하고 왜 중요한지 명확하게 알 수 있다. 이는 모호함을 제거한다.

그런 다음 상태 업데이트 및 현재 진행 상황의 형태로 진행을 추적할 수 있는 영역이 있어야 한다.

주요 결과 수립하기

목표가 정해지면 3~5개의 주요 결과를 만들어 목표에 첨부해야 한다. 주요 결과에는 목표와 유사한 요소가 필요하며, 기본적으로 모든 사람이 동일한 정보를 공유할 수 있도록 충분한 정보가 포함되어야 한다.

주요 결과에는 다음 요소가 포함되어야 한다:

- 동사와 측정 가능한 결과를 포함하는 제목
- 담당자
- 시간 프레임
- 설명
- 상태 업데이트 빈도
- 측정 가능한 진행 상황을 추적하는 방법(보고서 링크 또는 대시보드 등)
- 해당 목표에 대한 링크(이것이 없으면 주요 결과가 아니다!)

• 주요 결과를 지원하는 모든 업무(프로젝트 또는
포트폴리오)에 대한 링크

목표의 제목은 정성적이어야 하지만, 주요 결과의 제목은 구체적이어
야 하며 진행 상황을 추적하는 데 사용할 지표를 포함해야 한다. 예를 들
어, 매출 주요 결과의 제목은 '매출 $250,000 창출'이라는 제목을 붙일 수
있다.

또한, 주요 결과는 이를 뒷받침할 실제 과제와 연결되어야 한다. 따라
서 '매출 $250,000 창출'이라는 주요 결과에는 매출 창출을 지원하는 신
제품 출시, 판매 개선, 프로세스 개선, 마케팅 캠페인 등의 프로젝트 또는
포트폴리오에 대한 링크가 포함된다. 이렇게 하면 원하는 결과를 달성하
기 위해 어떤 과제가 수행되고 있는지, 그리고 프로젝트 내에서 팀원 개
개인의 기여가 어떻게 전체 프로젝트 진행과 조직의 전반적인 발전에 실
질적인 영향을 미치는지 보여주는 명확한 그림이 그려진다.

자체적으로 주요 결과를 설정할 때는 처음에는 어느 정도 추측이 필
요할 수 있다. 하지만 더 많은 계획 주기를 거치면서 과거 성과를 바탕으
로 합리적이고 미래를 위한 야심 찬 목표를 세울 수 있다. 주요 결과를 놓
치는 경우는 일반적으로 가용 시간 부족, 실행력 부족, 또는 지나치게 높
은 레벨의 야심 찬 목표, 또는 이 세 가지가 모두 결합된 것으로부터 온
다. 계획 주기를 진행하면서 목표가 달성되지 못한 이유를 정확히 파악
하여 다음 분기 또는 연도를 적절히 계획할 수 있도록 시간을 할애하는
것이 좋다.

OKR 업데이트

OKR을 지속적으로 업데이트하면 모든 사람이 회사의 높은 레벨의 진행 상황을 파악할 수 있고, 마지막에 예상치 못한 일이 발생하지 않도록 할 수 있다. 완벽하게 명확한 설명과 올바른 지표로 OKR을 만들었더라도 업데이트하지 않으면 큰 이점을 얻을 수 없다.

OKR을 업데이트하려면 목표와 모든 주요 결과에 대한 서면 업데이트를 작성해야 한다. 상태 업데이트를 수집, 정리하고 나중에 다시 참조할 수 있는 방식으로 설정하는 것이 중요하며 – 이렇게 하면 진행에 대한 자세한 기록을 항상 확보할 수 있다. (아사나의 목적 기능을 사용하면 이것이 간단해지기 때문에 우리가 이것을 선호하는 이유 중 하나이다.)

효과적인 상태 업데이트는 *상태*와 *현재 진행*이라는 두 가지 요소를 결합한다.

상태는 목표와 관련된 계획된 최종 결과를 기준으로 한다. 이것은 담당자가 OKR을 정상적으로 진행 중인지, 위험에 처해 있는지, 아니면 궤도를 벗어났는지를 나타낸다. 현재 진행은 상태 업데이트 시점의 상황을 간단히 보여주는 짧은 묘사로, 일반적으로 백분율 형태로 표시된다.

이 두 가지 구성 요소를 결합하면 누구나 목표 또는 주요 결과가 어떻게 진행되고 있는지, 잠재적인 위험 신호가 있는지 한눈에 파악할 수 있는 충분한 정보를 얻을 수 있다.

> OKR 업데이트와 지속적인 프로젝트 업데이트를 결합하면 돌발
> 상황을 방지하고 위험을 완화하는 데 도움이 된다.

예를 들어, 분기별 주요 결과를 보면 분기 첫 달에 30%가 완료된 것으로 표시되어 있고 이는 일이 잘 진행되고 있다는 의미이고 현재로서는 목

적을 달성할 수 있을 것 같다.

이러한 높은 레벨의 정보도 좋지만, 상태 업데이트에는 담당자가 어떻게 계획을 개발했는지에 대한 설명과 함께 현재 상황에 대한 보다 심층적인 서면 설명도 포함되어야 한다. 이는 일상 업무에 관여하지 않는 리더에게 절실히 필요한 맥락을 제공한다.

상태 표시기에 정렬하기

이미 언급했었던 상태 표시기(정상 궤도, 위험, 궤도 이탈)는 목표 또는 주요 결과의 높은 레벨의 상태를 보여주는 좋은 방법이다. 한 가지 문제점은 내가 보기에 정상 궤도에 올랐다고 생각하는 것과 동료가 해석하는 것과 다를 수 있다는 것이다. 그래서 이러한 상태 지표가 실제로 무엇을 의미하는지에 대해 조율할 필요가 있다.

> 이러한 상태 표시기를 신호등이라고 생각할 수도 있다: 정상 진행 중은 녹색, 위험은 노란색, 궤도를 벗어난 것은 빨간색이다.

이러한 상태 표시기의 요령은 담당자가 최종 결과가 목표 대상에 대한 기간의 끝에 어떻게 될지에 대한 최선의 예측을 내리는 것이다. 레버리지에서는 대부분의 목표와 주요 결과에 대해 다음과 같은 가이드라인을 적용하고 있다:

- 정상 궤도: 80% 이상 완료될 것으로 예상됨
- 위험: 50~80% 사이로 완료될 것으로 예상됨
- 궤도에서 벗어남: 50% 미만으로 완료될 것으로 예상됨

물론 이러한 지표는 추정치다. 나는 팀원들에게 현재 진행 상황과 앞

으로의 진행 상황을 살펴본 다음, 예상 완료에 대한 최선의 추측을 개발
하도록 요청한다. 업데이트 자체에 상태를 어떻게 결정했는지 등 추가적
인 맥락을 제공할 수 있다. 이는 리더인 나에게 매우 유용한데, 내가 팀원
들의 결론에 동의하지 않을 경우, 팀원들과 함께 토론을 통해 의견을 조
율하는 것을 확실히 할 수 있기 때문이다.

현실적으로 현재 진행 상황만을 기준으로 상태를 결정할 수는 없다.
현재 진행 상황과 상태가 완벽하게 일치하지 않을 수 있는 많은 상황이
있는데, 예를 들면 영업 사원이 분기 중간에 10%의 진도를 보이고 있지
만, 공급 과정에 거래가 있기 때문에 그들의 목표를 달성할 것이라고 확
신할 때에는 목표는 여전히 '정상 궤도'로 표시된다. 이는 리더로서 나에
게 도움이 된다. 왜냐하면, 나는 주로 높은 레벨의 진행 상황을 다루기 때
문이다. 모든 항목이 초록색으로 표시되면 일이 잘 진행되고 있다는 확
신을 가질 수 있다. 만약 노란색이나 빨간색이 보이면 어디로 주의를 돌
려야 할지 알 수 있다. 한눈에 회사의 상태를 파악할 수 있지만, 원한다면
언제든지 더 자세히 살펴볼 수 있다.

> 프로젝트 업데이트와 마찬가지로 목표 업데이트도 계획 기간이
> 끝날 때 큰 놀라움이 없도록 보수적으로 잡는 것이 좋다.

주요 결과를 기반으로 목표 업데이트하기

진행 상황은 항상 측정할 수 있기 때문에 주요 결과의 상태를 업데이
트하는 것은 매우 간단하다. 하지만 목표는 조금 다르다. 목표를 완료하
는 것은 해당 주요 결과를 모두 완료하는 것만큼 간단하다는 것을 이미
알고 있다. 따라서 목표의 상태는 주요 결과의 상태와 직접적으로 연관
되어 있다고 가정할 수 있다. 목표의 현재 진행 상황은 모든 주요 결과를
통해 진행 상황의 평균을 구하면 쉽게 계산할 수 있다. 예를 들어, 목표의

주요 결과가 3개이고 상태 업데이트 시점에 세 가지 주요 결과의 진행률이 50%, 75%, 100%인 경우 목표의 진행률은 75%가 된다.

상태 표시기에도 동일한 개념이 적용된다. 세 가지 주요 결과가 모두 순조롭게 진행되고 있는 목표가 있다면 목표 자체가 순조롭게 진행되고 있다고 볼 수 있다. 하지만 만약 세 가지 주요 결과 중 하나는 본 궤도에 있고, 하나는 위험에 처해 있고 하나는 궤도를 벗어난 상태라면 상황은 조금 더 복잡해진다. 우리는 확실하게 궤도에 오르지 않았다는 데는 동의할 수 있겠지만, 그렇다면 그것은 무엇일까? 위험에 처해 있나? 궤도를 벗어난 것일까? 누가 단정할 수 있을까?

주요 결과의 상태 지표가 해당 목표와 어떻게 부합하는지에 대한 조율이 필요하다. 간단해 보일 수도 있지만, 당신은 분명하게 그렇게 간단하지 않은 극단적 경우에 직면하게 될 것이다 - 그리고 상태들을 어떻게 처리할지에 대한 각자의 해석이 있을 것이다. 레버리지에서는 목표의 상태를 계산하는 간단한 공식을 개발했다. 각 주요 결과에는 다음과 같이 상태에 따라 '포인트'가 부여된다:

- 정상 궤도에 오른 주요 결과 = 1점
- 위험에 처한 주요 결과 = 0.5점
- 궤도를 벗어난 주요 결과 = 0점

그러면 목표에 대한 상태 지표를 결정하는 것은 포인트의 동일한 가중 평균을 계산하는 간단한 문제가 된다. 이 평균은 백분율 형태로 표시되며, 주요 결과에서 설명한 것과 동일한 지침을 따르게 된다. 즉, 80% 이상이면 정상 상태, 위험 상태는 50~79%, 그리고 50% 미만이면 궤도 이탈 상태이다.

다음은 몇 가지 실제 예시이다:

	시나리오 1		시나리오 2		시나리오3	
	상태	포인트	상태	포인트	상태	포인트
KR1	정상 궤도	1	위험	0.5	정상 궤도	1
KR2	정상 궤도	1	정상 궤도	1	궤도 이탈	0
KR3	위험	0.5	정상 궤도	1	위험	0.5
KR4	정상 궤도	1	정상 궤도	0	궤도 이탈	0
합계	3.5		2.5		1.5	
Average*	87.50%		67.50%		37.50%	
Objective Status	정상 궤도		위험		궤도 이탈	

*총 점수를 주요 결과 개수로 나누어 계산한다.

이 포인트 시스템은 주요 결과에 동일한 가중치를 부여하도록 설계되었다는 것을 명심하라. 하나의 주요 결과가 다른 결과보다 더 중요한 경우, 개별 가중치를 부여하고 이를 고려하기 위해 추가 계산을 수행할 수 있다. 이와 같은 시스템을 사용하면 각 주요 결과의 상태에 기반한 목표의 상태를 결정하는 것이 매우 간단해진다는 것을 알 수 있다.

빠른 요약

- 목표와 주요 결과 모두 일관된 상태 업데이트가 필요하다.
- 업데이트에는 상태와 현재 진행 상황이 포함되어야 한다.
- 팀원들은 정상, 위험 및 궤도 이탈 상태 표시기를 무엇으로 구성해야 하는지 조율할 필요가 있다.
- 담당자는 목적에 특정 상태 표시기가 지정된 이유에 대한 맥락을 제공해야 한다.
- 주요 결과는 목표보다 먼저 업데이트되어야 한다.
- 그런 다음 주요 결과에 따라 목표가 업데이트된다.

어떤 종류의 목적 설정 시스템을 수행하는 것은 장기적인 발전을 원하는 모든 조직에 필수적이다. 비록 처음에는 시작하기가 어려울 수 있지만, 몇 번의 계획 주기를 거치면 나를 포함한 많은 다른 회사들이 발견한 것과 같은 가치를 발견하게 될 것이다. 이 이 시스템은 수년에 걸쳐 수행되고 반복되어서 지금까지 CPR 프레임워크안에서 우리가 배운 모든 것을 완벽하게 보완한다. 우리는 이미 효율적인 업무 관리 시스템을 수행해 왔으며, OKR은 가장 중요한 것에 집중함에 의해서 이 시스템이 잘 활용되도록 보장할 것이다.

세 가지 핵심 사항

1. 목적을 설정할 때는 항상 가장 중요한 것에 집중하라. OKR의 최종 목적은 성과이다(책임이 아닌).
2. OKR은 목적을 정성적인 목표와 측정 가능한 주요 결과로 분리함에 의해 명확성, 집중력, 일관성을 제공한다.
3. 상태 및 현재 진행 상황과 함께 일관된 OKR 업데이트는 진행 상황을 한눈에 파악하고 돌발 상황을 방지한다.

전문가 팁

• 이것은 OKR에 대한 요약된 강의이다. 더 자세히 알고 싶다면 이 책들을 읽어보길 추천한다:
  중요한 것의 측정: 존 도어(John Doerr)의 *10배의 성장을 이끄는 간단한 아이디어*

견인: 지노 위크맨(Gino Wickman)의 *비즈니스 파악하기*

규모 확장: 번 하니쉬(Verne Harnish)의 *어떻게 소수의 기업이 성공하고 왜 나머지는 그렇지 않나*

- 이름을 정하는 규칙을 사용하는 것이 연간 및 분기별 OKR을 구분하는 데 도움이 될 수 있다.

- 주요 결과를 설정할 때는 실제로 측정할 수 있는 지표에 집중하라. 나는 너무 많은 팀이 겉으로 보기에는 훌륭한 지표로 주요 결과를 만들지만, 정작 진행 상황을 업데이트할 때가 되면 필요한 데이터를 얻지 못하는 것을 보았다.

- 프로젝트 중심의 주요 결과의 경우, 정기적으로 프로젝트를 업데이트하면 주요 결과를 업데이트하는 프로세스가 훨씬 쉬워진다.

- 일반적으로 단기 목적이 더 자주 업데이트해야 하는 반면, 장기적인 목적은 업데이트 빈도가 낮다. 연 단위로 업데이트하는 것이 좋다. 분기별 OKR에 기초해서 연간 OKR을 업데이트를 하고 월별 OKR에 기초해서 분기별 OKR을 업데이트하는 것을 추천한다.

다 음 단 계 는?

축하한다! 회의부터 과제, 목적까지 팀과 조직이 수행해야 하는 모든 업무를 관리하는 방법을 배웠다. 이제 팀이 수년간 쌓아온 지식을 문서화 할 차례이다. 그래서 보물 찾기를 줄일 수 있고, 신속하게 답을 찾고, 퇴사로 인한 영향을 줄일 수 있다. 이것은 가장 짧은 파트이지만, 그렇다고 속지 마라 – 다른 파트만큼이나 중요하다.

Part 3
자원

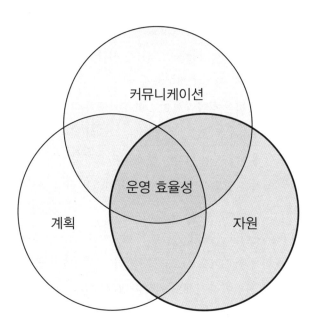

새로운 직장을 시작하면서 그 직장에서 수십 년 동안 그곳에서 일했고 조직의 일상생활의 모든 부분를 알고 있는 사람을 소개받은 적이 있는가? 그 사람에게 가면 어떻게 해야 할지, 어디에서 무엇을 찾아야 할지 궁금한 점이 생길 때마다 바로바로 정답을 알 수 있다. 이것은 신입

사원이 축적하는 데 몇 년이 걸리는 정보이며, 이 정보가 사라지면 업무가 매우 어려워질 수 있다. 그 사람은 회사의 지적 재산의 일부를 효과적으로 암기한 것이다.

조직이 성장함에 따라 정보와 자산이 축적된다. 특정 활동을 수행하는 방법, 누가 무엇을 하는지, 방침, 파일, 문서 등은 모두 시간이 지남에 따라 축적된다. 이는 곧 회사의 지적 재산(IP, Intelletual Property)이 된다. IP를 제품이나 서비스와 관련해서만 생각할 수도 있지만, *사람들이 일하는 방식과 운영 방식도 마찬가지로 중요하다.* 실제로 IP는 조직을 운영하는 데 필요한 시스템, 프로세스, 워크플로 및 자산을 모두 포함한다 – 나는 이 부분을 '회사 지식'이라고 부르고 싶다. 회사 지식은 조직에서 살아 숨쉬는 부분이다. 사람들이 합류하면 그들은 시간이 지남에 따라 성장하고 성숙해지도록 이 회사 지식에 기여하게 된다,

문제는 회사의 지식이 일반적으로 회사 자체가 아니라 그곳에서 일하는 사람들의 머릿속에 존재한다는 것이다. 그들이 회사를 떠날 때, 그 지식은 그들과 함께 이동하여 심각한 문제를 일으킬 수 있다. 그리고 사람들이 직장을 옮기는 빈도가 증가함에 따라 이러한 일이 너무 흔해질 수 있다.

CPR의 R은 이러한 정보가 사람들의 머릿속을 떠돌아다니는 것이 아니라 회사 자체에 전략적으로 보관될 수 있는 시스템을 구축하는 것이다. 장기 근속한 직원이 퇴사해도 지식은 그대로 남아 있다. 새로운 사람이 입사하면 그 지식을 바로 활용할 수 있다. 이는 단순히 위험을 완화할 뿐만 아니라, 필요한 모든 정보를 손쉽게 이용할 수 있다. 신규 직원을 훈련하고 교육하는 데 걸리는 시간을 단축한다. 하나의 공식적인 정보 원천이 만들어지므로 더 이상 여러 사람으로부터 서로 다른 답변을 걱정할 필요가 없다. 그리고 매번 일을 끝내기 위한 정보를 얻기 위해 보물찾기를 할 필요가 없다.

이 모든 것이 매우 당연하게 들린다는 것을 알고 있다. 모든 비즈니스 담당자는 회사의 지식을 보호해야 한다는 것을 알고 있지만, 현실은 극소수만 실제로 여기에 대한 방법을 강구하고 이를 실행하고 유지하기 위한 시스템을 구현하는 것은 말할 것도 없다는 것이다. 프로세스를 문서화한다고 해서 거래를 성사시키거나 신제품을 출시하면서 도파민을 분비하지는 않지만, 그만큼 중요하다.

책무에서 지진까지 모든 것을 대비하기 위해 보험에 가입할 수 있지만, 회사의 지식을 보호하기 위한 보험은 지금까지 없었다. 이 CPR 프레임워크의 일부가 바로 그 보험 약관이다. 위험을 완화하고, 오류를 최소화하고, 시간을 절약하고, 문제가 발생하기 전에 막는 포괄적 원칙이다. 이것은 그들이 효율적으로 일하는데 필요한 것을 가지도록 하고 갑작스러운 이탈이 큰 혼란을 초래하지 않도록 확실히 함으로써 개인과 회사를 보호한다.

이를 실행에 옮기려면 회사의 지식은 먼저 정적 지식과 동적 지식의 두 가지 범주로 구분해야 한다(그림 12 참조).

정적 지식은 사실과 정보로 구성된다. 이것은 누가? 무엇을? 어디서? 언제? 그리고 왜?의 질문에 답을 한다. 일반적인 비즈니스에서 정적 지식은 회사 비전 및 사명, 핵심 가치, 특허 원칙, 건강 관리 정보, 스타일 가이드, 회의 노트, 브랜딩 자산, 고객 후기 등이 있다. 보물 찾기에서 사람들이 찾는 대부분의 '물건'은 정적 지식이다.

동적 지식은 업무를 원할하게 하기 위해 사용된다. 동적 지식은 어떻게?에 대답한다. 이것은 "급여는 어떻게 운영하나? 뉴스레터는 어떻게 보내나? 판매대를 어떻게 만들까?"와 같다. 대화형이며(따라서 '동적'이며), 제대로 문서화하면 누구나 교육이나 경험에 관계없이 프로세스를 완료할 수 있다. 이는 조직의 리스크를 완화하는 데 도움이 될 뿐만 아니라, 반복되는 업무를 간소화하고, 자동화할 기회를 찾고, 다른 사람에게 업무

2종류의 지식

정적 지식	동적 지식
다음 질문에 대한 대답: *누가, 무엇을, 어디서 언제, 왜?*	다음 질문에 대한 대답: *어떻게?*
• 원칙 • 역할 & 책임 • 회사 정보 • 주요 자산 • FAQ • *기타…*	• 급여는 어떻게 운영하나? • 신규 사원은 어떻게 선발하나? • 뉴스레터는 어떻게 보내나? • 팟캐스터는 어떻게 만드나? • 지표는 어떻게 업데이트하나? • *기타…*
지식 베이스로 이동	프로세스 관리 툴로 이동

그림 12

를 넘길 수 있게 함으로써 직원의 삶을 더 편하게 만든다.

이 두 가지 유형의 지식을 지식 베이스와 프로세스 관리 툴로 분리하여 문서화하는 것이야말로 회사의 지적 재산을 문서화하는 가장 좋은 방법이다. 그럼 시작해보겠다.

9

지식 베이스

"지식에 대한 투자는 최고의 이자를 지불한다."

- 벤자민 프랭크(BENJAMIN FRANKLIN)

문제: 대부분의 기업에는 정보를 정리하고, 최신 상태로 유지하고, 액세스할 수 있도록 하는 시스템이 없다. 이로 인해 사람들이 스스로 답할 수 있어야 하는 질문에 시간이 낭비되며, 퇴사 시 회사 지식이 손실될 위험이 있다

해결책: 지식 베이스 툴을 사용하여 회사의 가장 중요한 정보를 위한 중앙 보관소를 만들어 모든 사람이 필요한 정보를 얻고 정확한 정보를 알 수 있도록 할 수 있다-동료들의 주의를 분산시키지 않고도.

당신이 보물 찾기에 공감할 수 있다면, 당신은 혼자가 아니다. 엘라스틱(Elastic)의 2021년 설문조사에 따르면, 미국 사무직 전문가의 54%는 이메일과 메시지에 응답하는 것보다 필요한 문서와 파일을 찾는데 더 많은 시간을 할애한다고 답했고 58%는 이를 직장에서 겪는 3대 문제 중 하나로 꼽았다.[1]

2018년에 국제 데이터 코퍼레이션은 데이터 전문가들이 데이터를 찾거나 보호하거나 준비할 수 없기 때문에 평균적으로 30%의 시간을 낭비하고 있다고 결론지었다.[2]

이는 매우 일반적인 현상이다. 우리가 함께 일하는 거의 모든 회사에서 볼 수 있고 내 회사에서 경험하기도 했다. 어떤 과제을 시작할 준비가 되었는데 중요한 자산이 누락되었다는 사실을 깨닫고 그것이 어디에 있는지 모르는 것보다 더 실망스러운 일은 거의 없다.

나도 비즈니스의 첫 몇 년 동안은 우리의 원칙이나 특정 자산을 어디서 찾을 수 있는지에 대한 직원들의 쏟아지는 질문이 마침내 지식 베이스를 세우고 나서야 멈출 수 있었다. 이 글을 읽는 관리자라면 누구나 공감할 수 있을 것이다. 분명한 것은 하루의 대부분을 질문에 답하고 그들의 팀이 무언가를 찾도록 돕는 데 소비하는 많은 관리자가 대부분을 지식 베이스에 의해서 처리할 수 있다는 것이다.

모든 사람은 업무를 수행하기 위해 정보를 검색해야 한다. 그리고 정보를 더 빨리 검색할수록 업무가 더 빨리 완료된다. 빠르고 정확한 정보 검색을 최우선으로 하는 단순 검색 엔진이었던 구글이 역사상 가장 크고 성공적인 회사 중 하나로 급성장한 데에는 그만한 이유가 있다. 그리고 같은 이유로 위키백과 (Wikipedia)가 거의 모든 주제에 대한 답을 찾을 수 있는 곳이 된 것도 같은 이유이다.

사람들이 정보를 빠르게 검색할 수 있게 되면 모든 일이 더 쉬워진다.

지식 베이스란?

이미 무슨 말인지 잘 알고 있으리라 생각한다. 그러나 이 용어를 정의해 보겠다. '위키(wiki)'라고도 하는 지식 베이스는 조직의 모든 사람이 액세스할 수 있는 디지털 정보를 보관하는 중앙 공간이다. 이 정보는 텍스트, 이미지, 파일, 문서, 링크 등 다양한 형태로 존재할 수 있다. 지식 베이스의 가장 큰 장점은 이러한 정보를 보관할 수 있다는 것이 아니라 정보를 체계적으로 *정리*하고 검색에 최적화할 수 있다는 것이다 – 모든 것을 손끝에서 찾을 수 있다는 의미이다. 지식 베이스는 가장 중요한 내용을 시각적인 방식으로 한 곳에 모으기, 접을 수 있는 페이지와 같은 기능, 서로 대화하는 테이블, 사용자를 위한 다양한 보기, 템플릿 등 많은 것들을 가져와서 정보를 정리하는 데 유용하다.

지식 베이스를 조직의 누군가가 참조할 필요가 있는 모든 것이 들어 있는 거대한 파일 수납장과 같다고 생각하라. 궁금한 점이 있거나 무언가를 찾아야 할 때 파일 수납장으로 이동하여 필요한 것을 찾을 수 있다. 찾을 수 없는 경우 파일 수납장의 담당자(비유하자면 사무실 관리자)가 추가해서 다음 사람이 같은 정보를 찾을 수 있도록 메모를 남길 수 있다. 시간이 지남에 따라 더 많은 정보와 답변이 추가됨에 따라 이 파일 수납장이 더욱 유용해진다.

이렇게 생각해 보면, 컴퓨터가 없던 옛날이나 다르지 않다는 것을 알 수 있다. 문서를 찾아야 하는 경우, 수많은 파일 수납장을 찾아다니며 필요한 것을 빨리 찾을 수 있도록 잘 정리되어 있기를 바랐다. 또한, 누군가 문서를 가지고 도망가거나 실수로 책상 서랍에 두고 가지 않기를 바라야 했다. 그럴 경우, 다시 한번 보물 찾기를 하는 자신을 발견해야 하니까. 사실 지식 베이스도 같은 개념이며, 파일 수납장과 마찬가지로 그것은 모든 사람이 일을 잘할 수 있도록 하기 위해 동일한 레벨의 사고, 정리 및 유지 관리가 요구되는 것이다.

그러나, 물론 이것은 파일 수납장이 *아니다*. 당신의 팀이 전 세계 어디에서나 인터넷만 연결되면 액세스할 수 있는 클라우드 기반 플랫폼이다.

한 가지 명확히 해야 할 점이 있다.

지식 베이스는 구글 드라이브(Google Drive)나 드롭박스(Dropbox)와 같은 클라우드 파일 보관소와 동일하지 않다. 두 툴 모두 문서와 파일을 보관할 수 있지만, 용도가 다르다. 가장 간단하게 클라우드 스토리지는 보관용으로 사용되는 반면, 지식 베이스는 정리용으로 사용된다. 클라우드 스토리지의 주요 기능은 파일을 물리적 컴퓨터에서 클라우드로 가져와서 안전하게 보관하고 다른 사람들이 필요할 때 액세스하게 하는 것이다. 지식 베이스는 진실의 중심점 역할을 하면서 사실상 더 높은 차원이다. 구글 드라이브와 같은 툴에는 회사에서 사용된 모든 문서를 포함하는 반면(오래된 버전 포함), 지식 베이스는 디렉토리에 가깝기 때문에 모든 중요하고 자주 액세스하는 정보가 잘 정리되어 있고 최신 상태로 유지되며 쉽게 액세스할 수 있다.

> 경우에 따라 당신의 지식 베이스에 구글 드라이브나 드롭박스와 같은 클라우드 보관소 툴에 보관된 문서나 파일에 대한 링크가 포함될 수 있다. 하지만 이 두 가지는 동일하지 않다!

간단한 예로 지금까지 게시한 모든 블로그 게시물에 대한 구글(또는 워드) 문서를 회사의 지식 베이스에 보관하고 싶지는 않을 것이다. 그러면 불필요하게 많은 문서가 쌓이게 된다. 이러한 문서는 클라우드 보관소의 '블로그' 폴더에 보관하는 것이 가장 좋으며, 이 폴더는 지식 베이스에 연결된다. 이렇게 하면 누군가 "모든 블로그 문서를 어디에서 찾을 수 있는가?"라고 묻는다면 지식 베이스라고 직접 대답할 수 있다. 그래서 클라우드 보관소를 수동으로 검색하느라 시간을 낭비할 필요가 없다. 또한, 블로그 관련 폴더가 여러 개 있는 경우 항상 가장 최신의 올바른 폴더로 연결된다. 서류와 파일에 대한 다른 많은 상황에도 동일하게 적용될 수 있다.

대부분의 지식 베이스는 매우 유사한 방식으로 작동하지만, 언제나 그렇듯이 툴 자체가 중요한 것이 아니라 ─ 툴의 사용 방식이 중요하고 팀에서 이를 적용하는 방식이 중요하다. 파일 수납장을 사용하는 경우 파일 수납장 자체로는 문제가 해결되지 않는다 – 여전히 파일을 정리하고 팀원들에게 파일을 올바른 위치에 놓도록 교육해야 한다.

모든 사람이 파일 수납장을 사용하는 방식이 다르거나 사람들이 중요한 문서를 책상에 보관하고 있다면, 이는 파일 수납장의 목적에 어긋나고 다른 사람들의 삶을 더 어렵게 만든다. 같은 원칙이 지식 베이스에도 적용된다.

나는 종종 물과 마찬가지로 사람들은 항상 저항이 가장 적은 길을 택한다고 말한다. 직장에서는 항상 가장 쉽고 빠르게 정보를 찾을 수 있는 방법을 찾게 된다는 뜻이다. 동료가 질문에 답할 수 있다는 것을 알고 있다면, 몇 초 만에 묻고 필요한 정보를 얻을 수 있는데 왜 군이 15분 동안 혼자서 찾으려고 노력하나?

자신의 생산성에는 완벽하게 논리적인 접근 방식이지만, 질문에 답하기 위해 하던 일을 중단해야 하는 사람에게는 좋지 않다. 모든 사람이 이런 식으로 행동하면 결국 전체 팀의 생산성을 떨어뜨린다. 지식 베이스는 이러한 문제에 대한 해결책의 일부이지만, 동료에게 질문하는 것만큼 사용하기 쉬울 때만 효과가 있다. 여전히 지식 베이스 내에서 보물찾기를 해야 한다면 이는 지식 베이스의 전체적인 목적이 무효화된다.

보물 찾기를 넘는 혜택

보물 찾기를 없애는 것이 지식 베이스의 주요 이점이지만, 고려해야 할 다른 이점도 있다.

지식 베이스가 최적화되면 팀 전체에 걸친 방해를 줄인다. 신입사원은 교육 기간 동안 지식 베이스를 검토하여 업무에 빠르게 적응할 수 있으며, 관리자는 더 이상 같은 질문에 반복해서 답변할 필요가 없다.

지식 베이스는 또한, 누군가가 퇴사하더라도 회사 지식이 손실되지 않도록 함으로써 조직의 리스크를 줄이는 역할을 한다. 그래픽 디자이너가 개인용 컴퓨터에 수많은 브랜드 자산을 보관한 상태에서 갑자기 퇴사하면 다시는 볼 수 없다. 즉, 다시 만들어야 하므로 시간과 비용이 완전히 낭비된다. 이와 같은 상황은 모든 중요한 자산과 정보가 지식 베이스에 보관되어 있다면 피할 수 있다.

  마찬가지로 고려해야 할 몇 가지 보안상의 이점도 있다. 대부분의 지식 베이스를 세분화하여 직원들이 알아야 하는 정보에만 액세스하게 할 수 있다. 이렇게 하면 사람들이 기밀 정보를 회사 외부의 다른 사람과 공유하는 것을 방지하고 민감한 정보를 적절한 사람에게만 보관할 수 있다. 여러 툴을 사용하면 지식 베이스의 특정 부분만 조직 외부 사람들과 공유할 수도 있다. 이는 액세스할 수 있는(내부 또는 외부) 누구라도 항상 브랜드를 홍보할 올바른 자료를 가지고 있다는 것을 알기 때문에 지속적으로 업데이트할 수 있는 언론 자료집과 같은 경우에 매우 유용할 수 있다.

  직원 핸드북에 신입사원을 위한 중요한 정보가 포함되어 있는 것처럼 지식 베이스에도 미래에 사람들의 역할에 관련된 중요한 정보가 포함되어 있다. 하지만 실제 핸드북보다 훨씬 더 나은 점은 - 언제든 변경 사항을 즉시 반영하여 업데이트할 수 있고, 어디서든 액세스할 수 있으며, 팀과 함께 공동 제작할 수도 있다. 방침에 대한 오해를 없애고 실수를 방지할 수 있다. 누구나 지식 베이스에 어떤 내용을 담을지 의견을 제시할 수 있으며, 모든 사람의 삶이 더 쉬워진다 - 궁극적으로 거대한 문화가 승리한다.

지식 베이스 시작하기

고객들에게 지식 베이스의 개념을 소개할 때, 고객들의 눈빛에서 두려움을 느낄 수 있다. 회사의 모든 지식을 카탈로그화하여 한 번도 사용해 본 적이 없는 새로운 툴에 꼼꼼하게 정리한다는 생각은 솔직히 말해서 대부분의 사람들에게는 두려운 제안이다.

하지만 지식 베이스의 가장 큰 장점은 시간이 지남에 따라 구축할 수 있다는(그리고 그렇게 해야만 한다는) 점이다. 새로운 툴을 사용하는 첫날에 붙잡아야 하는 모든 가능한 정보에 대해 앉아서 생각할 필요가 없다. 이것은 반복적인 과정이다.

처음부터 지식 베이스 담당자를 한 사람 지정하는 것을 추천한다. 일반적으로 이 담당자는 최고 운영 책임자와 같은 운영 역할에 있는 사람이다. 이 담당자는 지식 베이스의 구조를 결정하고 지식 베이스를 업데이트하는 방법을 결정할 책임이 있다. 그런 다음 부서장 등 다른 사람들에게 관리 권한을 할당하여 지식 베이스 내의 각 파트에 정보를 추가할 수 있도록 할 수 있다. 하지만 이러한 권한을 가볍게 여겨서는 안 된다. 팀의 모든 사람이 지식 베이스에 정보를 추가할 수 있는 권한을 갖게 된다면 곧 어수선한 난장판이 될 것이다.

지식 베이스에 정보를 추가하는 방법, 추가되는 정보의 종류, 추가되는 위치 등에 대한 기본적인 가이드라인이 필요하다. 지식 베이스 담당자는 조직에 적합한 지식 베이스 방식을 결정한 다음 모든 관리자에게 툴에 정보를 가장 잘 추가하는 방법에 대해 브리핑해야 한다. 따라서 모든 주요 이해관계자들과 몇 차례 회의를 열어 모든 사람들이 지식 베이스에 정보를 올바르게 추가하는 방법을 모든 사람이 알 수 있도록 하는 것이 좋다. 그럼에도 불구하고, 지식 베이스가 올바르게 정리되고 업데이트되도록 하는 것은 궁극적으로 담당자의 책임이다.

담당자와 몇 명의 주요 이해관계자가 정해졌다면 어떻게 시작해야 할까?

그림 13

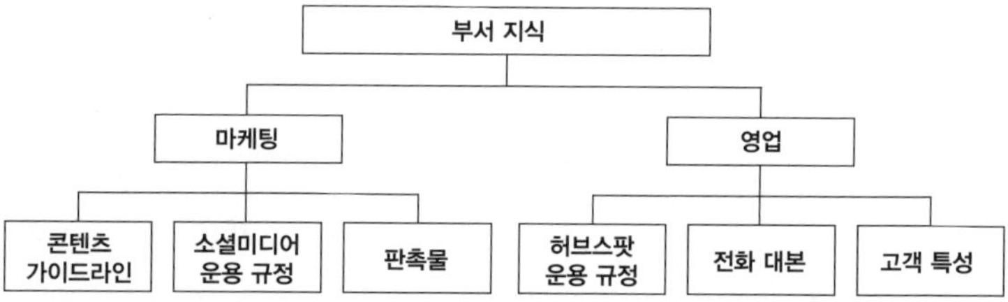

그림 14

지식 베이스의 '구조'를 만드는 것부터 시작하는 것이 좋다. 큰 레벨에서 회사의 모든 지식을 정리할 수 있는 주요 카테고리를 생각해보라. 대부분의 경우, 이것은 두 가지 상위 파트로 구성된다: *회사 정보와 부서별 정보*. 회사 파트에는 회사의 모든 직원과 관련된 정보가 담겨 있고, 각 부서에는 그들의 업무와 그들에게 특화된 그들 자신의 정보를 가질 수 있다 (그림 13 및 14 참조).

지식 베이스를 시작하는 것은 책을 쓰는 것과 비슷하다고 생각한다. 대략적인 개요로 시작하여 목차(구조)를 구체화한 다음 관련장(파트)에 정보를 추가할 수 있다.

먼저 다음과 같은 높은 레벨의 회사 정보를 보관하면서 시작하기를 원할 것이다:

- 기본 조직도
- 회사 사명 및 비전
- 핵심 가치
- 행동 강령

그리고 각 부서 내에서 다음과 같은 내용을 추가하기를 원할 것이다:

- 부서별 역할
- 주요 의사 결정
- 중요한 부서 자산 및 파일

지식 베이스를 시작하는 데 시간이 많이 걸리거나 모든 것을 포괄하는 프로세스가 필요하지는 않다. 몇 시간 만에 완료할 수 있다.

실제로 지식 베이스는 시간이 지남에 따라 조직에서 질문이 생기면 그에 대한 답변이 지식 베이스에 추가될 수 있다. 다른 사람들에게 유용할 중요한 자산이 만들어지면 지식 베이스에 추가된다. 그리고 누군가가 무언가를 찾기 위해 보물 찾기에 깊이 빠져 있다면, 그 정보를 발견한 즉시 지식 베이스에 추가하여 다른 사람들이 방금 했던 것과 같은 보물 찾기를 할 필요가 없도록 한다.

보관소-우선적 대응

대부분의 툴과 마찬가지로 지식 베이스는 팀이 실제로 사용할 때만 효율성을 높일 수 있다. 지식 베이스가 완벽하게 최적화되어 있더라도 모든 사람들이 여전히 불필요한 질문으로 동료들의 주의를 산만하게 한다면 효율성을 높일 수 없다. 지식 베이스를 효과적으로 만드는 방법 중 하나는 처리하는 방법을 팀에 재교육하는 것이다. 모르는 것이 있거나 찾을 수 없는 상황에 직면할 때마다 본능적으로 지식 베이스를 확인해야 한다.

이러한 재교육 프로세스를 시작하는 가장 좋은 방법 중 하나는 내가 즐겨 사용하는 "보관소 - 우선적 대응"이라고 부르는 것이다. 이 요령은 질문에 대한 직접적인 답변을 피하고 대신 지식 베이스를 안내하여 스스로 답을 찾을 수 있도록 하는 것이다.

처음에는 다소 가혹하게 느껴질 수 있지만 좋은 취지를 위한 것이다 - 시간이 지나면 사람들은 대놓고 질문하는 대신 지식 베이스를 확인하는 습관을 갖게 될 것이다. 예를 들어, 누군가가 슬랙 채널에서 "누구에게 내 급여의 세금 원천 징수 관련 문의를 할 수 있는가?"라고 묻는 메시지를 보내면 "지식 베이스를 확인해 보라."라고 답하거나 지식 베이스에 있는 관련 페이지로 연결되는 링크를 제공할 수 있다.

좋지 않은 행동을 조장할 수 있는 질문에 대놓고 대답하는 대신 급여와 관련된 모든 정보가 이미 지식 베이스에 보관되어 있으며, 질문이 있는 경우 누구에게 문의할 수 있는지 알려준다.

> **보관소-우선 대응은 행동을 바꾸기 위한 좋은 방법이지만, 지식 베이스의 경찰이 될 필요는 없다! 적절하게 사용해야 한다.**

결국에는 지식 베이스를 확인하는 것은 CPR 프레임워크의 다른 툴을 사용하는 것처럼 습관이 된다. 궁금한 점이나 찾을 수 없는 것에 대한 기본 해결책은 지식 베이스를 확인하고, 원하는 것을 찾지 못하면 연락하여 물어볼 수 있다. 답변을 찾으면 그 답변은 지식 베이스에 추가된다.

티켓팅(Ticketing) 시스템

이상적으로는 지식 베이스에 업데이트나 추가를 요청할 수 있는 시스템이 있어야 한다. 레버리지에서는 이러한 종류의 요청을 위한 내부 티켓팅 시스템을 만들었다. 그리고 이제 긴급하지 않은 문제나 질문이 있는 경우 기본 행동이 되었다. 우리 팀원들은 누군가에게 연락하여 주의를 분산시키는 대신 질문, 이슈, 문제가 무엇이든, 티켓을 제출하기만 하면 24시간에서 48시간 이내에 적절한 담당자로부터 답변을 받을 수 있다.

티켓팅 시스템은 여러 가지 상황에 사용할 수 있으며, 대부분 외부적인 맥락에서 생각되는 경우가 많다 - 고객 및 잠재 고객의 요청, 질문 또는 문제 처리 등. 하지만 지식 베이스를 최신 상태로 유지하는 데에도 매우 유용하다. 작동 방식은 지식 베이스를 살펴보다가 필요한 것을 찾지 못하면 질문과 함께 티켓을 제출한다. 그러면 해당 티켓은 (수동 또는 자동으로) 질문을 처리할 수 있는 가장 적합한 담당자에게 배정되며, 담당자는 필요한 정보로 지식 베이스를 업데이트한 다음 업데이트된 지식 베이스 링크를 통해 해당 사람에게 답변한다(그림 15 참조).

이것은 보관소 - 우선 대응의 다음 단계라고 할 수 있다. 그리고 모든 변경 사항이 소수의 관리자를 통해 일관성 있고 체계적으로 관리되는 반면, 관리자 레벨의 권한이 없는 사람들도 지식 베이스를 개선할 수 있도록 한다. 또한, 지식 베이스 업데이트에만 국한되지 않고, 휴가 요청, IT 문제, 고객 지원 등 상상할 수 있는 모든 종류의 요청에 사용할 수 있다. 우리는 함께 일하는 모든 팀에 티켓팅 지원 시스템을 구축하여 팀원들이 언제든지 문의하고 답변을 받을 수 있도록 보장하고 있다.

어렵게 들릴 수도 있지만 실제로는 매우 간단하다. 당신은 구글 폼(Google Forms), 아사나 폼(Asana Forms) 등 모든 종류의 디지털 양식으로 간단한 티켓팅 시스템을 만들 수 있다. 먼저 "무엇을 찾고 있는가?" "이것

지식 베이스 티켓팅 시스템

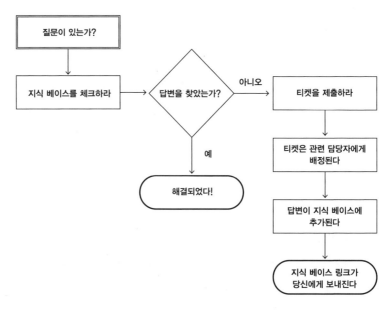

그림 15

은 어느 부서에 속해 있는가?"와 같은 기본적인 질문으로 양식을 작성하여 요청을 처리하기에 가장 적합한 담당자를 파악할 수 있다. 그런 다음 응답을 한 곳에 수집하여 관련 담당자에게 배정(즉, 마케팅 관련 요청인 경우에는 지식 베이스의 마케팅 파트 담당자에게 전달된다.)한다.

이러한 티켓팅 시스템에는 자동화를 위한 많은 기회가 있다. 제출된 답변에 따라 특정 담당자에게 요청을 배정할 수 있다. 당신은 자피어(Zapier)안에 잽(Zap)을 설정하고 요청이 들어올 때마다 언제든지 내부 커뮤니케이션 툴의 채널로 리마인더를 보낼 수 있다. 슬랙 워크플로우와 같은 기능을 사용하여 유사한 시스템을 슬랙에 직접 구축할 수도 있다.

하지만 이러한 자동화는 도움이 될 수 있지만, 반드시 필요한 것은 아니다. 사실, 받는 요청의 양에 따라, 가치가 없을 수도 있다. 가장 중요한 것은 응답이 지식 베이스 관리자가 자주 확인하는 한 영역에 수집되는 것이다.

이 시스템은 여러 가지 이유로 도입하기에 좋은 시스템이다. 팀원들의 시간을 절약하고, 방해 요소를 차단하며, 요청이 누락되지 않도록 하고, 가장 중요한 정보만 지식 베이스에 추가되도록 하는 필터 역할을 한다. 누군가 지식 베이스에 추가해서는 안 되는 내용을 요청하면 관리자는 그 사람에게 연락하여 필요한 정보를 제공하되, 그 정보가 어떤 이유로든 지식 베이스에 추가되지 않을 것임을 알려줄 수 있다.

> **레버리지의 티켓팅 시스템이 어떻게 작동하는지 자세히 알고싶다면, 전체 프로세스는 comeupforair.com에 서술되어 있다.**

시간이 지남에 따라 이와 같은 시스템은 지식 베이스를 유지하고 모든 것을 최신 상태로 유지하는 데 도움이 된다. 만일 무엇인가가 지식 베이스에 포함되어 있지 않다면, 그것들은 다음의 논리적 단계가 된다. 하지만 이러한 지속적인 업데이트에도 불구하고 지식 베이스 담당자는 여전히 일상적인 유지 관리를 수행해야 한다.

지식 베이스 업데이트 및 유지

지식 베이스를 업데이트하고 유지하는 것은 처음 만드는 것보다 훨씬 더 중요하다. 지식 베이스가 시간이 지남에 따라 어수선해지고 정리되지 않거나 정보가 오래되었다면, 이는 보물 찾기를 증가시키는 역할을 할 뿐이다.

레버리지에 지식 베이스를 처음 구현했을 때, 우리는 어려운 부분이 끝났다고 잘못 생각했다. 그 결과 사람들이 더 많은 정보를 추가할수록 원하는 정보를 찾기가 더 어려워졌다. 더 심각한 문제는 특정 방침을 변경하고도 지식 베이스에 업데이트하는 것을 잊어버리곤 했다. 몇 주 후, 팀원 중 누군가가 지식 베이스의 오래된 방침에 따라 상황을 처리하다 보니 나중에 수정해야 하는 골치를 앓았다. 물론 팀원들의 잘못은 아니었다 – 그들은 모든 것을 옳게 했다 – 지식 베이스가 올바른 정보로 업데이트되지 않은 것은 우리의 잘못이었다. 이러한 경우, 지식 베이스가 실제적으로 업무 효율을 떨어뜨렸다.

지식 베이스를 유지 관리할 때 고려해야 할 몇 가지 다른 원칙이 있다:

1. 지식 베이스는 결코 '완성된' 것이 아니다. 지식 베이스는 살아 숨쉬는 실체이며, 조직이 변화함에 따라 변화할 것이다.
2. 의사 결정이 내려지거나 방침이 변경되거나 자산이 업데이트되면 항상 다음 단계로 지식 베이스를 업데이트해야 한다.
3. 지식 베이스에 새로운 정보를 추가할 수 있는 프로세스가 있어야 한다.
4. 지식 베이스를 기능적이고 효율적으로 유지하기 위해 정기적인 평가를 실시할 것을 추천한다.

처음 두 가지 원칙은 실제로 당신과 팀이 함께 수행하는 사고방식의 전환이다. 회의에서 지식 베이스의 어떤 내용에 영향을 미칠 수 있는 결정을 내릴 때는 가장 먼저 해야 할 과제 항목은 지식 베이스를 업데이트하는 것이다. 시간이 지남에 따라 이것은 자연스러운 과정이 될 것이다. 사람들이 지식 베이스를 사용하면 할수록 더 많은 사람들이 지식 베이스의 가치를 알게 될 것이며, 지식 베이스를 최신 상태로 유지하는 것이 얼마나 중요한지 알게 될 것이다.

또한, 지식 베이스를 정기적으로 평가하는 것을 추천한다. 시작부터 매년 평가를 시작하는 것이 좋다. 이 평가에서 지식 베이스 담당자는 지식 베이스의 레이아웃을 검토하고 파트를 통합하고 정보를 더 쉽게 검색할 수 있는 방법을 모색한다. 부서장도 자신의 지식 베이스 파트를 평가한다. 이는 관련성이 없거나 중복되거나 오래된 정보를 찾을 수 있는 좋은 기회이다.

> 일상적인 평가는 모든 툴에 대해 좋은 아이디어이다. 일 년 중 하루나 이틀을 평가에 할애하여 모든 툴이 제대로 작동하고 있는지, 제대로 된 가치를 제공하는지 확인하는 것을 추천한다.

세 가 지 핵 심 사 항

1. 사람들은 물처럼 저항이 가장 적은 경로를 따른다.
   지식 베이스는 사용하기 쉽고 정보 검색에 최적화되어 있어야 유용하다.
2. 보관소 – 우선 대응은 사람들의 행동을 바꾸고 지식 베이스를 답변을 찾을 수 있는 기본 장소로 전환하는 좋은 방법이다.
3. 티켓팅 시스템은 정보를 최신 상태로 유지하고, 팀이 지식 베이스에 보관된 내용에 대해 목소리를 낼 수 있도록 지식 베이스와 함께 구현할 가치가 있다.

전 문 가 팁

- 경험 상, 한 질문에 두 번 이상 답변했다면 그 답변은 지식 베이스에 보관하는 것이 좋다.
- 많은 지식 베이스 툴에서 미래에 개별 파트를 확인하기 위해 리마인더를 설정할 수 있다.
- 지식 베이스가 업데이트될 때마다 내부 커뮤니케이션 툴에서 메시지를 보내도록 자동화를 설정할 수 있다.
- 학습 관리 시스템(LMS - Learnig Management System)은 지식 베이스에 추가할 수 있지만, 설정하는 데 상당한 시간을 투자해야 할 수도 있다. 지식 베이스는 단순히 회사 지식을 문서화하는 반면, LMS는 온라인 강좌처럼 기능한다. 당신은 팀 전체에 걸쳐 회사 지식을 교육하고 강화하는 데 사용할 수 있다.

  레버리지에서는 워크램프(WorkRamp)를 LMS로 사용하고 있으며, 이를 통해 팀과 고객 모두에게 특정 툴을 '레버리지 방식으로' 사용하는 방법을 교육하는데 사용한다.
- 최근에는 인적 자원 정보 시스템(HRIS - Human Resource Information System)인 리플링(Rippling)을 구현하여 모든 직원 정보를 보관하고 있다. 이것은 지식 베이스에서도 가능하지만, 특히 대기업의 경우 직원 별 정보를 보관하기 위해서는 HRIS를 찾는 것이 유용하다.
- 1패스워드(1Password)와 라스트패스(LastPass)는 레버리지에서 사용하는 안전한 비밀번호 관리를 위한 훌륭한 옵션이다. 개인적으로 사용하거나 팀 전체에서 실제적으로 비밀번호를 일반 텍스트로 갖고 있지 않고 안전하게 공유할 수 있다.
- '커멘드E(Command E)'는 컴퓨터에서 정보를 찾는데 도움이 되는 범용 검색 프로그램이다. 다양한 툴의 결과를 하나의 검색 창으로 자

동 수집한다.

- 이미 아사나를 사용하고 있다면 양식을 만드는 것이 아마도 지식 베이스를 위한 티켓팅 시스템을 만드는 가장 쉬운 방법일 것이다. 새로운 무언가가 들어오면 관련 정보로 과제가 만들어지고 적절한 담당자에게 배정되어 적절한 프로젝트에 보관된다.
- 구글 폼은 티켓팅 시스템을 만드는 데 사용할 수 있는 간단한 툴이다. 결과를 스프레드시트로 가져올 수 있으며 자피어(Zapier)를 통해 다른 툴과 통합할 수 있다.

다음 단계는?

정적 지식을 보관하고 검색할 수 있도록 최적화했으니 이제 동적 지식에 대해 알아볼 차례이다. 즉, 프로세스 문서화 및 프로세스 관리 툴이다. 커피 한 잔 마시고 CPR 프레임워크를 마무리하기 전에 마지막 큰 추진을 준비하기 바란다.

10

프로세스 문서화

사람이 아닌 프로세스를 최적화하라.

- 엔디 그로브(ANDY GROVE), 인텔 CEO

문제: 프로세스는 효율적인 조직의 근간이다. 하지만 종종 소홀히 다루어진다. 비효율적이고 문서되지 않은 프로세스는 팀의 속도를 늦추거나 최악의 경우 누군가가 갑자기 퇴사할 경우 업무가 중단될 수 있다.

해결책: 주요 비즈니스 프로세스를 최적화하고 문서화하면 일관된 결과를 보장하고 오류의 위험을 줄이며 단계를 자동화하거나 위임할 수 있다. 프로세스 관리 툴에서 이 과제를 수행하면 모든 팀을 기름칠이 잘 된 장치로 만들 수 있다.

당신이 깨닫지 못할 수도 있지만, 프로세스는 직장 안팎에서 우리 삶의 많은 부분에 영향을 미친다. 내 친구 엘리사는 아버지를 요양원에 모신 이야기를 들려준 적이 있다. 그녀도 다른 사람들과 마찬가지로 두려움과 걱정을 가지고 있었고, 그 시간이 다가올수록 더 심해졌다. 하지만 마침내 그날이 왔을 때, 그녀는 이렇게 잘 될 줄은 상상도 못했다.

그녀가 그를 입원시킨 시설은 모든 것을 생각했다. 그들은 그녀와 그녀의 아버지가 겪고 있는 일을 정확히 알고 있었다. 그들은 그에게 필요한 것과 그녀에게 필요한 것을 알고 있었다. 그들은 무엇을 말하고, 무엇을 해야 하며, 변화의 모든 부분을 가능한 한 원활하게 만드는 방법을 알았다.

그 경험이 반드시 즐겁지는 않았지만, 기대했던 것보다 훨씬 좋았다. 물론 알리사와 그녀의 아버지의 경험은 첫 번째 환자가 경험했던 것과는 분명 달랐다. 이 시설은 수년에 걸쳐 프로세스를 개선하여 끔찍한 상황을 훌륭한 경험으로 바꿀 수 있었다. 그들이 데려온 모든 환자는 학습의 기회였다. 그들은 이미 모든 것을 경험했기 때문에 모든 것을 생각했고, 그 교훈을 바탕으로 수년에 걸쳐 프로세스를 개선하고 최적화할 수 있었다. 매우 작은 실수 하나가 전체 경험을 망칠 수 있는 민감한 상황이었지만, 그것은 그들의 극히 간단한 프로세스 덕분에 발생되지 않았다.

이는 요양원에만 적용되는 것이 아니라 – 완벽을 추구하는 모든 팀에 적용될 수 있다. 거의 모든 조직에는 이와 같은 상황이 발생한다. 오류의 여지가 거의 없이 반복적으로 발생하는 상황에서, 시간이 지남에 따라 누적된 교훈을 통합하여 매번 훌륭한 결과를 도출하는 포괄적이고 완벽한 프로세스를 개발할 수 있다.

이 요양원 시설과 마찬가지로 팀의 시간을 절약하고, 생산성을 높이고, 고객 경험을 개선하고, 조직을 기름칠이 잘 된 장치로 만들 수 있는 셀 수 없는 기회가 있다. 가장 스릴 넘치는 활동은 아니지만, 프로세스를 문서화하는 것은 시간을 잘 투자하는 일이다. 그리고 실제로 많은 시간을 투자할 필요는 없다. 열쇠는 반복적인 접근 방식을 취하고, 시스템 중심적인 사고방식을 개발하고 올바른 툴을 올바른 방식으로 사용하는 것이다.

프로세스 문서화는 섹시하다!

프로젝트는 변화와 발전의 원동력이지만, 프로세스는 모든 조직의 핵심이다. 여러 면에서 조직은 프로세스의 집합에 지나지 않는다. 급여부터 조달, 송장 조정, 채용, 이메일 캠페인 등, 비즈니스 운영의 거의 모든 기본 요소는 프로세스이다. 프로세스가 없으면 회사가 아니라 서커스를 운영하는 것과 같다.

모든 조직에는 프로세스가 있다. 문제는 대부분의 프로세스가 최적화되어 있지 않거나 잘 문서화되어 있지 않는다는 것이다.

우리 모두 프로세스가 무엇인지 이해하고 있다고 생각한다. 정의에 따르면, 프로세스는 결과를 도출하기 위해 상호 작용하는 일련의 활동 또는 집합이다.[1]

우리는 물론 비즈니스 맥락에서 프로세스에 관심을 갖고 있다. 일반적으로 *비즈니스 프로세스*는 특정 서비스나 제품을 생산하기 위해 사람이나 장비가 수행하는 일련의 연쇄적인 활동으로 정의된다.[2] 한 가지 중요한 설명은 비즈니스 프로세스는 고객을 대면할 필요는 없다는 것이다. 그래서 프로세스를 특정 서비스나 제품보다는 '결과'를 만들어내는 것으로 생각하는 것이 선호된다.

프로세스 문서화에는 프로세스가 처음부터 끝까지 어떻게 완료되는지에 대한 상세한 단계별 설명이 포함된다. 많은 사람이 프로세스 문서화를 지루하고 불필요한 일이라고 생각한다. 지루하고 시간을 잡아먹기 때문에 많은 사람들이 다른 곳에 더 잘 쓸 수 있다고 생각한다.

하지만 프로세스 문서화는 확장 가능한 비즈니스를 만들기 위한 가장 중요한 열쇠이다. 비즈니스 위험을 완화하고, 시간과 비용을 절약하고, 오류를 줄이며, 보다 일관된 결과물을 만들어낸다. 투자자의 눈에 기업의 가치를 크게 높일 수 있으며, 폭발적인 비즈니스 성장을 위한 필수 요건이다. 이 과제를 수행하려면 한 개인이 할 수 있는 일을 누구나, 무한히 많은 사람이 할 수 있는 일로 바꾸어야 한다.

나는 종종 리더들에게 프로세스 문서화는 자신을 복제하는 것과 같다고 말하곤 한다. 그것이 다른 사람들의 책임을 덜 수 있게 해주기 때문에 진정으로 숨을 쉴 수 있는 몇 안 되는 방법 중 하나이다. 팀에게는 모든 역할을 복제하는 것과 같다. 바로 이때 보험 약관이 필요하다.

프로세스를 문서화하면 사람이 떠날 위험을 줄일 수 있다. 만약 누군가 아프거나 갑작스럽게 퇴사하거나 출산 휴가를 가는 경우, 누구든 가장 중요한 업무를 완수하기 위해 뛰어들 수 있다. 중요한 비즈니스 기능을 중단 없이 계속 수행할 수 있어 누군가의 퇴사로 인한 재정적 비용을 줄이고 나머지 팀원들이 더 쉽게 계속하게 만든다.

이 파트를 쓰는 시점에 나는 이제 막 일주일간의 *완전히* 전기가 없는 상태로의 개인 개발 프로그램을 떠나려고 한다. 나는 기술로부터 완전히 분리되어 있으며, 팀원들과도 연락할 수 없다. 대부분의 비즈니스 담당자라면 불안감을 느낄 것이다. 그리고 나도 처음에 그랬다. 하지만 모든 프로세스 문서화 덕분에 내가 없는 동안에도 큰 문제는 없을 것이라고 확신한다.

이러한 자신감의 일부는 간단한 체크리스트조차도 오류와 실수를 줄이는 것으로 나타났다. 체크리스트 선언문(Chekclist Manifesto)에서 저자 아툴 가완드(Atul Gawande)는 "터무니없이 단순한" 체크리스트의 사례와 그 가치를 설명한다. 현실적으로 우리가 하는 대부분의 업무는 복잡하고 오류의 여지가 있는 여러 단계가 포함되어 있어 매우 복잡한다. 심지어 모든 것을 통제하고 있다고 생각하더라도 그렇지 않을 수도 있다.

가장 설득력 있는 사례 중 하나는 세계보건기구(WHO)의 안전한 수술 체크리스트 프로그램을 진두 지휘한 가완드의 업무이다. 1999년에 수술 합병증의 약 18%와 연간 최대 9만 8,000명의 사망자가 수술 중 인적 오류로 인해 발생하는 것으로 추정되었다.[3] 가완드는 간단한 체크리스트가 이러한 문제를 완화하는 데 도움이 될 수 있다고 제안했고, 그는 옳았다. 단 2분 만에 완료할 수 있는 19단계 체크리스트는 합병증과 사망률을 30% 이상 감소시키는 것으로 나타났다.[4] 이 체크리스트는 이제 전 세계 수술실에서 매일 사용되고 있다.

프로세스 문서화는 오류를 줄이는 것 외에도 시간이 지남에 따라 더 나은 결과를 만들어낸다. 프로세스를 문서화하면 시간이 지남에 따라 개선 사항을 발견할 때 지속적으로 업데이트할 수 있다. 프로세스는 처음보다 백 번을 진행할수록 더 나은 프로세스를 만들 수 있다. 더 큰 결과를 더 효율적으로 생산할 수 있을 뿐만 아니라, 미래에 그 과정을 인계받은 누구라도 비록 과정에 대한 지식이 없더라도 과거의 모든 반복을 통해 혜택을 받는다.

프로젝트 관리 대 프로세스 관리

프로세스 문서화에 대해 자세히 알아보기 전에 먼저 프로젝트 관리와 프로세스 관리를 구분하는 것을 배우는 것이 중요하다. 프로젝트는 무에서 유를 창조하는 데 사용된다는 것은 이미 알고 있을 것이다. 프로젝트는 일반적으로 처음으로 무언가를 하는 것이다. 프로젝트는 일회성인 경우가 많다. 프로젝트는 미지의 것을 다룬다. 반면에 프로세스는 이미 알려진 것을 처리한다. 프로세스는 반복 가능하며, 프로젝트와 달리 원하는 결과에 이르는 경로는 거의 항상 동일하다.

종종 프로젝트가 프로세스로 전환되는 경우가 있다. 처음 무언가를 할 때 프로젝트일 가능성이 높다. 원하는 결과를 어떻게 달성할지 모른다면 프로젝트 파트는 그 방법을 알아내는 것이다. 하지만 원하는 결과를 얻고 나면 프로세스로 전환하는 단계를 밟거나 적어도 그 일부를 미래 프로젝트에서 사용할 수 있는 프로세스로 전환할 수 있다. 요령은 임시 과제를 시간이 지남에 따라 반복 가능한 과제으로 전환하는 것이다.

우리가 사용하고 추천하는 프로세스 관리 툴인 프로세스 스트리트 (Process Street)의 창립자인 비나이 파탕카(Vinay Patankar)는 종종 이 개념을 설명할 때 주문형 차량 공유 회사의 부상을 자주 언급한다. 처음에 그들이 진출하려는 각 도시는 완전히 새로운 전쟁이었다. 운전자 고용, 보험 문제 등 전례 없는 법적 문제가 있었다.

이러한 모든 미지의 요소 때문에 그들은 각 도시를 개별 프로젝트로 취급했다. 그들은 많은 시간과 노력을 들여서 하나하나 필요한 것을 조사했다. 시간이 지나면서 그들은 진정으로 전 세계 모든 주요 도시에 도달하려면 지금까지 완료한 프로젝트를 모두 취합하여 어디서나 작동할 수 있는 프로세스로 개선해야 한다는 것을 깨달았다. 그리고 바로 그렇게 했다.

차량 공유는 이제 전 세계 많은 도시에서 기본 교통 수단으로 자리 잡았으며, 이것은 초기 프로젝트에서 얻은 교훈을 바탕으로 효율적인 프로세스를 개발할 수 있었기 때문이다. 프로세스가 비즈니스를 어떻게 확장할 수 있는지, 그리고 얼마나 수익성이 높은지를 보여주는 환상적인 예이다.

현실은 많은 기업이 프로젝트를 프로세스로 전환하기까지 너무 오래 기다린다. 그렇다고 모든 회사가 프로젝트 과제를 중단하고 모든 것을 프로세스로 전환해야 한다는 것은 물론 아니다. 나는 이를 성숙도의 함수라고 생각하고 싶다 – 회사가 성장할수록 임시 업무를 반복 가능한 업무로 전환하는 데 더 많은 시간과 비용을 투자해야 한다. 신생 기업은 초기에는 청구서 지불이 거의 모든 다른 일보다 우선하기 때문에 이러한 과제를 건너뛸 수 있고 건너뛰어야 할 가능성이 높다. 젊은 회사들은 또한 변화의 속도가 매우 빠르기 때문에 다음 달에 변경될 수 있는 프로세스를 문서화하는 것은 의미가 없다.

하지만 회사가 성장함에 따라 프로젝트에 대한 프로세스의 비율을 높이는 것이 이상적이다.

명확히 하기 위해, 여기에 임시 업무(프로젝트)에서 벗어나 반복 가능한 업무(프로세스)로 전환하는 것이 유익한 이유를 보여주는 프로젝트와 프로세스 사이의 높은 레벨의 이론적 구분이 있다:

프로젝트(임시)	프로세스(반복 가능)
비용은 대체로 추정됨	비용이 대략적으로 알려져 있음
발견 및 계획 단계가 요구됨	발견 및 계획이 이미 완료됨
완료 단계가 100%가 확실치 않음	시작부터 완료까지 단계별 경로
실수 위험 높음	실수 위험 낮음
누군가가 떠나면 결과에 큰 영향을 미칠 수 있음	누군가의 이탈이 결과에 미치는 영향이 미미함
확장하기 어려움	확장하기 쉬움

요컨대, 임시방편적인 방식에서 반복 가능한 방식으로 전환하지 않는 조직은 기회를 놓치고 있다. 효과적으로 확장하는 데 어려움을 겪을 것이며, 팀의 입장에서는 업무가 항상 답답하고 힘들게 느껴질 것이다.

우리 고객이자 프로젝트 관리 연구소(PMI)의 디렉터인 카라 오스틴은 집을 짓는 것에 비유하여 두 가지의 차이점을 설명하는 것을 좋아한다. 건축업자가 재개발을 위해 동일한 주택을 지어달라는 요청을 받으면 그것은 반복 가능하다 – 동일한 프로세스를 계속 반복해서 모든 주택을 효율적으로 완공한다. 하지만 누군가 건축업자에게 맞춤형 주택을 의뢰하면 이는 임시 프로젝트이다 – 착공하기 전에 모든 측면을 계획해야 한다.

반복 가능한 옵션은 사실상 항상 더 쉽고, 더 빠르고, 더 경제적이다.

내가 생각하는 완벽한 세상에서는 레버리지의 업무 대부분이 임시 과제나 프로젝트가 아닌 반복 가능한 프로세스이다. (하지만 아직 갈 길이 멀다.)

프 로 세 스 관 리 툴

프로세스는 화이트보드처럼 간단한 툴로도 문서화할 수 있다. 하지만 프로젝트도 화이트보드에서 관리할 수 있는 것과 마찬가지로 가장 우아한 솔루션은 아니며 – 중요한 것은 비즈니스 성장에 따라 확장할 수 있는 솔루션이 아니라는 점이다.

그래서 프로세스 관리 툴이 필요하다. 비즈니스 프로세스 관리(BPM – business process management) 툴이라고도 하는 이 툴은 단순한 체크리스트를 넘어 조직 전체에 걸쳐 구현할 수 있는 완전히 최적화된 프로세스를 제공한다. 이것은 다른 툴과 통합할 수 있고, 자동화를 결합하며, 데이터를 캡처 및 조작하고, 의사 결정 주기를 다루고, 승인 및 조건을 처리할 수 있다. 기본적으로 이것은 상황에 따라 여러 사람과 여러 결과와 함께 여러 워크 플로우를 포함하는 복잡한 시스템을 만들 수 있다.

프로세스 관리 툴을 업무 관리 툴과 혼동해서는 안 된다. 앞서 설명한 정의만 봐도 이러한 툴이 어떻게 다른 용도로 사용되는지 알 수 있다. 업무 관리 툴은 임시 과제과 프로젝트에 중점을 둔다. 이것은 간단한 워크플로는 처리할 수 있지만, 프로세스 관리 툴에 있는 매우 적합한 여러 단계, 사람, 핸드오프(handoff)가 필요한 복잡한 반복 업무에는 최적화되어 있지 않다. 프로세스 관리 툴을 사용하면 프로세스의 모든 단계를 불러내 제어가 가능한 가장 효율적인 워크플로를 만들 수 있으며, 동시에 인적 오류의 위험도 최소화할 수 있다. 이러한 툴은 계속해서 반복되는 업무를 위해 특별히 제작되었다.

예를 들어, 마케팅 팀에서 마케팅 지표를 추적하기 위해 스코어카드 (scorecard)를 만들기로 결정했다고 가정해 보겠다. 여기에는 총 소셜 미디어 팔로워 수, 총 참여 수, 웹사이트 트래픽, 광고 실적 등이 포함될 수 있다. 이 스코어카드는 업무 관리 툴 내에 생성된다.

스코어카드가 생성되면 매주 지표를 업데이트해야 한다. 이런 일이 처음 발생하면 업무 관리 툴에서 실행된다. 이렇게 하면 스코어카드를 업데이트하는 사람은 최상의 프로세스를 파악할 수 있다. 처음 몇 번 실행하는 동안 업데이트 방법에 대한 단계별 지침을 적을 수 있다.

그 후 스코어카드를 업데이트하는 프로세스는 프로세스 관리 툴로 이전해야 한다. 매주 똑같은 방식으로 수행되므로 과제가 아닌 프로세스이다. 프로세스 관리 툴에 문서화하면 매주 반복되도록 설정할 수 있다. 여러 사람이 성과 기록표의 여러 파트를 업데이트하는 업무를 담당하는 경우, 전체 프로세스 내에서 각자 자신의 단계를 가질 수 있다.

가장 중요한 것은 이렇게 하면 프로세스를 더욱 최적화할 수 있다는 점이다. 스코어카드의 특정 파트는 자피어(Zapier)와 같은 툴을 통해 자동으로 업데이트할 수 있다. 프로세스가 완전히 문서화되면 더 낮은 레벨의 다른 사람이 스코어카드를 업데이트할 수 있다. 이렇게 하면 마케팅 팀이 더 중요한 업무에 집중할 수 있는 시간을 확보할 수 있다. 프로세스가 프로세스 관리 툴에 포함되어 있으면 이 모든 것이 가능해(그리고 수행하기 쉬워)진다.

레버리지에서는 단순 프로세스와 복잡한 프로세스 모두에 필요한 모든 기능을 갖춘 강력한 프로세스 관리 툴인 프로세스 스트리트(Process Street)를 사용한다. 솔직히 말하자면, 나는 창립자인 비나이 파탕카와 프로세스 최적화에 대해 수없이 많은 시간을 함께 보내면서 개인적인 친구가 되었다. 하지만 그럼에도 불구하고 필요와 고객의 요구에 완벽하게 부합하기 때문에 우리는 여전히 프로세스 스트리트를 사용한다.

앞서 설명한 모든 툴과 마찬가지로 대부분의 프로세스 관리 툴은 대부분의 상황에서 잘 작동한다. 그들이 업무 관리 툴보다 프로세스에 더 적합한 이유는 프로세스에 고유한 여러 가지 주요 기능이 포함되어 있기 때문이다. 다음과 같은 기능이 있다:

- 적절한 시점에 한 사람에서 다음 사람으로 과제를 전달할 때 사용되는 핸드오프(handoffs), 중지(stops), 혹은 승인 (approval)(그리고 단지 적절한 시점에만).
- 조건부 논리(conditional logic). 프로세스의 단계가 특정 입력에 따라 변경될 수 있는 경우이다. 예를 들어, 직원 교 육 프로세스의 첫 번째 단계 중 하나는 팀원의 역할을 선 택한 다음 프로세스의 나머지 단계는 해당 입력에 따라 변 경된다.
- 통합. 프로세스 관리 툴은 기술 더미의 다른 툴과 통합할 수 있어야 한다. 즉, 툴이 서로 '대화'할 수 있어야 하고 정 보를 교환하거나 특정 이벤트를 촉발시킬 수 있어야 한다 – 새 클라이언트가 CRM에 추가될 때 프로세스를 시작하는 것과 같이.
- '리치 미디어(rich media)'가 포함된 체크리스트. 거의 모든 프로세스 관리 툴은 일종의 체크리스트 기능을 제공하지 만, 이미지나 동영상과 같은 리치 미디어를 추가하여 각 단계를 가능한 한 분명하게 해야 한다.

보시다시피, 이러한 유형의 기능은 업무 관리 툴에서는 사용할 수 없다. 그리고 이러한 기능 중 일부는 지금 당장 적용되지 않을 수도 있지만, 조직과 팀이 성장함에 따라 어떻게 적용될 수 있는지 생각해 보라. 10명에서 100명으로 성장할 때 수십 개의 상호 연결된 프로세스가 있는 여러 부서에서 갑자기 이러한 것들이 훨씬 더 중요해진다.

업무 관리 툴로 프로세스 '해킹(hacking)' 하기

물론 본격적인 프로세스 관리 툴 대신에 간단한 프로세스를 업무 관리 툴에 포함시켜야 하는 경우도 분명히 있다. 예를 들어, 만일 팀에 반복되는 프로세스가 몇 개밖에 없는 경우, 업무 관리 툴에 그들을 문서화해서 '해킹'할 수 있으면 별도의 툴에 투자하는 것이 합리적이지 않을 수 있다. 몇 단계만 포함하는 간단한 프로세스는 업무 관리 툴에서 반복 과제, 또는 템플릿 과제로 쉽게 만들 수 있다.

이렇게 하면 사람들이 업무를 완료하기 위해 툴 사이를 전환할 필요가 없기 때문에 프로세스를 문서화하는 데 걸리는 시간이 줄어들고, 맥락의 전환을 제한한다.

프로세스 관리 툴은 업무 관리 툴의 기능이 끝나는 곳에서 매우 일관된 방식으로 완료해야 하는 복잡한 프로세스에서 정말 빛을 발한다. 나는 이 맥락에서 *복잡성*은 많은 단계와 사람의 기능, 조건부 논리의 필요성, 그리고 엄격한 과제 순서를 적용해야 할 필요성으로 생각한다. 이네 가지 변수가 높을수록 프로세스 관리 툴에 더 적합한다. 이러한 툴은 말 그대로 많은 단계, 많은 사람, 많은 복잡성을 가진 프로세스를 처리하고-매번 완벽하게 처리할 수 있도록 만들어졌다.

예를 들어, 새 팀원을 교육하려면 프로세스에서 다음 단계로 이동하기 전에 줌, 지메일, 슬랙과 아사나에 그들을 추가해야 할 필요가 있을 것이다. 각 툴을 순서대로 추가할 수 있지만, 다음 단계로 넘어가기 전에 모두 완료해야 한다. 프로세스 관리 툴에서는 '중지(stops)'를 사용하여 모든 것이 항상 올바른 순서로 수행되도록 할 수 있다.

고려해야 할 위험 요소도 있다. 프로세스 관리 툴은 보다 일관된 결과를 제공하고 실수를 최소화한다. 한 번의 실수가 비즈니스를 위태롭게 할 수 있는 프로세스가 있다면 프로세스 관리 툴에 문서화하는 것이 훨씬 낫다 – 얼마나 단순하고 복잡한지에 관계없이.

이제 막 프로세스 문서화를 시작했거나 문서화할 간단한 프로세스 몇 개만 있다면 반드시 업무 관리 툴에 문서화하기 바란다. 새로운 툴을 구현하면 복잡성(및 비용)이 추가되며, 일부 팀에서는 프로세스 관리 툴을 도입하는 것이 합리적이지 않을 수도 있다. 하지만 회사가 성장함에 따라 프로세스는 더욱 복잡해지고, 프로세스를 문서화하여 구현하는 데 더 많은 시간과 자원을 투자할 수 있다 – 프로세스 관리 툴을 구현하는 것이 우선순위가 되어야 한다.

프로세스 문서화의 과정

나는 CPR 프레임워크의 특정 파트 뒤에 있는 이론이 툴 자체보다 훨씬 더 중요하다는 점을 길게 말해 왔다. 아마도 프로세스 문서화보다 더 의미있는 것은 없을 것이다. 프로세스를 문서화하기 위해 가장 비싸고 기능이 풍부한 툴을 사용하고 있을 수도 있다. 하지만 올바른 모범 사례에 따라 문서화되지 않으면 무용지물이 될 수 있다.

이제 프로세스 문서화 뒤에 있는 이론에 대해 살펴보자(그림 16 참조). 이 지식이 있으면 원하는 툴로 프로세스를 문서화할 수 있을 것이다. 비록 그것이 냅킨일지라도.

프로세스를 문서화하는 8 단계 (완벽히)

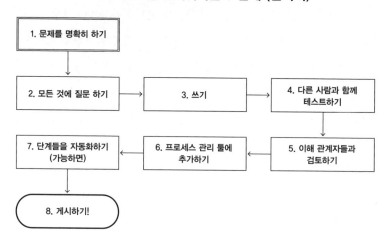

그림 16

1단계: 해결하고자 하는 문제 명확히 하기

프로세스를 문서화하기 전에 한 걸음 물러나서 해결하고자 하는 문제를 명확히 하는 것이 좋다.

벽에 구멍을 뚫어야 한다면, 자연스러운 마음은 드릴을 사서 구멍을 뚫고 싶을 것이다. 하지만 정말 드릴이 필요한가? 꼭 그렇지는 않다. *구멍이 필요하다.* 어쩌면 다른 비용 효율적인 방법으로 할 수 있다. 아마도 대신에 망치를 사용할 수 있을 것이다. 손재주가 좋은 이웃에게 가장 좋은 해결책이 무엇이라고 생각하는지 물어볼 수 있을 것이다. 아니면 구멍을 뚫는 데 서툴고 앞으로 더 많은 구멍을 뚫을 필요가 있을 것 같다면 벽에 구멍을 뚫어줄 사람을 고용하는 것이 더 합리적일 수도 있다.

우스꽝스러운 예처럼 들릴 수도 있지만, 이 사례는 뻔한 해결책은 항상 최선의 해결책은 아니라는 것을 보여준다. 안타깝게도 많은 사람들이 프로세스를 만들 때 프로세스가 애초에 필요한지, 또는 그 프로세스가 머

릿속으로 상상하는 것만큼 견고해야 하는지 생각하지 않는다. 전체 그림
을 보고 해결하고자 하는 문제를 명확하게 파악해야 한다. 고객과 함께
일할 때 내가 가장 먼저 하는 단계는 새로운 또는 업데이트된 프로세스가
그들이 해결하고자 하는 모든 문제를 설명하는 것을 확실하게 하는데 필
요한 모든 요구 사항을 수집하는 것이다.

비즈니스에서 마케팅 전략으로 팟캐스트를 시작하려고 한다고 가정
해 보겠다. 당신의 처음 본능은 오디오 편집자를 고용하고 제작부터 게
시까지 에피소드 제작의 모든 단계를 문서화하는 프로세스일 것이다. 좋
은 생각이다 – 그러나 어떤 문제를 해결하려고 하나? 팟캐스트를 효율적
으로 제작하려고 하나, 아니면 회사의 인지도를 높이려고 하나?

이러한 프로세스를 구축하기 전에 이 문제를 해결할 수 있는 최선의
해결책인지 생각해 볼 필요가 있다. 팟캐스트가 정말 올바른 방법인가?
모든 것을 사내에서 하는 것이 합리적일까? 이 일을 하고 싶고 잘하는 일
인가? 제작을 아웃소싱할 수 있는가?

> 자신이 잘하지 못하는 분야라면, 잘하는 전문가가 있을 가능성이
> 높다. 전문가에게 아웃소싱을 맡기면 그들이 몇 년에 걸쳐 그들의
> 프로세스로 만든 모든 개선 및 최적화의 혜택을 누릴 수 있다.

다음은 새로운 프로세스를 문서화하기 위해 앉을 때마다 스스로에게
물어봐야 할 질문 유형이다. 복잡한 프로세스를 문서화하는 데 시간과
돈을 투자했다가 나중에 그 문서화가 애초에 필요하지 않았다는 사실을
깨닫는 것보다 더 나쁜 일은 없다.

2단계: 모든 것에 질문하기
문서화를 시작하기 전에 프로세스가 논리적이며 사람들이 사용할 수

있는지 확인해야 한다. 오래된 프로세스라서 이제야 문서화하게 되었다면 다시 한번 살펴보라. 만약 새로운 프로세스라면 모든 각도에서 살펴보고 향후 발생할 수 있는 문제를 상상해 보라.

팀으로부터 피드백을 수집하기 바란다. 자신과 팀에게 현재 및/또는 제안된 프로세스에 대해 다음과 같은 질문을 해보라:

- 논리적인가?
- 효율적인가?
- 관련성이 있는가?
- 꼭 필요한가?

모든 것에 의문을 제기하기 바란다. 면접 과정에서 항상 누군가에게 인성 검사를 한다고 해서 앞으로도 계속 그렇게 해야 한다는 의미는 아니다(시작부터 하지 말았어야 했을 수도 있다!). 항상 매월 뉴스레터를 발송했다고 해서 그것이 가장 좋은 주기는 아니다 – 격 주는 어떨까?

우리 모두는 단순히 "그게 항상 해왔던 방식이기 때문이다."는 습관이 있다. 어떤 경우에는 심지어 당신의 조직의 필요가 변해서 전체 프로세스가 관련성이 없거나 불필요해졌을 수도 있다. 잘됐다! 이제 걱정해야 할 프로세스 하나가 줄어든다.

3단계: 쓰기

다음 단계는 종이에 적는 것이다. 물론 꼭 종이일 필요는 없다 – 워드 문서, 구글 문서, 실제 화이트보드도 모두 훌륭한 옵션이다. 나는 앞서 소개한 디지털 화이트보드 툴인 미로(Miro)를 사용하는 것도 좋아한다.

이제 여기서 염두에 두어야 할 몇 가지 모범 사례가 있다.

프로세스를 한입 크기로 나누라. 크고 복잡한 프로세스가 있는 경우, 프로세스를 한입 크기로 나누면 간단하고 쉽게 완료할 수 있다. 큰 과제를 작은 단계로 나누면 미루는 경향이 줄어들고 집중력이 향상되며 실수를 줄일 수 있는 것으로 나타났다.[5] 또한, 각기 다른 사람들이 다른 단계의 프로세스를 담당할 수 있다.

프로세스의 각 단계는 한 사람 – 단 한 사람만 – 담당하도록 하라. 책임의 분산은 과제 및 프로젝트와 마찬가지로 프로세스에서도 중요하다. 두 명 이상의 사람이 아무도 배정되지 않아야 한다.

4단계: 다른 사람과 함께 테스트하기

이제 테스트를 시작할 차례이다.

당신은 이것이 완전히 방탄 – 혹은 전자동 – 이라고 생각할 수도 있지만, 당신도 한동안 이것에 초 집중해왔을 것이다. 당신이나 팀의 개입 없이 다른 사람이 프로세스를 진행하도록 하기 바란다.

여기서 목표는 누구에게나 개략적인 프로세스를 알려주고 과제를 제대로 완료하도록 하는 것이다.

과제를 완료하면 함께 검토하기 바란다. 무엇이 혼란스러웠고 무엇이 명확했는지 물어보라. 결과를 보고 물어보라:

- 품질은 만족스러운가?
- 시간이 얼마나 걸렸나? 예상에 근접했나?
- 여러 사람이 참여한 경우 정보가 제대로 전달되었나? 필요 하지 않은 민감한 정보나 기밀 정보에 액세스한 사람이 있 었나?
- 업무 진행 상황을 문서화할 수 있었나?

그들의 피드백을 받고 이러한 질문에 대한 답을 찾아내면 완벽한 프로세스로의 길에 잘 도달할 것이다.

5단계: 이해 관계자와 검토하기

이제 최종 검토를 위해 다시 가져온다.

검토자(들)로부터 피드백을 받아 당신의 크리에이터 팀과 함께 점검하기 바란다. 그런 다음 당신의 소규모 팀 외부의 더 많은 의견을 듣고 싶을 것이다. 레버리지에서는 바로 이때가 같은 부서 내의 다른 사람들을 데려오는 시점이다 – 그들은 프로세스를 가장 잘 알고 있는 사람들이다. 이들은 부서의 다른 파트에 영향을 미칠 수 있는 부분을 발견하고 변경해야 하거나 추가해야 할 단계를 제안할 수 있다. 예를 들어, 프로세스가 새 콘텐츠를 만드는 방법에 초점을 맞추고 있다면 소셜 미디어 관리자는 회사 소셜 콘텐츠를 홍보하는 데 도움이 되는 몇 가지 단계를 추가할 수 있다.

회사 사람들이 (1) 실제로 사용하고 (2) 즐겁게 사용할 수 있는 프로세스를 만드는 것이 중요하다. 최대한 즐기라 – 결국 일이지만, 좋은 프로세스는 그들의 삶을 더 편하게 만들어야 한다. 이 단계가 그것에 도움이 될 것이다.

6단계: 프로세스 관리 툴에 추가하기

이제 그 프로세스를 프로세스 관리 툴에 추가하기 바란다. 이 시점에서는 프로세스의 윤곽이 잘 잡혀 있어야 하며, 추가하는 과제는 대부분 복사하여 붙여넣기만 하면 된다. 하지만 이 과제를 할 때 프로세스를 한 단계 더 발전시킬 수 있는 추가 기능을 고려하기 바란다. 중지, 승인, 조건부 논리 및 자동화와 같은 기능들이 이에 해당한다.

가장 중요한 것은 가능한 한 많은 전후 정보를 추가하는 것이다. 주석이 달린 스크린샷과 비디오 녹화는 프로세스를 문서화할 때 큰 도움이 된다. 가능한 한 많이 사용하기 바란다 – 쉽게 만들 수 있고, 시각적 학습자에게 적합하며, 텍스트만 사용하는 것보다 더 자세한 정보를 제공한다.

7단계: 단계 자동화하기(가능한 경우)

이제 가능한 한 많은 단계를 자동화하는 방안을 찾으라. 또는, 적어도 프로세스의 특정 영역을 미래에 어떻게 자동화할 것인지에 대한 계획을 세우라. 분명한 출발점은 예약 링크에서 팟캐스트 게스트가 예약되면 자동으로 팟캐스트가 실행되는 프로세스를 활성화하는 것과 같은 외부 촉발 장치들을 사용하는 것이다. 프로세스 자체에 자동화를 적용할 수도 있다. 팟캐스트 프로세스가 끝날 때 미리 작성된 '감사' 이메일이 게스트에게 전송하는 단계를 가질 수 있다.

이 단계는 다소 광범위할 수 있다는 점에 유의하기 바란다. 하지만 이 시간 투자는 그만한 가치가 있다. 매일 반복되는 프로세스를 단 몇 분만 단축해도 결국에는 상당한 시간을 크게 절약할 수 있다. 이와 같은 작은 기회는 대부분의 조직에 존재한다.

자동화를 검토할 때는 자동화를 통해 얼마나 많은 시간을 절약할 수 있는지, 프로세스가 얼마나 자주 반복되는지, 그리고 향후 얼마나 오래 사용할 수 있는지 고려한다. 이러한 수치가 높을수록 자동화를 만드는데 시간을 투자하는 것이 합리적이다.

> 작은 프로세스 최적화를 통해 장기적으로 얼마나 많은 시간을 절약할 수 있는지 알고 싶은가? 우리가 당신을 위한 계산기를 만들었다! comeupforair.com에서 확인하기 바란다.

프로세스를 자동화하고 최적화하는 것은 프로세스를 수행할 모든 사람에게 비용을 지불하는 것과 같다. 현재 시간을 투자하면 미래에 프로세스를 수행하는 모든 사람의 시간을 절약할 수 있다 – 미래의 시간을 저축하는 것과 같다!

8단계: 게시

이제 프로세스가 잘 최적화되어 일반적으로 사용할 준비가 되었을 것이다. 프로세스 관리 툴에서 프로세스를 공개하고 적절한 파트에 추가하여 필요한 모든 사람이 사용할 수 있도록 한다. 또한, 팀에게 메시지를 보내서(내부 커뮤니케이션 툴 내 채널에서) 그것을 알도록 하기를 원할 것이다.

이 8가지 단계를 따르면 처음부터 최적화된 프로세스를 만들 수 있다. 하지만 솔직히 말하자면 때로는 모든 프로세스에 대해 이러한 단계를 모두 따르는 것은 비현실적이거나 불가능할 수도 있다. 모든 것이 절대적으로 완벽해야 하는 중요한 프로세스의 경우에는 대단히 큰 시간이 사용될 수 있다.

하지만 대부분의 경우 *아무것도 없는 것보다는 무언가 있는 것이 낫다.* 이 포괄적인 방법이 다소 어렵게 느껴지더라도, 걱정하지 마라 – 꼭 그렇게 할 필요는 없다. 프로세스 문서화는 반복적인 프로세스가 될 수 있으며, 단 몇 분 만에 쉽게 문서화할 수 있다. 방법은 다음과 같다.

반복적인 접근:
80/20 프로세스 규칙

자, 이렇게 하기 바란다. 실제 업무의 일반적인 작동 방식에 대해 알아보기 전에 '책에 따라' 프로세스를 문서화하는 방법을 보여주고 싶었다. 8단계 프로세스가 훌륭하지만, 레버리지에서 이 방법으로 모든 것을 문서화했다면 아마 파산했을 것이다. 왜냐하면 수익을 창출하는 대신 프로세스를 완벽하게 문서화하는 데 시간을 소모해야 했기 때문이다. 우리는 여전히 그 방법을 사용하지만, 매번 완벽하게 수행해야 하는 중요한 프로세스에 주로 사용한다.

어떤 경우에는 프로세스 문서화에 그렇게 많은 시간을 투자하는 것은 말이 되지 않는다. 프로세스를 문서화할 "시간이 없다"고 말하는 사람들은 타당한 근거를 제기한다 – 더 우선순위가 높거나 더 나은 다른 활동이 많기 때문이다. 때로는 프로세스를 완벽하게 문서화하기 위해 시간을 투자했다가 몇 달 후 해당 프로세스가 관련성이 없어지거나 변경될 수도 있다.

그렇다고 해서 프로세스 문서화를 완전히 포기해야 하는 것을 의미하는 것은 아니다.

프로세스를 문서화하는 가장 좋은 방법은 단순히 프로세스를 수행하고 진행하면서 단계를 기록하는 것이다. 프로세스 자체를 통해서 업무하면서 1단계부터 10단계까지 메모장에 적는 것처럼 간단할 수 있다. 또는, 더 간단하게는 룸(Loom)과 같은 화면 녹화 툴을 사용하여 프로세스를 수행하는 자신을 녹화할 수도 있다. 과제를 진행하면서 자신이 무엇을 하고 있는지 나레이션으로 설명하면 된다. 누구나 비디오를 보고 프로세스를 완료하기 위해 자신의 컴퓨터와 함께 따라할 수 있다.

나는 이것을 MVP – 최소 실행 가능 프로세스(minimum viable process)라고 부르고 싶고, 이것은 스타트업의 최소 기능 제품(minimum viable product) 개념과 유사하다. 완벽하지는 않지만 작동한다. 주석이 달린 스크린샷 및 룸 비디오를 사용하면 꽤 기능적이 된다. 그리고 프로세스를 전혀 문서화하지 않는 것보다는 확실히 낫다.

레버리지에서는 종종 다음과 같이 프로세스 문서화를 시작한다. 팀원들이 반복 가능한 프로세스를 수행할 때, 룸에 그들이 작동하는 대로 간단히 기록하도록 권장한다. 그 룸은 당분간 지식 베이스에 보관된다. 결국에는 그 프로세스는 프로세스 관리 툴에 추가된다. 그리고 대부분의 경우, 가상 비서나 좀 더 주니어 레벨의 누군가가 이 초기 기록을 바탕으로 프로세스를 툴에 입력한다. 거기서부터 프로세스 담당자는 이를 검토하고 그에 따라 조정할 수 있다. 이 방법은 단지 20%의 시간으로 80% 완벽한 프로세스를 개발하는 쉬운 방법이다.

문서화할 프로세스를 선택하는 방법

어떤 일을 한 번 이상 할 때마다 다시는 그 일을 하지 않을 방법을 생각해야 한다. 이것이 바로 어떤 식으로든, 혹은 최소한 관심을 가지면서 프로세스를 문서화하기 시작하도록 자극할 수 있는 정신적 촉진이다. 한 번 프로세스를 문서화하면 자동화하거나 위임할 수 있는 경우가 많다 - 그러므로 업무의 성가신 부분을 그만두고 싶다면, 가장 좋은 방법은 문서화하는 것이다!

이는 기업가들이 처음 시작할 때 매우 흔한 상황이다. 예를 들어, 첫 직원을 채용할 때는 모든 과정이 수작업으로 이루어진다. 하지만 20%만 더 투자한다면, 모든 채용 절차에 대한 간단한 체크리스트와 프로세스를 만들 수 있다. 다음에 직원을 채용해야 할 때, 그 과정은 4시간이 아니라 2시간이 걸릴 수 있다. 그리고 시간이 지남에 따라 그 프로세스를 문서화하면서 어느 순간 다른 사람에게 프로세스를 넘겨줄 수 있다.

이러한 상황은 모든 종류의 역할에 종사하는 사람들에게도 동일하게 적용된다. 간단히 말해, 자신의 역할에서 어떤 일을 그만두고 싶을 때, 누구나 완료할 수 있는 단계별 체크리스트가 있다면 훨씬 더 쉽게 중단할 수 있다.

조직, 또는 팀 레벨에서 비즈니스에 미치는 영향이 가장 크고, 변경 위험이 가장 낮으며, 빈도가 가장 높은 프로세스를 문서화해야 한다. 이것이 바로 80/20 법칙이라고도 하는데, 일반적으로 이러한 프로세스가 결과의 80%를 생성하기 때문이다. 따라서 어떤 프로세스를 먼저 문서화할지 결정할 때 스스로 다음과 같이 질문하기 바란다:

- 이 프로세스가 비즈니스에 어떤 영향을 미치는가?
  (프로세스가 중단될 경우 어떤 부정적인 영향이 있는지 포함)
- 앞으로 이 프로세스가 변경될 가능성은 얼마나 되나? (다 음 달에 변경될 프로세스를 문서화하는데 시간을 낭비하 지 마라!)
- 이 프로세스는 얼마나 자주 반복되나? (프로세스가 자주 발생할수록, 잘 문서화하면 더 많은 이점을 얻을 수 있다.)

여기서 80/20 법칙에 따라 20%의 업무를 수행하여 80%의 혜택을 누릴 수 있다. 빠른 비디오 녹화로 프로세스를 문서화하는 데 몇 분밖에 걸리지 않지만, 프로세스 문서화의 80%의 이점을 제공한다. 그것은 회사에 지식을 보관하고 누구나 녹화본을 보고 프로세스를 완료할 수 있다 – 최적화되어 있지 않더라도 없는 것보다 훨씬 낫다.

비디오 녹화로 프로세스를 문서화하는 것은 대부분의 이점을 짧은 시간 안에 얻을 수 있기 때문에 시작하기에 좋은 방법이다. 필요한 경우 나중에 언제든지 개선할 수 있다.

서두에서 말했듯이 프로세스 문서화는 엄청난 과제가 될 필요는 없다. 중요한 것은 언제, 어디서나 이해되도록 모든 사람이 프로세스를 문서하고 최적화하려는 마음가짐을 갖는다는 것이다. 비디오 녹화 및 80/20 법칙은 이를 실천할 수 있는 간단한 방법이다.

역할 순환 :
궁극의 프로세스 테스트

초단타 매매 트레이더로 일할 때는 1년에 한 번 다른 동료가 내 거래 장부를 인수했다. 그동안 2주 휴가를 갔고('차단 휴가'라고 함) 나도 다른 사람에게 동일하게 업무를 맡겨야 했다. 그때는 규정 준수를 위해 시행한 것이지만, 그 외에도 많은 혜택이 있다는 것을 알았다. 차단 휴가 중에는 모든 시스템에 액세스할 수 없다. 건물 출입, 이메일 로그인 등 아무것도 할 수 없다. 완전 차단이다. 회사에서 수상한 일이 일어나지 않도록 시간을 벌기 위한 조치이다.

나는 8년 동안 트레이더로 일하면서 매년 이 훈련을 했고 내 트레이딩 장부가 개선되는 것을 느꼈다. 내 동료들은 완전히 다른 관점을 가지고 와서 개선하거나 더 효율적으로 만들 수 있는 부분을 찾아내곤 했다. 새로운 시각이 혁신을 촉발한다! 병 안에 있으면 라벨을 보기가 어렵다.

나중에 내 회사를 설립하면서 나는 역할 로테이션은 거의 모든 회사에서 비슷한 이점을 가지고 시행할 수 있다는 것을 깨달았다.

정기적으로 역할을 순환하면 팀이 일상적인 프로세스를 문서화해야 하므로 팀원 중 누구라도 경험이 거의 없이 다른 사람의 일상적인 업무를 처리할 수 있다. 레버리지에서는 사람들이 일주일 동안 평소에 하던 일과 전혀 관련이 없는 역할을 맡게 했지만, 엄격한 문서화 덕분에 잘 해낼 수 있었다. 역할의 모든 측면을 처리할 수는 없지만, 핵심적인 책임은 감당할 수 있다.

이런 일이 발생하면 내가 트레이딩 데스크에서 보았던 것과 동일한 혜택을 본다. 한 번에 몇 년 동안 한 가지 역할만 맡는다고 해서 창의력을 발휘할 수 없다. 한 직무에 오래 머무는 대부분의 사람들은 한 가지 방법만 있다고 생각한다. 운영 팀원은 HR 워크 플로우를 개선할 수 있는 여러 가지 방법을 찾을 수 있다. 마케팅 팀원은 고객 서비스 이메일의 브랜딩 방식을 개선할 기회를 발견할 수 있다. 회계 담당자는 다른 부서의 프로세스를 일부 조정하여 결산 시기에 그들을 도울 수 있다.

새로운 시각을 도입하면 개선의 기회가 열리고, 때로는 코앞에 닥친 주요 문제를 경고해줄 수도 있다. 누군가가 역할을 바꿔서 정규직보다 절반의 시간으로 같은 양의 과제를 완료할 수 있고 프로세스를 최적화하고 간소화하는 방법을 찾고, 게다가 조직에 위험을 초래할 수 있는 사항을 발견할 수도 있다.

고려해야 할 또 다른 이점은 직원들이 매년 여러 역할을 순환하면서 해마다 다양한 역할을 맡게 되면, 모든 직원들이 조금 더 다재다능하고 균형 잡힌 인재가 된다는 것이다. 팀원 중 한 명에게 과부하가 걸리는 경우 다른 직원을 투입하여 업무 부담을 덜어주면서 배를 계속 띄울 수 있다.

역사상 가장 성공적인 포뮬러(Formula) 1팀인 페라리(Ferrari)는 20명의 정비 담당과 역할 로테이션을 통해 유사시 누구나 타이어 교체나 연료 추가 등 어떤 역할이든 수행할 수 있도록 한다.[6] 이것은 가능한 모든 시나리오를 처리할 수 있도록 준비하게 하였고, 정비를 위한 정차를 최적화할 수 있었던 이유 중 하나이다.

(재미있는 사실: 정비를 위한 정차를 완료하는 데 걸리는 시간이 이 문장을 읽는 시간보다 더 짧다.[7])

물론 누구도 아무 역할로든 순환할 수는 없다. 그래픽 디자이너가 회계 부서를 운영해서는 안 된다. (단 하루라도)! 팀 및/또는 부서 내에서 역할 순환을 유지하는 것이 좋다. 역할 순환은 문화적인 이점도 있다. 갤럽 조사에 따르면, 32%의 사람들이 경력이나 승진 기회 때문에 직장을 그만둔다고 한다[8] - 즉, 배우고, 성장하고, 발전할 수 있는 기회가 주어지지 않았기 때문이고, 그래서 다른 곳을 찾는 것이다. 이는 사람들이 직장을 그만두는 가장 큰 요인이며, 놀라운 일이 아니다. 전문 경력을 쌓고자 하는 사람이라면 누구나 원하는 만큼 배우고 싶어 한다. 역할을 바꿔보는 것은 새로운 기술을 빠르게 익히고 비즈니스의 다른 부분이 어떻게 작동하는지 확인할 수 있는 좋은 방법이다.

역할 순환은 이직의 영향을 줄이고 새로운 시각으로 프로세스를 개선할 기회를 찾으면서 시간을 절약함으로써 레버리지에서 수많은 시간을 절약해 주었다. 내 비즈니스 파트너가 떠났을 때 많은 팀원들이 함께 떠났다. 역할 순환 및 프로세스 문서화는 우리를 구했다. 왜냐하면, 이전에 역할 순환을 맡은 사람들이 많은 중요한 비즈니스 기능을 거의 하룻밤 사이에 인수할 수 있었기 때문이다.

역할 순환을 시도하기로 결정했다면(나는 당신이 하도록 추천한다.), 먼저 팀원 두 명이 일 년 중 최소 일주일 동안 역할을 바꿔보는 것부터 시작하는 것이 좋다. 그리고 역할에 따라 그 해의 보다 조용한 시간을 위해 이 역할 순환을 남겨두는 것이 좋다. 잘 진행되면 점차적으로 다른 팀원들에게도 확장할 수 있다.

근무에서 벗어나 스스로 일하기

프로세스 문서화는 조직의 위험을 줄이고 효율성을 개선하기 위해 필요한 단계이지만, 문자 그대로의 관점에서 바라보는 것은 우리가 여기서 달성하고자 하는 목표의 요점을 놓치는 것이다. 궁극적으로 목적은 단순히 프로세스를 문서화하는 것을 넘어 조직에서 시스템 중심의 사고방식, 즉 사람들의 본능적인 일회성 프로젝트를 반복 가능한 프로세스로 전환하고 모든 것을 무작정 밀어붙이는 대신 업무를 완수할 수 있는 *시스템*을 만드는 것이다. 이는 '더 열심히 일하는 것이 아니라 더 스마트하게 일하는 것'을 한 단계 더 발전시키는 것과 같다.

나는 우리 회사의 모든 직원이 근무에서 벗어나 스스로 일해야 한다고 말하곤 한다.

정확히 무슨 뜻인가? 리더로서 나는 모든 사람이 각자의 역할을 최적화하고 최대한 효율적으로 일하기를 바란다. 시스템 중심의 사고방식을 갖고 프로세스를 문서화하고, 각자의 역할을 수행하기 위한 시스템을 구축하여 *내가 지시하지 않아도* 각자의 역할에 따른 책임을 다하기를 바란다.

내가 팀원들에게 "근무에서 벗어나 스스로 일해야 한다"고 말할 때, 내가 정말로 의미하는 것은 그들이 자신의 책임을 잘 문서화하고 최적화하여 다른 사람이 쉽게 그들의 역할을 맡을 수 있게 하는 것이다 – 회사 내에서 더 많은 책임을 맡고 더 많은 가치를 창출하여 승진할 수 있도록 하는 것이다. 누군가가 자신의 프로세스를 문서화하고, 시간을 절약할 수 있는 최적화를 찾고, 자동 조종 장치로 핵심 업무를 처리할 수 있도록 시스템을 설정했다는 것을 나에게 보여줄 수 있다면, 그 사람이 더 크고 더 나은 일을 할 준비가 되어 있음을 보여준다. 그들은 이러한 개선 과제를 수행할 수 있을 만큼 똑똑할 뿐만 아니라, 시간과 비용을 절약하여 더 나은 조직을 만들기 위해 노력한다는 것을 보여주는 것이다. 나는 이러한 사람들과 함께 일하고 싶고, 대부분의 리더와 관리자들도 같은 생각을 할 것이라고 생각한다.

반 직관적으로 들릴지 모르지만, 직장에서 스스로 일하는 것이야말로 조직이나 커리어에서 승진할 수 있는 가장 좋은 방법이다. 처음에는 직원들에게 두려울 수도 있겠지만, 만약에 다음 단계로 승진하는 것에 대해 생각한다면 누군가가 자신을 대체해야 한다는 것을 알고 있을 것이다.

일에 대한 딜버트(Dilbert)의 법칙은 이렇게 말한다: "대체

불가능한 사람이 되지 마라; 대체할 수 없다면 승진할 수
없다."

　그 반대도 마찬가지이다. 의도적으로 일의 안정을 개선하기 위해 자신을 대체할 수 없는 사람으로 만들려고 하는 사람과는 함께 일하고 싶지 않다. 나는 사람들과 함께 일하고 싶다. 왜냐하면, 그들과 함께 일하고 싶지, 그들과 함께 일할 필요가 있어서 일하고 싶지는 않기 때문이다.

　이는 그들의 이익을 위해 회사를 위험에 빠뜨릴 의향이 있다는 것을 보여주기 때문에 나에게 큰 위험 신호이다. 또한, 내 경험상 엄청난 역효과를 낳는 경향이 있다. 나의 절친한 친구이자 멘토인 리 브로워(Lee Brower) – 여러 산업 분야에서 40년 이상의 리더십 경험을 가진 전략 코치(Strategic Coach)를 위한 제휴 코치 – 는 그의 회사에는 적극적으로 자신을 필수 불가결한 존재로 만들기 위한 조치를 취하는 사람은 해고된다는 방침을 가지고 있다. 다소 가혹해 보일 수 있지만, 원칙은 확고하다.

　팀원 중 이미 자신의 역할을 최적화하고, 프로세스를 문서화하고, 명확한 시스템을 개발한 팀원을 보면 승진시키는 것이 훨씬 더 쉽다. 신입 직원을 교육하는 데 걸리는 시간이 단축되고 더 이상 특정 기술을 가진 사람을 찾을 필요가 없다 – 문서화되어 있는 덕택에 업무 중에 배울 수 있다. 심지어는 경험이 적은 사람을 고용하여 더 낮은 급여로 업무를 대신할 수도 있다. 또는, 이 일을 맡을 수 없었을 회사 내의 다른 직원이 그 역할을 맡아서 새로운 기술을 배울 수도 있다. 전체 프로세스가 더 쉬워진다.

세 가지 핵심 사항

1. 조직과 팀은 임시적인 과제(프로젝트)에서 반복 가능한 과제(프로세스)로 전환하기 위해 항상 노력해야 한다.

2. 프로세스 문서화는 회사에만 도움이 되는 것이 아니라 – 시간을 절약하고 답답한 실수를 줄일 수 있다.

3. 결과의 80%를 가져다주는 20%의 프로세스에 집중하는 것부터 시작하기 바란다. 그리고 20%의 노력으로 문서화의 이점 80%를 얻을 수 있다.

전 문 가 팁

• 완전한 역할 순환을 하지 않더라도 최소한 회사의 핵심 프로세스에 대한 정기적인 프로세스 평가를 계획하기 바란다. 1년에 한 번.

• 아이오라드(iorad)는 대화형 스크린샷 사용지침 프로그램을 만들어 특정 프로세스를 통해 사람들을 안내할 수 있는 좋은 툴이다. 누군가에게 툴 내에서 특정 기능을 완료하는 방법을 가르치는 데 매우 유용하다.

• *어떤 과제를 한 번 이상 반복하는 경우 절대 다시 하지 않도록 할 방법을 생각하기 시작하라!* 이것이 바로 프로세스를 문서화하도록 하는 정신적 촉진이고 결국에는 자동화하거나 다른 사람에게 위임할 수 있다.

• 팀원 중 한 명을 '프로세스 테스터'로 지정하는 것도 좋다. 레버리지의 앤드류 파크스 – 선임 효율성 컨설턴트이자 프로세스 문서화 전문가 – 가 이 역할을 담당하고 있다. 내부 프로세스를 점검해야

할 필요가 있으면 그가 가장 먼저 테스트한다. 그는 프로세스의 문
제를 해결하고 프로세스를 개선하는 방법에 대해 제안한다. 대부
분의 팀에 사내 프로세스 전문가가 없다는 것을 알고 있지만, 시간
과 교육을 투자할 가치가 있다.

• 나는 번 하니쉬(Verne Harnish)의 프로세스 책임성 차트(Process
Accountability Chart - PACe라고 함)의 열렬한 팬인데, 팀의 가장 중요
한 프로세스에 대한 책임과 성공을 측정하는 방법을 명확히 하는
데 도움이 된다. 이 차트는 온라인 또는 그의 저서 *확장하라: 어떻
게 소수의 회사가 성공하고… 나머지는 그렇지 못한 이유(Scaling
Up: How a Few Companies Make It… and Why the Rest Don't)*에서 무료
로 찾을 수 있다.

결 론

10년 전에 나에게 앞으로 무엇을 하며 시간을 보낼지 물어보았다면 내가 이 책을 쓰게 될 줄은 상상도 못했을 것이다. 공정하게 말하자면, 나는 그 이후로 우리 직장이 어떻게 변할지도 상상할 수 없었다. 초단타 매매 트레이딩에서 기업가가 되고 이제 저자가 되기까지 꽤 긴 여정이었다. 레버리지를 구축하고 성장시키는 것은 내 인생에서 가장 도전적이고 보람된 경험 중 하나였다.

외부에서 보기에 레버리지는 운영 효율을 높이기 위한 컨설팅 회사일 뿐이다. 내게는 기술을 실험하고 더 효율적으로 일할 수 있는 새롭고 혁신적인 방법을 테스트를 할 수 있는 실험실이다. 이 책은 내가 이 회사를 설립하면서 배운 비즈니스를 구축하고, 팀과 함께 일하고, 놀라운 고객과 함께 일하면서 얻은 교훈의 결정체이다.

내가 이 책을 쓰고 싶었던 이유는 당신과 다른 많은 사람들이 현재 겪고 있는 일을 겪고 있었기 때문이다. 아무도 없던 시절에 완전 원격 근무를 하는 회사 운영부터 팀 관리의 모든 번거로움과 골칫거리에 대처하기 위해 무수히 많은 디지털 툴을 사용했고, 나는 그 과정에서 모든 장애물에 부딪혔기 때문에 이 책을 통해 내가 경험해야 했던 많은 좌절감과 고통을 피할 수 있기를 바란다. 이 새로운 운영 방식은 궁극적으로 내가 세상에 남기고 싶은 흔적이며, 나는 그것이 많은 삶과 비즈니스를 변화시킬 수 있는 잠재력을 가지고 있다고 믿는다.

이 책이 당신에게 유용하고 통찰력 있는 정보가 되었기를 바란다. 시간은 우리의 가장 소중한 자산이므로 나의 궁극적인 희망은 당신(그리고 당신의 팀)에게 방법, 모습 또는 형태로 시간이라는 선물을 줄 수 있었으면 한다 - 그리고 당신은 일의 미래를 받아들일 준비를 하는 것이다.

앞으로 5년, 10년, 20년 후에 어떤 일이 일어날지 모르겠다. 다음 달에 무슨 일이 일어날지도 모르겠다. 하지만 한 가지 확실한 것은 CPR 프레임워크의 원칙은 항상 적용될 것이다. 비록 이 책에 소개된 모든 툴의 뒤에 있는 회사들이 사라지더라도 어떤 새로운 툴이 등장하더라도, 당신은 이를 최대한 활용할 수 있는 준비가 되어 있다. 툴은 바뀔 수 있지만 개념은 변하지 않는다.

시간이 지남에 따라 이러한 툴 중 상당수가 통합되고 개선될 것으로 예상한다. 나는 이러한 툴 중 많은 것들이 결합되어 맥락의 전환을 줄이면서 더욱 *중앙 집중화된 디지털 본부*를 만들 것으로 예상한다. 유일한 차이점은 우리 모두가 소프트웨어 비용을 절약할 수 있고, 찾아봐야 할 곳이 줄어들고, 그리고 우리의 삶이 훨씬 더 쉬워질 것이다. 하지만 그때까지는 우리가 가진 것을 최대한 활용해야 한다. 기억하기 바란다: 툴이 아니다. *언제, 어떻게 사용하느냐가* 중요하다.

앞서 설명한 방법과 전략을 실행할 때 한 번에 한 단계씩 실행하면서 빠른 승리에 집중하기 바란다. "코끼리를 먹는 방법은 단 하나: 한 번에 한 입씩 먹는 것뿐이다." 데스몬드 투투(Desmond Tutu)의 말처럼 말이다.

부담스럽거나 이러한 개념 중 일부를 구현하는 데 도움이 필요한 경우, 우리는 당신을 도울 수 있는 트위터의 무료 리소스 라이브러리와 유료 서비스를 가지고 있다. 당신은 보너스 자료, 소프트웨어 할인, 내 회사 칼럼, 팟캐스트, 그리고 comeupforair.com에서 레버리지의 컨설팅 서비스에 대한 더 많은 정보를 찾을 수 있다.

우리 고객이자 엘앤알 디스트리뷰터스(L&R Distributors)의 CEO인 마크 보드너는 "자신의 비즈니스에서 이 프레임워크를 구현하는 것은 새로운 습관에 적응하는 것이 아니다. 왜냐하면 습관은 쉽게 깨지기 때문이다"라고 말했다. 그것은 계약을 맺는 것과 비슷했다. 결국, 그것은 새로운 회사의 '인성'을 키우는 것이었다. 그가 잘 말했다고 생각한다: 그것은 개발하는 데 시간이 걸릴 수 있는 사고방식이지만, 시간이 지나면서 당신과 팀원들 사이에서 성장하게 되면, 정상적인 운영 방식이 된다.

이러한 사고방식의 일부는 효율성이 끝없는 여정이라는 사실을 받아들이는 것이다. 나는 여전히 매일 더 효율적으로 일하려고 노력하고 있다. 당신이 이 글을 읽고 있는 지금 이 순간에도 우리는 레버리지에서 그리고 고객과 함께 가장 확실하게 더 나은 운영 방법을 발견해 왔다. 우리는 항상 *더 나은* 방법을 찾고 있다. 민첩성은 당신이 가질 수 있는 최고의 기술 중 하나이며, CPR 프레임워크의 원칙이 세상에 어떤 일이 벌어지든 적응할 수 있게 해줄 것이다. 코로나19 팬데믹은 예기치 못한 상황이 불가피하다는 것을 보여주었지만, 우리는 적응했다. 이제 당신은 다음에 어떤 일이 일어나든 적응할 준비가 되어 있다.

이러한 점을 염두에 두고, 당신에게 몇 가지 *마지막 생각*을 남기고자 한다.

정보 검색 속도에 최적화

이 책 전체에서 단 한 가지 개념만 뽑으라면 바로 이것이다. 보물 찾기는 대부분의 회사에서 대부분의 사람들에게 영향을 미치는 매우 현실적인 문제이다. 시간을 들여서 정보를 이상적으로 보관해야 하는 위치를 고려하는데 시간을 투자하면 그 여분의 시간이 팀원 모두의 시간을 절약할 수 있기 때문에 결국 큰 이익을 준다.

가능한 한 빨리 일을 처리하고 싶을 수도 있지만, 그렇게 하면 더 오래 물속에 잠겨 있을 수밖에 없다. 이 하나의 개념이 팀 전체에 퍼지면 기하급수적인 영향을 미칠 수 있으므로 – 무시하거나 가볍게 여기지 마라.

팀 생산성 향상을 위해 개인의 생산성은 필요하지만 충분하지 않다

당신과 팀이 새로운 업무 방식에 적응할 때 항상 다음 핵심 원칙을 명심하기 바란다. 본인에게 최선인 것이 팀에게는 최선이 아닐 수도 있다. 새로운 툴, 프로세스 또는 시스템을 구현할 때마다 팀원들에게 어떤 영향을 미칠지 고려하고 순 생산성 향상에 도움이 될지 고려하기 바란다.

개별적으로 생산성을 높이는 것도 좋지만, 대부분의 경우 CPR 프레임워크를 사용하면 모든 사람의 생산성을 개인 수준에서 생산적이 되도록 한다. 하지만 항상 팀의 더 큰 이익을 위해 자신의 생산성을 희생해야 하는 경우가 있다.

이 프레임워크는 오직 당신의 도움으로
더 가치 있을 것이다

CPR 프레임워크의 얼리 어답터로서 당신은 이제 막 강력한 툴을 얻었다. 당신은 언어, 방법, 기술 및 개념을 이해한다. 하지만 이러한 사고 방식은 더 많은 사람들이 동참할수록 그 가치가 더욱 커진다는 것도 알고 있다. 나는 이 책을 또 다른 커뮤니케이션 툴로 생각해 주었으면 한다 – 알다시피 네트워크의 가치는 그 안에 있는 사람의 수에 비례한다. 더 많은 사람들이 CPR 언어를 사용하고 이러한 사고방식을 구현하는 사람이 많을수록 모두에게 더 좋은 결과를 가져다 준다.

이 책의 가치를 최대한 활용하려면 나는 당신이 팀과 공유해 주기를 바란다. 모두가 같은 생각을 공유할 수 있다면, 함께 많은 사람들이 더 균형 잡히고 스트레스를 덜 받는 삶을 살 수 있다.

이제 당신과 팀의 운영 방식을 혁신할 때이다. 그래서 일 속에 빠지는 것을 마침내 멈출 수 있다.

감사의 말

이 책을 만드는 동안 쏟아지는 지지와 격려를 예상하지 못했다. 정말 일일이 열거하기에는 너무 많은 사람들이 있지만, 특히 필수적인 역할을 한 다음과 같은 사람들께 특별한 감사의 빚을 지고 있다.

나의 작가인 아이단 디프리마와 비즈니스 파트너인 클레어 홉슨이 없었다면 이 책은 불가능했을 것이다. 나는 이것을 현실화해 준 두 분의 노고에 영원히 감사한다 – 이 여정을 함께 해주어서 감사하다.

아이단, 당신은 작가로서의 역할을 훨씬 뛰어넘었다. 당신은 수많은 방식으로 기여해 주었고, 나의 정신적 지주 역할을 해주었으며, 친한 친구가 되어 주었다. 이 책의 내용과 지적 재산의 대부분을 형성하는 데 도움을 주었고 나의 끝없는 변덕을 어떻게든 참아 주었다 – 마지막 순간까지. 클레어, 당신의 피드백과 전략적 방향은 언제나처럼 매우 귀중한 것이었다. 당신의 인내심과 침착함이 없었다면 이 책을 완성할 수 없었을 것이다. 두 분 모두 감사하다.

CPR® 프레임워크를 만들고, 실제 환경에서 테스트하고, 수년에 걸쳐 개선하는 데 도움을 준 레버리지 팀에게 감사하다. 초기 원고에 대한 당신들의 모든 피드백과 레버리지에 행한 노력과 헌신에 감사하다. 이 책의 다이어그램과 수년 동안 다른 많은 프로젝트에서 일한 켈리 업슈어에게도 감사한다. OKR에 대한 조언을 아끼지 않은 자말 필거에게 특별한 감사를 표한다. 그리고 우리의 수석 효율성 컨설턴트인 앤드류 파크스는 지난 7년간 헌신적인 노력을 통해 이 책에 자세히 설명되어 있고 레버리지에서 사용되는 많은 개념을 만들어낸 컨설턴트이다. 험난한 여정이었지만, 이 여정을 함께할 수 있어서 감사하다.

이를 가능하게 해준 모든 레버리지 고객에게. 실제 업무 수행 방식을 바꿀 수 있는 기회를 주고 우리를 믿고 비즈니스를 맡겨주어서 감사하다. 당신들의 이야기가 이 책의 많은 내용을 구성하게 했으며, 나는 영원히 감사하다. 롭 울리, 마크 보드너, 보 킴보로, 조언과 피드백, 기여를 해주어서 특별히 감사하다.

한 사람으로서, 작가로서, 기업가로서 성장하는 데 큰 도움을 준 모든 멘토들에게 - 린다 크라이츠먼, 리 브라우어, 칩 콘리, 섀넌 윌러, 그리고 댄 설리반. 나는 당신들이 알 수 있는 것보다 우리의 우정을 더 소중하게 생각하고 당신과 함께할 수 있었던 시간에 대해 놀라운 감사를 한다.

이 책을 무한히 개선할 수 있도록 피드백을 준 모든 베타 독자들에게 감사하다. 일일이 열거할 수 없을 정도로 많지만, 기대 이상의 도움을 준 다음과 같은 사람들께 진심으로 감사하다: 가장 필요할 때 정직하고 헌신적인 피드백을 제공해준 에반 카마이클, 무엇을 잘라내고 무엇을 유지해야 하는지 파악하는 데 도움을 준 베로니카 에드게이트, 책에 대해 생각하고 정리하는 방법에 대한 에릭 슈렌버그의 마스터 클래스.

이 책의 초고를 쓸 수 있도록 도와주고 내가 책 세계에 입문할 때 조언을 해주 준 터커 맥스. 수년 동안 친한 친구이자 수년간 나의 글쓰기 조언자였던 벤자민 하디. 서로 간의 책에 대한 베타 독자가 되어주어서 감사하다.

데이비드 앨런, 존 레비, 토니 로빈스, 앨리사 콘, 그리고 키스 페라치에게, 당신들 모두는 내가 작가이자 기업가로서 성장하는 데 중요한 역할을 해주었고, 나의 여정을 통해 그리고 이 과정 동안 공히 나에게 준 조언과 지지에 감사하다.

출판사 하퍼콜린스 리더십, 그리고 이것이 현실이 되게 해준 도서 에이전트 에드먼드 헴스워스에게, 모든 사람들에게 감사하다.

어머니와 아버지께, 항상 나를 응원해 주시고 지지해 주어서 감사하다.

지난 10년 동안 내 파트너였던 프란체스카 피라스에게, 나의 든든한 버팀목이자 가장 큰 지원군이 되어주어서 고맙다. 당신이 없었다면 이책과 다른 많은 것들이 존재하지 않았을 것이다.

참고

Chapter 1

1. https://asana.com/resources/anatomy-of-work

2. https://futureforum.com/2021/10/01/
   team-level-agreements/

3. https://en.wikipedia.org/wiki/Metcalfe%27s_law

4. https://www.espn.com/nba/story/_/
   id/27521453/how-1992-dream-tea
   m-sparked-global-nba-fandom

5. https://time.com/56809/the-science-of-pea
   k-human-performance/

6. https://time.com/56809/the-science-of-pea
   k-human-performance/

7. https://www.helpscout.com/blog/getting-in-flow/

8. https://lifehacker.com/how-long-it-takes-to-ge
   t-back-on-track-after-a-distract-1720708353

9. https://asana.com/resources/anatomy-of-work

Part 1

1. https://www.statista.com/statistics/245501/

multiple-mobile-device-ownership-worldwide/

2. https://hbr.org/2016/02/is-technology-really-helpin
   g-us-get-more-done

Chapter 2

1. https://www.risescience.com/blog/circadian-rhyth
   m-sales-productivity
2. https://en.blog.doodle.com/2013/07/08/
   study-reveals-time-spent-with-scheduling/
3. https://www.statista.com/statistics/456500/
   daily-number-of-e-mails-worldwide/
4. https://globalnews.ca/news/3395457/this-i
   s-how-much-time-you-spend-on-work-emails-e
   very-day-according-to-a-canadian-survey/
5. https://smartbusinessrevolu-
   tion.com/cameron-herold-growing-
   2-100-million-companies-bipolar-dis-
   order-and-raising-kids-to-be-entrepreneurs/

Chapter 4

1. https://www.bbc.com/news/magazine-23902918

Part 2

1. https://hbr.org/2021/11/
   the-project-economy-has-arrived

Chapter 5

1. https://www.bloombergquint.com/
   business/the-pandemic-workday-i
   s-48-minutes-longer-and-has-more-meetings
2. https://reclaim.ai/blog/productivity-report-one-o
   n-one-meetings
3. https://en.wikipedia.org/wiki/Zoom_fatigue
4. https://hbr.org/2017/07/stop-the-meeting-madness
5. https://asana.com/resources/anatomy-of-work
6. https://www.linkedin.com/puls
   e/20140313205730-5711504-the-
   science-behind-ted-s-18-minute-rule/
7. https://asana.com/resources/anatomy-of-work
8. https://chatbotsmagazine.com/x-ai-founder-denni
   s-mortensen-ai-can-free-us-all-to-do-real-work-
   4b9e67406de5

Chapter 6

1. https://asana.com/resources/anatomy-of-work
2. https://blog.asana.com/2021/10/

enterprise-work-graph/#close

3. https://www.oxfordlearnersdictionaries.com/us/ definition/american_english/task_1

4. https://www.britannica.com/topic/ bystander-effect/Diffusion-of-responsibility

5. https://www.pmi.org/about/learn-about-pmi/ what-is-project-management

Chapter 7

1. https://warwick.ac.uk/newsandevents/pressre-leases/new_study_ shows/

2. https://www.atlassian.com/agile/scrum/sprints

Chapter 8

1. https://boardview.io/blog/ strategy-execution-stats/9

2. https://resources.asana.com/rs/784-XZD-582/im-ages/Asana_Goals_Infographic_2020.pdf

Chapter 9

1. https://www.elastic.co/pdf/unified-searc h-for-finding-workplace-content

2. https://pages.alteryx.com/rs/716-WAC-917/images/

The%20State%20of%20Data%20Discovery%20
%26%20Cataloging.pdf

Chapter 10

1. https://en.wikipedia.org/wiki/Process

2. https://www.techopedia.com/definition/1168/
business-process

3. Kohn LT, Corrigan JM, Donaldson MS, editors. Institute of Medicine. To err is human: building a safer health system. Washington (DC): National Academies Press; 1999. [Google Scholar]

4. https://www.who.int/teams/integrated-health-services/patient-safety/research/safe-surgery

5. https://blog.trello.com/microproductivity-break-tasks-into-smaller-steps

6. https://www.process.st/operational-excellence/

7. https://www.mercedesamgf1.com/en/
news/2018/07/insight-chasing-pit-stop-perfection/

8. https://www.inc.com/marcel-schwantes/why-are-your-employees-quitting-a-study-says-it-comes-down-to-any-of-these-6-reasons.html

저 자 소 개

~~~

 닉 소넨버그(NICK SONNENBERG)는 기업가이자 칼럼니스트이며 컬럼
비아 대학교의 객원 강사로 활동하고 있다. 그는 숨쉬어(Come Up for Air)
에서 설명된 기업이 CPR® 비즈니스 효율성 프레임워크를 구현할 수 있
도록 지원하는 선도적인 운영 효율성 컨설팅 업체인 레버지리(Leverage)
의 설립자이자 CEO이다. 이것은 부분적으로 월스트리트에서 초단타 매
매 트레이더로 일한 8년에서 비롯된 시간, 효율성 및 자동화의 가치에 대
한 닉의 독특한 관점의 결정체다. CPR 프레임워크는 일관되게 더 많은
생산량, 더 적은 스트레스, 더 행복한 직원으로 이어지고, 적절한 툴을 적
절한 시간에 적절한 방식으로 사용함으로써 1인당 생산성에서 주당 하루
전체를 더 얻을 수 있는 잠재력을 제공한다. 닉과 그의 팀은 고성장 스타
트업에서 부터 포춘 10대 기업에 이르기까지 다양한 규모와 모든 산업 분
야의 조직과 협력해 왔다.

숨쉬어

초판 1쇄 발행일 2023년 10월 10일

지은이 닉 소넨버그
옮긴이 조계진

발행인 조계진
발행처 진인터랩
출판등록 제 561-2023-000016 호
주소 (16514) 경기도 수원시 영통구 광교중앙로 170, 광교효성해링턴타워 A-2315
전화 031-286-2937 **팩스** 031-212-2937
저자 독자 서비스 info@jininterlab.com
홈페이지 www.jininterlab.com
블로그 https://blog.naver.com/jininterlab

편집주간 박영진 **편집** 김소이 **디자인** 공간디자인

ISBN 979-11-981955-5-5

진인터랩은 독자 여러분의 책에 관한 아이디어와 원고 투고를 언제나 기다리고 있습니다.
이메일 info@jininterlab.com으로 보내주세요.

중소기업 글로벌화를 위한 지침서

조계진 지음 | 361쪽 | 15,000원

우물안에 머물 것인가, 넓은 강으로 나갈 것인가?
중소기업을 위한 큰 기획.
"한정된 시장을 넘어 글로벌 기업으로 도약할 디딤돌이 되는 책!"

작은 기업일지라도 이 책에서 소개하는 이론과 실전 방법을 숙지하고 잘 실천한다면 글로벌 수출 기업으로 당당히 설 수 있다.
28년간 주로 중소기업에서 수출 현장을 누빈 경험과 작지만 당당한 글로벌 수출기업을 12년째 경영하고 있는 노하우를 알려준다.

창업을 했거나 사업이 매번 힘든 분, 수출에 어려움을 겪는 중소기업이라면
지금 바로! 이 책과 함께
지속 가능한 글로벌 수출 기업을 만들어 보세요.